El Inversionista Inteligente

Elementos Fundamentales de las Inversiones en Bienes Raíces

El Inversionista Inteligente

Elementos Fundamentales de las Inversiones en Bienes Raíces

Rubén Huertas

Editado por Elbia I. Quiñones Castillo, MBA, MA
Con la colaboración de Weyna Quiñones Castillo, Ed.D.

Power Publishing Learning Systems

El Inversionista Inteligente: Elementos fundamentales de las inversiones en bienes raíces

Power Publishing Learning Systems
PO Box 593
Caguas, PR 00726
info@powerpublishingpr.com
www.powerpublishingpr.com

ISBN 978-0-9819090-5-9

AZ DP 15 14 13 12 30 13

Fotografías del autor por Pedro Manuel Ruidíaz
www.fotogema.com

Este libro está dedicado a todos aquellos inversionistas inteligentes que conocen que excelentes inversiones comienzan con el bienestar común en mente.

Aviso Importante

Este libro está diseñado para proveer información y educación relacionada con la industria de los bienes raíces. Se ofrece bajo la condición que ni la casa editora ni el autor están ofreciendo asesoría legal, financiera, contable o algún otro tipo de servicio profesional.

Si el lector requiere algún tipo de asesoría profesional debe consultar un profesional calificado para ofrecer asistencia basado en su necesidad en particular.

No es el objetivo de este libro ofrecer todo el conocimiento disponible sobre bienes raíces. El lector debe leer y estudiar todo tipo de materiales de referencia disponibles sobre el tema.

La información y los números en este libro han sido verificados detalladamente y con suma cautela. Si usted encuentra algún error, favor de comunicárnoslo para efectuar las correcciones necesarias en la próxima edición.

Este libro es para uso de referencia y todos los cálculos deben ser verificados con otras fuentes. Diferentes puntos decimales han sido utilizados para las distintas tablas.

Es posible que su cálculo no sea exactamente igual al nuestro. Utilice el libro como una guía, pero cerciórese de corroborar todos sus análisis antes de efectuar alguna transacción. Se recomienda, también, que siempre que efectúe cualquier transacción consulte con un profesional calificado. Obtenga asesoramiento legal adecuado antes de firmar algún documento que lo comprometa.

El autor y la casa editora no son responsables por daños, pérdidas o cualquier otro tipo de reclamo de parte del lector como alegada consecuencia de la información provista en este libro. Si usted no está de acuerdo con estas condiciones, puede devolver el libro y se le ofrecerá un reembolso completo.

Contenido

Introducción

Una de nuestras metas en este libro es ilustrar de forma clara y sencilla los principios empresariales que aplican al negocio de los bienes raíces. Muchas personas han obtenido cuantiosas ganancias en bienes raíces a través de opciones en mercados de alto crecimiento. Otras, han logrado realizar grandes negocios con excelentes resultados en un momento determinado.

Estas personas han sido favorecidas con inversiones en un tiempo adecuado y tal vez con un poco de suerte. Sin embargo, para obtener éxito de forma consistente en los bienes raíces debemos conocer los principios que rigen la industria.

Un poco de suerte y mercados de alto crecimiento presentan buenas oportunidades a cualquiera; no obstante, son aquellos inversionistas que aprenden a crear valor añadido a sus propiedades los que logran amasar grandes fortunas.

Existe una diferencia monumental entre ser un inversionista en bienes raíces y ser una persona que realizó una exitosa transacción de bienes raíces en un momento determinado, sin lograr repetir este mismo éxito.

Muchas de estas personas que no se han educado y preparado para invertir en bienes raíces terminan perdiendo aquello que una vez ganaron y a veces hasta un poco más.

En este libro no le prometemos que usted logrará ser millonario de la noche a la mañana; empero, sí podemos prometerle que si establece las disciplinas necesarias e implementa los principios mencionados, usted logrará crear un caudal de riqueza. Esto será posible a través de su crecimiento personal como inversionista y la creación de valor en el mercado para sus clientes. Nuestra filosofía de negocio no es una teoría, sino principios comprobados que le llevarán al éxito.

Tome el tiempo necesario para educarse y las posibilidades se expandirán según usted amplía sus conocimientos. Cuando sus posibilidades se expanden y usted toma acción, asimismo crecerán sus ingresos y ganancias.

En su camino hacia el logro de convertirse en un inversionista altamente exitoso usted tendrá que contar con la ayuda y experiencia de otros profesionales.

Procure establecer un equipo de apoyo que le provea opiniones e ideas con respecto a sus posibles inversiones. Sin embargo, no permita que alguien tome la decisión final por usted. Utilice su equipo de apoyo como asesores, no como personas que tomarán la decisión final. Es precisamente para esto que usted se está educando.

Una de las mejores lecciones que he aprendido en mi vida es mirarme en un espejo cuando las cosas no van como deseo. Es fácil querer culpar a otros, culpar a la economía, la política, el clima, entre otros.

Ciertamente cuando buscamos dentro de nosotros mismos y tenemos la valentía de decirnos la verdad, encontraremos ahí la solución.

Cuando esto ocurra no nos concentremos en el problema, sino en la solución. La única razón para identificar un problema es simplemente definir varias soluciones al mismo.

Uno de los pensamientos más fortalecedores es el que menciona Napoleón Hill en su libro "Piense y Hágase Rico", dice así: “Lo que la mente del hombre puede concebir y creer, la mente del hombre puede lograr.” Esto es muy alentador ya que indica que si tenemos una idea de cómo quisiéramos que fuese nuestro futuro, significa entonces que esto es completamente posible. Si no lo fuese, no tuviéramos la capacidad de imaginarlo. Así que manos a la obra y mucho éxito.

Los bienes raíces ofrecen una gran cantidad de oportunidades a aquellos que incursionan en este tan fascinante campo. No existe otro tipo de inversión que ofrezca tanta estabilidad y facilidad de entrada.

En ocasión tuvo que haber escuchado sobre las acciones de una compañía de la bolsa de valores que durante el transcurso de un día perdieron más del 50% de su valor. ¿Cuándo fue la última vez que usted escuchó que una propiedad perdió más del 50% de su valor en un día? Jamás he escuchado algo similar. Tampoco he descubierto que esto haya ocurrido en algún momento de la historia.

Como asiduo estudiante e investigador de los mercados de bienes raíces y su historia, he podido validar que los bienes raíces nunca han perdido su valor de forma tan dramática. ¿Cuánto dinero usted piensa que una institución bancaria le prestaría a usted para efectuar la compra de acciones en la bolsa de valores, fondos mutuos, bonos o anualidades?

Los bienes raíces en su gran mayoría son comprados a través del uso de algún tipo de financiamiento. Todos los bancos están dispuestos a prestarle la gran mayoría de precio de compra de una propiedad. Esto es realmente increíble si usted lo analiza de forma objetiva.

Si los bancos se sienten seguros que su inversión será repagada, usted también debe sentirse seguro que ha realizado una buena inversión. Cuando haya terminado este libro, usted estará debidamente capacitado para efectuar inversiones en bienes raíces exitosamente. Si aplica estos principios, le garantizo que cambiará su vida de forma positiva.

Los bienes raíces han demostrado ser una gran inversión cuando la economía es sólida y cuando no lo es; cuando la tasa de interés es alta o baja, y cuando el mercado está creciendo o está en decrecimiento. No existe diferencia alguna. Los bienes raíces siempre han producido grandes resultados.

Obviamente existen momentos en que estas condiciones son más favorables; pero, para aquellos que conocen a fondo los principios que rigen la industria, todos los momentos son buenos. Muchas de las grandes fortunas de la historia se han solidificado durante períodos de recesión económica.

La gran depresión económica del 1930 en los Estados Unidos fue un momento donde muchas fortunas fueron creadas, fortunas que hoy día todavía gozan de gran crecimiento y estabilidad. Muchas de estas fortunas nunca se agotarán debido a su estructura.

Por ejemplo, muchas de estas son administradas por fideicomisos que permiten que se retire únicamente una parte muy limitada de los intereses generados por el caudal a través de las inversiones del mismo.

Ni el principal, ni gran parte de los intereses generados pueden tocarse jamás. Nadie tiene el control de cambiar esto. Por ende, este tipo de fortuna es perpetua. Lo que solidifica estas inversiones ha sido siempre una gran porción del portfolio invertido en bienes raíces.

Los magnates de las más grandes industrias siempre han conocido este secreto. Usted puede hacer lo mismo, aunque sea en menor escala. A través de la combinación del conocimiento de la industria, el esfuerzo de su parte y un poco de imaginación, usted logrará fácilmente crear mucho valor en el mercado a través de sus inversiones.

La base de toda inversión sabia es poder determinar lo más acertadamente posible el potencial de ganancia. Para poder lograr esto debe conocer todos los aspectos que puedan afectar su inversión. Elementos como financiamiento, apreciación, términos de contratos, términos de hipotecas, relación de gastos vs. ingresos y aún más importante, la oportunidad de añadir valor a su propiedad.

Este conjunto de elementos harán de usted un inversionista versado que logrará excelentes resultados en cualquier tipo de mercado o situación económica. Una vez usted desarrolle las habilidades necesarias encontrará oportunidades de generar ingresos adicionales en prácticamente todas las partes de su operación. Mientras más usted pule sus habilidades, mayor será su visión.

1

Historia y Trasfondo

Durante casi la mitad de la historia de la humanidad, el hombre vivió como nómada. Marcó sus huellas en algunas pinturas creadas en las cuevas y en sus instrumentos de trabajo. Nuestros ancestros abandonaron gradualmente el estilo de vida de cazadores entre los años 30,000 y 15,000 A.C., aunque este cambio no fue global. Incluso hoy día existen sociedades que sobreviven de esta manera.

Sin embargo, esta transición marcó un movimiento hacia una sociedad agraria. Esta transición fue lo que dio comienzo a lo que hoy día conocemos como el concepto de "dueños de casa". Muchos sistemas agrarios comenzaron con terrenos fértiles para la agricultura donde aquellos que podían defender la tierra eran los que se apropiaban de ella.

Eventualmente emergió un sistema de tribus donde existía un líder quien era la persona más fuerte del grupo y a quien se tenía que acudir para la distribución de las tierras. Este líder servía, además, de mediador entre las disputas de los miembros de la tribu y en muchas ocasiones les cobraba por las tierras que les había distribuido.

El movimiento gradual de más y más líderes con poder culminó en la acumulación de obreros los cuales estos dirigían. Con estos obreros a su disposición se crearon sistemas de riego de agua, fuertes, templos y se mejoraron los métodos de siembra. A su vez con las mejoras a la tierra, la población creció.

Ahora era posible para una familia procrear varios hijos. Anteriormente tenían que limitarse a uno o dos debido al duro estilo de vida de los cazadores. En adición tener más hijos significaba mayor producción en las tierras. Con el aumento en la población, aumentó también la cantidad de obreros disponibles para la agricultura.

Las sociedades que decidieron continuar con su estilo de vida de cazadores adoptaron también el sistema de tribus. No obstante, la escasez y la incertidumbre de este tipo de vida significaba que estos solo podían mantener a una cantidad limitada de personas en su familia inmediata.

A diferencia, los agricultores se encontraron muy pronto en una situación donde sus familias eran tan grandes que ya no podían mantener el control de estas, provocando el uso de diferentes apellidos dentro de estas sociedades.

La inhabilidad de controlar la familiaridad de su gente, sin embargo, fue compensado por la posibilidad de defenderse mejor como sociedad debido a la gran cantidad de miembros de la misma.

Una familia grande bien alimentada podía fácilmente dominar a una familia pequeña que apenas tenía de comer. A cambio de esta seguridad, la población le pagaba al líder de la tribu quien hacía esto posible. Era este líder quien a su vez tenía posesión de todas las tierras. Esto es en esencia el primer sistema de arrendamiento que existió. Según crecieron estos poblados, se convirtieron en ciudades.

Los líderes de las familias mantenían control y posesión de las tierras las cuales pasaban a sus herederos por derecho de familia. Sus ancestros habían luchado contra todo tipo de retos climatológicos, guerras con otras tribus y peligros considerables para alcanzar su nivel actual. De esta forma se convirtieron en reyes, faraones y cabezas de dinastías feudales.

Este sistema de mano de obra a cambio de protección se desarrolló de dos formas diferentes en la gran mayoría de los países: impuestos y arriendo o inquilinato. Las familias reales dispersaron su riqueza entre sus amistades, asignando títulos de realeza y títulos de propiedad. Estos permitían a los poseedores de dichos títulos recaudar impuestos que se fijaron a las personas que habitaban sus tierras, por el mero hecho de vivir en estas.

En adición a esta renta, los habitantes estaban obligados a pagar impuestos al reinado. Otra imposición de parte del reinado fue el servicio militar obligatorio.

Los gobernantes o mandatarios eran a su vez destronados por otros más poderosos y a veces por campesinos rebeldes que habían adquirido algún tipo de poder dentro de su círculo de influencia. Muchas veces los gobernantes cambiaban y el campesino promedio no se percataba que esto había ocurrido.

La vida del campesino no era tan precaria ya que estos podían tener relaciones comerciales con otros reinados y poco a poco su nivel de riqueza aumentaba. Eventualmente surgió una nueva clase de nivel en la sociedad, los comerciantes. Esto a su vez creó la necesidad de los campesinos a especializarse en oficios. Ya no eran suficientes sus habilidades de agricultura. Ahora podían obtener mejores ingresos a través de la especialización. Esto dio paso a la creación de otros tipos de tiendas, que también pagaban impuestos y rentas a los gobernantes, dedicados a productos no agrícolas.

Sin embargo, estas tiendas podían ser compradas y vendidas entre cualquier miembro de la población sin la necesidad de autorización de parte de los gobernantes. Los comerciantes ricos se convirtieron en los primeros arrendadores y estos adquirieron más riqueza y estatus social. Estos comerciantes no tenían titularidad de las tierras, pero sí de las propiedades construidas en estas.

Eventualmente muchos reinados fueron desplazados, usualmente asesinando a los gobernantes, por personas de la meritocracia quienes por ser inteligentes y brillantes que podían gobernar con el bien de todos en mente y por sus méritos. Este fue el principio de la política.

Los títulos de tierras fueron divididos en partes pequeñas y vendidos a través del mercado libre. El problema era que los únicos que podían comprar estas tierras eran los comerciantes ricos o los antiguos gobernantes y miembros de la aristocracia. El campesino común no había progresado mucho más de lo que su situación era 30,000 años atrás.

La revolución industrial fue uno de los grandes ecualizadores en la historia de la humanidad. La utilización de máquinas para simplificar la labor permitió que muchos obreros se concentraran en otras tareas y a la vez ofreció la oportunidad a algunos privilegiados de estudiar y especializarse en campos de mecánica que estaban disponibles.

Los que no se educaban se veían forzados a regresar a la agricultura. Personas con ambición tenían ahora la oportunidad de escalar de clase social y traían con ellos la sensibilidad de la clase baja lo que dio principio a la creación de casas al lado de otras casas. Básicamente, el concepto de vecindario se estableció.

La educación de las personas y la disponibilidad de productos en áreas limitadas también facilitaron la creación de pueblos. Este fue el comienzo de la clase media, tal y como la conocemos hoy día.

Las hipotecas por otra parte eran un recurso exclusivo de los miembros de la nobleza. Aunque el concepto existía desde hace mucho tiempo, no era conocido públicamente. Sin embargo, después de la revolución industrial y como resultado de la creación de grandes riquezas a través del mundo, los bancos comenzaron a ofrecer hipotecas al ciudadano común.

Estas hipotecas eran consideradas de alto riesgo. Ahora el ciudadano común tenía la oportunidad de adquirir su residencia. Los que tenían mayor visión comenzaron a comprar tantas propiedades como pudieran y arrendarlas a su vez a personas que no poseían residencia alguna.

La titularidad de las tierras fue el comienzo de las oportunidades de inversión, tal y como las conocemos hoy día. Sin una población estable y en un área definida, el comercio y la industria era limitada.

La titularidad de propiedades se convirtió en algo que en un tiempo se obtenía a través de la fuerza y que actualmente se obtiene mediante compra, venta, permutas y alquiler.

Siempre ha existido un arriendo por el uso de las propiedades; al principio se le pagaba al líder de la tribu, después a los reyes y hoy día a los arrendadores. Vivimos en una era donde se nos ha otorgado el poder de adquirir titularidad de todas las propiedades que querramos. Esto ha cambiado totalmente la forma en que vivimos. El negocio de los bienes raíces es fundamental en todas las áreas de nuestra sociedad. Aquellos que tenemos la oportunidad de trabajar y operar dentro de esta industria somos muy afortunados.

Los bienes raíces son el mejor negocio del mundo. A través de este libro aprenderemos las muchas posibilidades que los bienes raíces nos ofrecen para lograr todo aquello que deseamos en nuestras vidas. Esta es nuestra oportunidad de ser los reyes, faraones o gobernantes de nuestra vida.

Cuando usted termine de leer este libro, tendrá más conocimiento que el 95% de los agentes de bienes raíces y 98% de los inversionistas.

2

El Poder de Inversión de los Bienes Raíces Comerciales

Los bienes raíces comerciales ofrecen una de las alternativas más viables al momento de invertir. Esto debido a la posibilidad de ofrecer un rendimiento superior a través de sus diversas formas de solidificación de capital. Existen muchos elementos que facilitan un alto rendimiento en las inversiones de bienes raíces. Seis de los más importantes son los siguientes: *flujo de efectivo*, *apreciación*, *amortización*, *mejoras*, *comprar bajo valor de mercado* y *beneficios contributivos*.

Las propiedades comerciales generan ingresos a través de rentas y otros cargos. El flujo de efectivo es la ganancia neta recibida después de haber efectuado los gastos operacionales. Existen dos formas de medir el flujo de efectivo: antes y después de las contribuciones. Podemos comparar este con los dividendos que ofrecen otras inversiones tales como acciones, fondos mutuos, bonos y anualidades.

La apreciación es el alza en valor que tienen las propiedades anualmente. El promedio de apreciación anual de los bienes raíces comerciales por los últimos 100 años es 15.85%. Para obtener este tipo de apreciación es necesario que usted sea dueño de la inversión a largo plazo. Si posee la inversión a corto plazo, podría obtener un rendimiento mayor o menor que este. Mientras más largo sea el período de posesión de la inversión, más cerca estará de este promedio.

La amortización es la reducción del principal adeudado. Cada vez que se efectúa un pago se reduce la cantidad de financiamiento adeudada y el inversionista aumenta el valor de su caudal. La cantidad que se reduce anualmente se divide entre la inversión inicial y el resultado es el rendimiento por concepto de amortización.

Las mejoras son una de las maneras más eficientes de aumentar el valor de la propiedad. Al incrementarse el valor de la propiedad se aumenta a su vez el rendimiento en la inversión. Esto crea un efecto multiplicador que resulta de beneficio para el propietario. Sin embargo, no todas las mejoras tienen el mismo efecto. Es importante conocer cuales son aquellas mejoras que resultan en un alza en valor.

El mercado de los bienes raíces es uno imperfecto. Esto significa que no existe suficiente data adecuada para que todas las personas estén igualmente informadas. El resultado es que ofrece grandes oportunidades para aquellos que se dan a la tarea de estudiar el mercado y aprenden a identificar buenas inversiones.

Por ejemplo, si usted desea comprar acciones de la compañía Coca-Cola, no importa si se encuentra en China, Rusia, Argentina, Canadá o Inglaterra, el precio por unidad será el mismo en un momento dado. Esto es así porque la industria de las acciones de la bolsa de valores es una perfecta. En otras palabras todos tienen acceso a la misma información. Esto no ocurre en los bienes raíces y por ende resulta en grandes oportunidades para el inversionista. Bajo este escenario se obtiene la posibilidad de comprar propiedades a un precio que está por debajo del mercado, siendo esta una de las estrategias de inversión más utilizadas por los mejores inversionistas.

Por último, los bienes raíces ofrecen la posibilidad de obtener excelentes beneficios contributivos. Desde incentivos municipales hasta la utilización de créditos contributivos para la construcción de edificios nuevos. Particularmente para la construcción de edificaciones de interés social, los bienes raíces comerciales gozan de beneficios que aumentan de forma acelerada el rendimiento en la inversión.

Los seis elementos discutidos en este capítulo explican la superioridad de los bienes raíces comerciales como vehículo de inversión. Existen otros que a su vez ofrecen al inversionista protección de riesgo y alto rendimiento. Estúdielos detalladamente y será testigo de sus beneficios.

3

La Solidez de los Bienes Raíces Comerciales

Los bienes raíces comerciales constituyen una de las actividades empresariales más puras que existe en nuestra sociedad. Esto debido al gran potencial que poseen para crear una estructura financiera sólida, la cual protege al propietario contra los efectos de la inflación, las contribuciones, la devaluación de la moneda, el cambio en el clima económico y muchas otras situaciones que afectan a nuestra sociedad.

A través de la historia los grandes magnates, líderes de industrias y comerciantes sabios han utilizado las propiedades comerciales para perpetuar sus fortunas creadas a través de su negocio principal. Un negocio propio es un excelente vehículo para adquirir independencia financiera. Sin embargo, son los bienes raíces comerciales los que solidifican y estabilizan el capital previamente creado.

Aún en períodos de estancamiento económico, las propiedades comerciales han demostrado mantener su valor por encima de todos los otros tipos de inversiones existentes en el mercado. Todos nos hemos enterado en algún momento de acciones en la bolsa de valores que han perdido mucho más del 50% de su valor en un período relativamente corto.

Lo mismo ocurre con otros tipos de inversiones. Sin embargo, usted nunca encontrará un mercado donde las propiedades comerciales pierdan tanto valor. Pudiera ser que en un momento determinado una propiedad en particular pierda un poco de valor, aunque el período de recuperación es muy rápido y el estancamiento del valor de la propiedad no es permanente.

Si usted posee algún tipo de negocio y actualmente es propietario del local que lo alberga, tiene una excelente oportunidad de preservar su capital a través del bien inmueble. Es importante que visualice su propiedad como un negocio separado de su empresa principal.

Un error muy común que cometen los comerciantes es determinar el tipo de propiedad que pueden pagar basado en los ingresos de su negocio principal. De acuerdo a estos, es la única manera que podrán cubrir los pagos de la hipoteca de la propiedad (asumiendo que la misma será financiada, lo cual es la condición más común).

No obstante, la forma más sabia de identificar cuánto es el máximo que debe pagar por una propiedad es determinando cuánto es lo más que pudiera pagar si el local no fuera de su propiedad.

Por ejemplo, existen comerciantes que pagan hipotecas por su propiedad en una cantidad tres veces mayor de lo que pagarían si el local no les perteneciera. Su lógica es que el negocio está pagando por una propiedad que le pertenece y eventualmente estará salda. Esto sería perfecto si no ocurrieran cambios en el mercado que obligue al propietario a modificar sus planes.

La realidad es que casi siempre surge alguna situación que amerita la venta o el alquiler de la propiedad. Cuando esto ocurre, el propietario generalmente tiene unas expectativas falsas de lo que la propiedad puede hacer por ellos.

Piensan muchas veces que si la alquilan pueden continuar pagando la hipoteca con las rentas y tal vez hasta consigan un sobrante mensual.

Es en este punto donde la realidad les demuestra que esto no es posible y pudieran hasta perder la propiedad. Esto ocurre todos los días pues nos ha tocado vivir en plena turbulencia financiera.

Aquellos afortunados comerciantes que tuvieron la visión, el asesoramiento o la sabiduría de administrar su propiedad como un ente separado de su negocio principal, no están teniendo este problema. Sus finanzas no han sido afectadas pese a la situación económica y la reducción en ventas que hayan podido tener.

La estructura de financiamiento inicial y las propiedades que han adquirido de forma planificada y estructurada los han protegido y le están sirviendo de mucha utilidad en la perpetuidad de su capital. Usted puede hacer lo mismo.

4

Interés Simple (Simple Interest)

En inversiones de bienes raíces es muy importante conocer los distintos conceptos de valor en el dinero. El más básico de estos conceptos es *interés simple*. Su nombre le hace justicia ya que en realidad este concepto es muy simple.

La fórmula para determinar el interés simple de una inversión es la siguiente:

Principal × Tasa de Interés × Tiempo = Interés Simple

Ejemplo

¿Cuánto sería el interés acumulado en una inversión de $1,000 por 10 años que produce el 4% de interés simple anual?

$1,000 (Principal) × .04 (4%) × 10 (años) = $400 (total)

El *interés simple* genera interés únicamente en la porción del principal de la inversión. Utilizando el ejemplo anterior de $1,000 de inversión por un término de 10 años al 4% de interés simple, veamos cómo se refleja este interés en la inversión.

Período	Valor de la Inversión	Interés Acumulado	Interés Acumulado Promedio
Inversión Inicial	$1,000		
Final Año 1	$1,040	$40	$40
Final Año 2	$1,080	$80	$40
Final Año 3	$1,120	$120	$40
Final Año 4	$1,160	$160	$40
Final Año 5	$1,200	$200	$40
Final Año 6	$1,240	$240	$40
Final Año 7	$1,280	$280	$40
Final Año 8	$1,320	$320	$40
Final Año 9	$1,360	$360	$40
Final Año 10	$1,400	$400	$40

El promedio anual de interés acumulado no cambia. Esto es porque el interés es simple y los intereses generados están basados en el principal inicial. Como podemos ver, el interés simple tiene poco poder de acumulación de riqueza. Afortunadamente, esta no es la forma en que el valor de los bienes raíces se genera.

No esperes que tu primera inversión sea la inversión de tus sueños. Lo importante es comenzar a acumular equidad.

5

Interés Compuesto (Compound Interest)

Catalogado por Albert Einstein como el más extraordinario invento de la humanidad, el *interés compuesto* ofrece al inversionista la oportunidad de generar intereses, no solo en el principal invertido sino en el interés generado por dicho principal. Esto tiene el efecto de aumentar significativamente el capital del inversionista y su capacidad para crecer.

En este capítulo mostraremos la sencillez de este concepto y el poder que este tiene al momento de realizar inversiones. Los bienes raíces ofrecen una gran oportunidad de capitalizar utilizando el concepto del interés compuesto.

La facilidad con que los bienes raíces pueden crecer utilizando el poder del interés compuesto es una de las características que hace de esta industria una de las más atractivas al momento de perpetuar grandes fortunas. Todo inversionista, sin embargo, puede tomar ventaja de la misma manera para con sus inversiones.

Período	Valor de la Inversión	Interés Acumulado	Interés Acumulado Promedio
Inversión Inicial	$1,000.00		
Final Año 1	$1,040.00	$40.00	$40.00
Final Año 2	$1,081.60	$81.60	$40.80
Final Año 3	$1,124.86	$124.86	$41.62
Final Año 4	$1,169.86	$169.85	$42.46
Final Año 5	$1,216.65	$216.64	$43.33
Final Año 6	$1,265.32	$265.31	$44.22
Final Año 7	$1,315.93	$315.92	$45.13
Final Año 8	$1,368.57	$368.56	$46.07
Final Año 9	$1,423.31	$423.30	$47.03
Final Año 10	$1,480.25	$480.23	$48.02

Esta tabla muestra el efecto del *interés compuesto* generado anualmente. Sin embargo, los bancos y otras instituciones prestatarias ofrecen productos con interés compuesto con mayor frecuencia tales como mensual y a veces hasta diario. Mientras más frecuente se genere el *interés compuesto*, más acelerado será el crecimiento del principal invertido y mayor el valor de la inversión.

Es el término de tiempo por el cual se mantiene el capital invertido el que tiene el mayor efecto en la acumulación de riquezas. La tabla de la próxima página ilustra claramente el poder del interés compuesto.

La mayoría de las personas a las cuales se les presenta la decisión de aceptar un millón de dólares diarios por 35 días o un centavo el primer día, (el cual se duplica en valor por 35 días consecutivos), escogerían el millón de dólares diario. No obstante, es la segunda elección la que crece en una proporción extraordinaria, demostrando así el poder del *interés compuesto*.

El Poder del Interés Compuesto

	Acumulado		Acumulado
Día 1	$1,000,000	Día 1	$0.01
Día 2	$2,000,000	Día 2	$0.02
Día 3	$3,000,000	Día 3	$0.04
Día 4	$4,000,000	Día 4	$0.08
Día 5	$5,000,000	Día 5	$0.16
Día 6	$6,000,000	Día 6	$0.32
Día 7	$7,000,000	Día 7	$0.64
Día 8	$8,000,000	Día 8	$1.28
Día 9	$9,000,000	Día 9	$2.56
Día 10	$10,000,000	Día 10	$5.12
Día 11	$11,000,000	Día 11	$10.24
Día 12	$12,000,000	Día 12	$20.48
Día 13	$13,000,000	Día 13	$40.96
Día 14	$14,000,000	Día 14	$81.92
Día 15	$15,000,000	Día 15	$163.84
Día 16	$16,000,000	Día 16	$327.68
Día 17	$17,000,000	Día 17	$655.36
Día 18	$18,000,000	Día 18	$1,310.72
Día 19	$19,000,000	Día 19	$2,621.44
Día 20	$20,000,000	Día 20	$5,242.88
Día 21	$21,000,000	Día 21	$10,485.76
Día 22	$22,000,000	Día 22	$20,971.52
Día 23	$23,000,000	Día 23	$41,943.04
Día 24	$24,000,000	Día 24	$83,886.08
Día 25	$25,000,000	Día 25	$167,772.16
Día 26	$26,000,000	Día 26	$335,544.32
Día 27	$27,000,000	Día 27	$671,088.64
Día 28	$28,000,000	Día 28	$1,342,177.28
Día 29	$29,000,000	Día 29	$2,684,354.56
Día 30	$30,000,000	Día 30	$5,368,709.12
Día 31	$31,000,000	Día 31	$10,737,418.24
Día 32	$32,000,000	Día 32	$21,474,836.48
Día 33	$33,000,000	Día 33	$42,949,672.96
Día 34	$34,000,000	Día 34	$85,899,345.92
Día 35	$35,000,000	Día 35	$171,798,691.84

Utilizamos el cálculo de *interés compuesto* para determinar el valor futuro de inversiones presentes. En otras palabras, al momento de identificar cuánto será el valor de mi inversión en el futuro, es necesario utilizar la técnica de *interés compuesto.*

En esencia el interés generado por el principal se convierte a su vez en principal y la misma tasa de interés inicial genera una cantidad mayor de intereses. Este proceso se repite una y otra vez resultando en una acumulación de capital acelerado.

La fórmula es la siguiente:
M = P(1 + i)n

donde

M	=	la cantidad final incluyendo el principal
P	=	el principal
i	=	la tasa de interés
n	=	la cantidad de años o períodos de inversión

Supongamos que el inversionista tiene $1,000 para invertir. La tasa de interés será 5% y el término de la inversión es 4 años.

$M = P(1 + i)^n$

$M = 1{,}000\ (1 + 0.05)^4 = \$1{,}215.51$

de forma más simple

$M = 1{,}000 \times (1 + 0.05)^4 = \$1215.51$

$M = 1{,}000 \times (1.05 \times 1.05 \times 1.05 \times 1.05) = \$1{,}215.51$

$M = 1{,}000 \times 1.22 = \$1{,}215.51$

En bienes raíces las inversiones crecen utilizando el poder del *interés compuesto*. Usted puede monitorear su inversión y determinar el valor futuro y su aumento a través de los años. Si el inversionista necesita una cantidad específica de capital en el futuro, puede invertir en bienes raíces para alcanzar la misma.

La siguiente tabla muestra el crecimiento de una inversión de $1,000,000 durante 10 años asumiendo una conservadora tasa de interés (apreciación) anual de 5%.

Término	**$1,000,000** (Inversión Inicial)	**Capital Acumulado**
Final Año 1	$1,050,000	$50,000
Final Año 2	$1,102,500	$102,500
Final Año 3	$1,157,625	$157,625
Final Año 4	$1,215,506	$215,506
Final Año 5	$1,276,282	$276,282
Final Año 6	$1,340,096	$340,096
Final Año 7	$1,407,100	$407,100
Final Año 8	$1,477,455	$477,455
Final Año 9	$1,551,328	$551,328
Final Año 10	$1,628,895	$628,895

Si el inversionista hubiese sabido que necesitaría $200,000 en cuatro años, hubiese podido efectuar una inversión como ésta. Obviamente, esto asume que el inversionista tiene la capacidad de efectuar una transacción de esta magnitud.

Ciertamente muestra esta tabla como trabajan los inversionistas inteligentes. Determinan éstos su necesidad futura y toman la acción necesaria para asegurarse que cuando llegue la misma tengan estos la situación resuelta. En este ejemplo, al final del cuarto año el inversionista tendría $215,506, una cantidad mayor a lo que se había establecido que necesitaría. Claro está, debe tomarse en consideración el efecto generado de las contribuciones sobre ingresos, como resultado de esta venta. Solo mostramos la utilidad de esta técnica.

Recuerde que no tomamos en consideración la reducción del principal de la hipoteca durante todos esos años. Tampoco se consideró el efecto de los flujos de efectivo recibidos a través de los años de operación de la propiedad.

Siempre me he sentido segura con los bienes raíces. Estos siempre aprecian en valor.

— Ivana Trump

6

Componentes de los Análisis Financieros

Antes de proceder a conocer a fondo los distintos tipos de análisis financieros, debemos entender los componentes de los mismos. Los analistas e inversionistas tienen su propia forma de elementos con la cual efectúan sus análisis. Estos preparan los mismos de forma individualizada que aplique a las propiedades o al *portfolio* de propiedades que poseen, administran o contemplan adquirir.

Sin embargo, existen ciertos elementos comunes los cuales discutiremos brevemente en este capítulo. Independientemente del tipo de propiedad, las inversiones comerciales en bienes raíces incorporan como elemento principal dos importantes aspectos. Estos son *los ingresos*, generados en su mayor parte a través de rentas, y *los gastos*, incurridos principalmente durante el mantenimiento y operación de la propiedad. No obstante, existen otros elementos que se incorporan a los análisis financieros y que no debemos ignorar tales como:

financiamiento, mejoras, depreciación, pago de comisiones por concepto de alquileres, fondos de reserva y pago de contribuciones sobre ingresos. Presentaremos más adelante un desglose de los elementos más comunes que el inversionista necesita conocer para lograr efectuar un análisis correcto.

Algunas personas tienen diferentes nombres para las distintas categorías, particularmente en el renglón de los gastos operacionales, las cuales pueden variar considerablemente. Sin embargo, puede ser utilizado para una gran cantidad de propiedades. Es responsabilidad del inversionista identificar las particularidades de su propiedad y crear una forma que monitoree las mismas adecuadamente.

La lista que se incluye en la próxima página puede servirle como guía. Puede utilizarla exactamente como aparece aquí o modificarla a su conveniencia.

Uno de los retos más comunes al momento de analizar propiedades comerciales es conocer exactamente cuáles son los elementos que afectan el valor de la propiedad y cuáles son los que afectan el rendimiento de la inversión. Entender los componentes de un análisis financiero le ayudará a tomar decisiones prudentes y sabias.

Es imperativo que el inversionista tome el tiempo necesario para dominar estos aspectos antes de darse a la tarea de buscar propiedades para comprar. Es importante registrar la información en la hoja provista por el posible vendedor para que el análisis sea el más exacto posible.

Esto facilitará la uniformidad y la estandarización de la información que requieran las distintas propiedades. A su vez nos sirve como elemento de comparación entre las posibles adquisiciones y facilitará enormemente la toma de decisiones.

Elementos de un Análisis Financiero

Ingresos

	Ingreso de Rentas Potencial
-	Desocupación y Pérdidas
=	Ingreso de Rentas Efectivo
+	Otros Ingresos
=	**Ingreso Bruto Operacional**

Gastos Operacionales

-	Impuestos sobre la Propiedad
-	Seguros Sobre la Propiedad
-	Electricidad
-	Agua y Alcantarillado
-	Mantenimiento y Reparaciones
-	Servicios Profesionales
-	Administración de la Propiedad
-	Publicidad y Mercadeo
-	Efectos de Oficina
-	Misceláneos

Gastos Operacionales Totales

=	**Ingreso Neto Operacional (NOI)**
-	Gastos por Financiamiento
-	Mejoras al Activo
-	Fondos de Reserva
-	Comisiones por Concepto de Alquileres
-	Depreciación
=	**Flujo de Efectivo Pre-Contribuciones**
-	Contribuciones Sobre Ingresos
=	**Flujo de Efectivo Post-Contribuciones**

Veamos algunos de los elementos más importantes. El *ingreso de rentas potencial* representa la cantidad de ingresos por concepto de rentas que la propiedad produciría, si todos los espacios disponibles estuvieran ocupados y sus rentas estuvieran exactamente al nivel del mercado.

Es muy raro que una propiedad logre obtener ingresos por concepto de rentas que alcancen esta condición debido a las muchas variables dentro del negocio de los bienes raíces y los cambios que ocurren durante el período de un año.

Sin embargo, no es imposible. Por ejemplo, he tenido la oportunidad de arrendar propiedades donde se ha logrado obtener más del 100% del *ingreso de rentas potencial.* Esto ha ocurrido a pesar que el porcentaje de ocupación no ha sido 100%.

Se debe a que logramos efectuar una cantidad significativa de alquileres a corto plazo, los cuales establecen y justifican un canon de arrendamiento mucho mayor que el de mercado. Estas propiedades han disfrutado entre un 110% y 125% del *ingreso de rentas potencial* por varios años.

Muchas veces ocurre que algunos alquileres se establecen inicialmente a corto plazo y los inquilinos terminan permaneciendo en la propiedad por un período mayor sin cambio alguno en los términos del contrato de arrendamiento.

Algunas veces estos inquilinos desconociendo cuánto tiempo más necesitarán permanecer en la propiedad, terminan pagando tarifas muy por encima de las establecidas en el contrato como parte de su opción de continuar como inquilinos de mes a mes.

Si bien sus contratos estipulaban un canon de arrendamiento alto al principio, la opción de mes a mes es aún mayor.

La condición anterior es extremadamente rentable y muy deseable. No obstante, es una situación temporera y considerada una excepción. Al momento de realizar análisis financieros no se deben considerar las excepciones. Todo análisis debe incorporar los elementos más conservadores posibles.

La utilidad del *ingreso de rentas potencial* es su capacidad de servirnos de ayuda en el monitoreo de la eficiencia de los administradores de la propiedad. El *ingreso de rentas potencial* representa el máximo de ingresos posibles si no existiera desocupación alguna ni pérdidas por concepto de rentas. Ésta es una buena guía para ayudarnos a identificar cuánto más pudiera producir la propiedad.

Al momento de calcular el *ingreso de rentas potencial* existen muchas variaciones. Algunos inversionistas calculan la renta de las unidades vacantes al nivel del mercado. Otros utilizan el promedio de las rentas actuales de las unidades ocupadas. Lo mismo ocurre con las unidades ocupadas: unos las calculan al nivel de mercado; otros, utilizan la renta actual que el inquilino paga según lo establece su contrato de arrendamiento.

Muchas veces esto es una función de la necesidad del análisis financiero. Si se pretende impresionar a una institución financiera con el porcentaje de ocupación, inversionistas utilizan la cantidad que represente el menor porcentaje de desocupación posible.

Si se pretende impresionar a un posible comprador con el gran potencial que posee la propiedad para producir ingresos, el dueño-vendedor deben utilizar la cantidad que refleje el mayor *ingreso de rentas potencial*, aunque este represente un porcentaje mayor de desocupación. El *ingreso de rentas potencial* no es el renglón que determina el valor de la propiedad. Por lo que para el dueño-vendedor no importa que el porcentaje de desocupación se dispare si este ofrece a su vez la oportunidad de presentar favorablemente su propiedad como vehículo de inversión con gran potencial.

Si lo que se pretende de parte del inversionista-comprador es demostrarle al dueño-vendedor que su propiedad ha logrado llegar al máximo de ingresos posibles (lo cual presenta poca posibilidad de crecimiento y justifica negociar un precio menor) el inversionista-comprador utilizará las rentas actuales. Las mismas se aplicarán a ambas, las unidades ocupadas y las desocupadas.

La estabilidad actual de una propiedad pudiera presentar que la misma ha llegado al tope del mercado, eliminando así toda posibilidad de crecimiento significativo. Esto sería un buen argumento al momento de negociar un precio menor por la propiedad.

Como vemos, no existe una manera uniforme de aplicar los distintos elementos a la fórmula. Cada cual escoge la que más le convenga en un momento determinado. La forma de determinar el *ingreso de rentas potencial* podría ser diferente para la misma persona dependiendo de la posición que ocupa en la transacción.

La mayoría de los inversionistas inteligentes, sin embargo, han llegado a formalizar un estándar el cual parece justo. Consideran el mismo sin importar en qué parte de la transacción se encuentren.

Para las unidades ocupadas con contratos de arrendamiento establecidos, éstos utilizan el canon establecido en el contrato para efectuar el cálculo. Para unidades desocupadas, utilizan el nivel de rentas del mercado que podrían esperar obtener si alquilaran la propiedad al momento de efectuar el análisis de mercado.

La fórmula se expresa de la siguiente manera:

Ingreso de Rentas Potencial = Total de Rentas Recibidas bajo Contrato para Unidades Ocupadas + Total de Valor de Rentas en el Mercado para Unidades Desocupadas.

Ejemplo

Un edificio de oficinas tiene 20 unidades. Para efectos de este ejemplo todas las unidades tienen 1,000 pies cuadrados. Las rentas son las siguientes:

Unidad	**Inquilino**	**Renta**
Oficina 1	Médico	$1,500
Oficina 2	Abogado	$1,450
Oficina 3	Desocupada	$1,625
Oficina 4	Contable	$1,500
Oficina 5	Médico	$1,450
Oficina 6	Agencia de Publicidad	$1,300
Oficina 7	Oficina de Bienes Raíces	$1,500
Oficina 8	Dentista	$1,450
Oficina 9	Agencia de Gobierno	$1,300
Oficina 10	Compañía de Tecnología	$1,625
Oficina 11	Oficina de Arquitectos	$1,500
Oficina 12	Desocupada	$1,625
Oficina 13	Abogado	$1,300
Oficina 14	Entrenador Personal	$1,475
Oficina 15	Productores de Eventos	$1,500
Oficina 16	Naturópata	$1,250
Oficina 17	Desocupada	$1,625
Oficina 18	Distribuidor de Espejuelos	$1,300
Oficina 19	Compañía de Telemercadeo	$1,450
Oficina 20	Casa Editora de Libros	$1,200

Actualmente las rentas del mercado para edificios de oficina comparables de nuestro ejemplo son $19.50 por pie cuadrado. Para simplificar el ejemplo todas las oficinas tienen exactamente 1,000 pies cuadrados.

Esto significa una renta de mercado de $1,625 por oficina. Observen que solamente la compañía de tecnología está pagando esta cantidad. Esto indica que probablemente este es el contrato más reciente. La misma cantidad de $1,625 se le aplica a las unidades desocupadas para determinar el *ingreso de rentas potencial* de la propiedad. La suma total es $28,925. Este es el ingreso mensual potencial. Para identificar el *ingreso de rentas potencial*, renglón que se mide de forma anual, tenemos que realizar el siguiente cálculo:

Potencial Mensual × 12 Meses = Ingreso de Rentas Potencial

$$\$28{,}925 \times 12 = \$347{,}100$$

El *ingreso de rentas potencial* de la propiedad en nuestro ejemplo es $347,100. Esto es, para repasar, el resultado de la suma de las rentas actuales recibidas por contrato y asignando a las unidades desocupadas la renta que representa el nivel de las rentas del mercado.

Este enfoque es en realidad muy apropiado ya que en la realidad no se pueden modificar las rentas que están bajo contrato. No sería prudente calcular una renta diferente a unidades que no podemos controlar debido a la existencia de contratos.

Sin embargo, asignar el valor de las rentas del mercado a las unidades desocupadas es muy acertado debido a que son estas rentas las más probables de obtener en la vida real. Lo importante al momento de efectuar análisis financieros es lograr acercarnos lo más posible a la realidad. Esto es exactamente lo que hemos logrado en este ejemplo.

Desocupación

El próximo elemento a discutir es la *desocupación.* Esta puede reflejarse de dos maneras: física y económica. La desocupación física es representada sencillamente por los espacios desocupados que existen en una propiedad. La misma se puede medir por unidades o por pie cuadrado.

Ejemplo

Un edificio tiene 40 apartamentos. Cinco de estos están desocupados. El porcentaje de desocupación de esta propiedad es 13%. Se calcula de la siguiente manera:

$$\frac{\text{Unidades Desocupadas}}{\text{Total de Unidades}} = \text{Desocupación}$$

$$\frac{5}{40} = .13$$

También existe la desocupación económica. Esto ocurre cuando se ofrecen concesiones para reducir la desocupación física. Las concesiones para corregir la desocupación física crean desocupación económica que tenemos que considerar.

Pudiera ser peor ya que las unidades están ocupadas y se deterioran con mayor facilidad. Es importante ser muy precavido al momento de decidir ofrecer concesiones para aumentar la ocupación y limitar el tamaño de las mismas.

Estas son consideraciones que el inversionista inteligente evalúa con cautela antes de precipitarse a una toma de decisiones, que tal vez no sea la más adecuada. Utilizando el ejemplo anterior del edificio de 40 apartamentos, veamos cómo afecta la desocupación económica y cómo calculamos la misma.

Asumamos que los 40 apartamentos del edifico son idénticos. Tres habitaciones de dormitorio, dos baños, balcón, sala, *laundry*, cocina y dos estacionamientos asignados. La renta es $850 mensuales.

Sin embargo, 15 de los 40 apartamentos estuvieron desocupados por varios meses. La gerencia decidió ofrecer una oferta que consistía en dos meses gratis en todo contrato con término de un (1) año.

La oferta funcionó porque de los 15 apartamentos desocupados, 12 se alquilaron durante la primera semana de la oferta. Para calcular la desocupación económica debemos realizar el siguiente cálculo:

$850 × 12 apts. = $10,200 (Desocupación Económica Mensual)

A esta cantidad debemos añadir la suma total de los apartamentos desocupados, la cual es también $850.

$850 × 3 = $2,550

Luego, sumamos ambos resultados.

$10,200 + $2,550 = $12,750

La desocupación económica mensual es $12,750, exactamente la misma que hubiese existido si los apartamentos no hubiesen sido arrendados. Claro está, una vez pasado los dos meses gratis, el dueño de la propiedad continuará recibiendo rentas. Por lo que habrá valido la pena, pero no sin antes afectar el valor de la propiedad al diluir los ingresos de la misma.

No queremos indicar que el dueño tomó una decisión incorrecta. Probablemente fue una excelente decisión en su momento. Lo importante es conocer que el hecho que una propiedad esté ocupada físicamente al 100%, no significa que su ocupación económica represente el mismo 100%. Otro ejemplo es cuando algunas de las unidades, particularmente en complejos de apartamentos, están siendo ocupadas por empleados de la empresa.

Cuando algún empleado de mantenimiento, gerencia u otro tipo obtiene como parte de su compensación un apartamento gratis, es mejor que la empresa alquile el apartamento a su nombre y emita el pago de renta como todos los demás inquilinos. De otra manera, es menester incluir el apartamento como desocupado económicamente para calcular la desocupación de la propiedad.

En edificios de oficina frecuentemente existe algún familiar, por lo general hijo o hija del dueño, que ocupa un espacio gratis o con una renta muy por debajo del mercado. Esto es otro tipo de situación que afecta la desocupación económica.

Mencionamos todas estas situaciones para que el inversionista cree conciencia de las muchas posibilidades que existen de diluir la desocupación económica y mantenga sus esfuerzos por aumentar el *ingreso de rentas efectivo*, lo más alto posible.

Restarle la desocupación al *ingreso de rentas potencial* nos da como resultado lo mencionado en el párrafo anterior: el *ingreso de rentas efectivo*. Éstos son los ingresos recibidos después de considerar el efecto de la desocupación.

El próximo paso es sumarle al *ingreso de rentas potencial* los *otros ingresos* de la propiedad. Estos pueden generarse de muchas maneras, tales como: tragamonedas (de máquinas de lavado, bebidas, comidas, etc.), cable TV, líneas de internet, uso de estacionamiento, renta de salones para actividades, alquiler de espacio para antenas de celulares, alquiler de espacio para anuncios y muchas otras formas de ingreso adicional.

7

Multiplicador de Ingreso Bruto (Gross Income Multiplier)

Para analizar propiedades pequeñas que producen ingresos, algunos inversionistas utilizan el indicador *multiplicador de ingreso bruto*. Este es una variante de la técnica de *capitalización*. Sin embargo, utiliza el ingreso bruto de la propiedad para identificar su valor, a diferencia de la *capitalización* que utiliza el ingreso neto operacional (NOI).

Existen dos maneras de aplicar esta fórmula: una incorpora como medida el *ingreso de rentas potencial;* la otra, el *ingreso bruto operacional.* Ambas son muy comunes en el mercado y el uso de una o la otra depende de la disponibilidad de información. Es muy importante que cuando el inversionista decida utilizar esta fórmula, conozca con certeza cuál de las dos vertientes es la que debe escoger como elemento de comparación.

Es muy fácil para un neófito confundirse al intentar aplicar esta técnica. Muchos tasadores la utilizan incorporando el *ingreso de rentas potencial;* otros, el *ingreso bruto operacional.*

La diferencia es significativa ya que el primero no considera la desocupación, pérdidas ni los ingresos adicionales. El segundo, sí incorpora estos aspectos en el análisis financiero. Las dos fórmulas se expresan de la siguiente manera para identificar el *multiplicador de ingreso bruto* prevaleciente en el mercado:

$$\frac{\text{Valor (Precio)}}{\text{Ingreso de Rentas Potencial}} = \text{Multiplicador de Ingreso Bruto}$$

$$\frac{\text{Valor (Precio)}}{\text{Ingreso Bruto Operacional}} = \text{Multiplicador de Ingreso Bruto}$$

También podemos invertir la fórmula para estimar el valor de mercado de la propiedad si conocemos las otras dos variables.

Valor = Multiplicador de Ingreso Bruto × Ingreso de Rentas Potencial

o

Valor = Multiplicador de Ingreso Bruto × Ingreso Bruto Operacional

Ejemplo

Un inversionista está considerando adquirir un pequeño edificio de oficinas. Descubre que en su vecindario para calcular el *multiplicador de ingreso bruto* se está utilizando el *ingreso bruto operacional* como medida. Su investigación le confirma que en las transacciones más recientes de este tipo de propiedad los precios de venta (los cuales establecen valor) y el *ingreso bruto operacional* son los siguientes:

Propiedad	Precio de Venta	Ingreso Bruto Operacional
1	$1,250,000	$175,000
2	$1,850,000	$260,000
3	$1,150,000	$162,000
4	$2,225,870	$319,000
5	$1,500,000	$198,000
6	$1,375,425	$185,000
7	$1,020,000	$129,250

Con esta información el inversionista se prepara para identificar el *multiplicador de ingreso bruto* que debe aplicar al edificio que está considerando comprar. Divida el precio de venta entre el ingreso bruto operacional e identifique el *multiplicador de ingreso bruto.*

Propiedad	Precio de Venta/Ingreso Bruto Operacional	Multiplicador de Ingreso Bruto
1	$1,250,000 ÷ $175,000	7.14
2	$1,850,000 ÷ $260,000	7.12
3	$1,150,000 ÷ $162,000	7.10
4	$2,225,870 ÷ $319,000	6.98
5	$1,500,000 ÷ $198,000	7.58
6	$1,375,425 ÷ $185,000	7.43
7	$1,020,000 ÷ $129,250	7.89

En este caso el inversionista encontró siete propiedades similares en calidad, localización, estructura y tipo de uso. El *multiplicador de ingreso bruto* a utilizar será 7.32, lo cual es el promedio de las transacciones más recientes. Asumiendo que la propiedad que el inversionista está considerando produce un *ingreso bruto operacional* de $135,000, el precio a pagar por la misma estaría cerca de los $988,200, basado en el promedio de estas ventas comparables.

Este indicador debe utilizarse para determinar si es prudente o no continuar con un análisis más profundo sobre la propiedad. No debe confundirse con un indicador determinante al momento de tomar una decisión.

Evite los errores que otros cometen. Muchas personas utilizan esta técnica principalmente por su simplicidad y facilidad de cálculo. Sin embargo, representa una pobre selección al momento de determinar valor o rendimiento. El inversionista inteligente utiliza técnicas más confiables.

El *multiplicador de ingreso bruto* no debe considerarse un indicador serio y preciso. Sencillamente no lo es. Este ignora el efecto del tiempo en el valor del dinero. Tampoco discrimina entre inquilinos que pagan sus propias utilidades y aquellos quienes tienen las mismas incluidas en el pago de la renta.

El *multiplicador de ingreso bruto* asume dos importantes condiciones. Estas son las siguientes:

1 Los gastos operacionales de las propiedades comparables son similares.
2 Las rentas de las propiedades comparables están al nivel del mercado.

Es necesario incorporar ajustes a los cálculos realizados para balancear las posibles variaciones. Es en este punto donde la mayoría de las personas que emplean este indicador fallan. Para comenzar, no conocen el ajuste que deben realizar. Tampoco tienen acceso a información como, por ejemplo, el término de los contratos en las propiedades comparables.

Propiedades con términos de contrato a largo plazo tienen poco o ningún control sobre el nivel de las rentas con respecto al mercado. Estas pueden estar por encima o por debajo del mercado. Un contrato de arrendamiento con término de 10 años, de los cuales han pasado seis, puede estar muy lejos de lo que establece el mercado actual.

Sin embargo, el *multiplicador de ingreso bruto* tiene su utilidad al momento de realizar un estudio preliminar de viabilidad. Es importante notar que aunque los números a utilizar al momento de realizar este cálculo son los obtenidos de ventas recientes, el análisis del inversionista de la propiedad a considerar se basa en el *ingreso bruto operacional* o el *ingreso de rentas potencial* proyectado para el primer año después de la adquisición de la propiedad.

Una de las razones para utilizar este indicador es la falta de información sobre la propiedad a evaluar antes de haber presentado una carta de intención para comprar la misma o un contrato de opción. Si el inversionista no tiene acceso a la información financiera de la propiedad es muy fácil determinar cualesquiera de los dos *ingresos brutos* si se conoce el mercado, las rentas por pie cuadrado del vecindario y si se puede estimar el tamaño de los espacios en el edificio.

Una vez se establece un interés serio de parte del posible comprador, los dueños actuales de la propiedad proveen información más confidencial que le permite al inversionista comprador realizar otro tipo de análisis más detallado y confiable.

El uso del *multiplicador de ingreso bruto* es más adecuado para propiedades de inversión con contratos de arrendamiento a corto plazo. Esto facilita el control de las rentas a su nivel de mercado. Propiedades con contratos de arrendamiento de un (1) año son ideales para la aplicación de este indicador.

Esto causa que el mismo no sea muy confiable en propiedades tales como: centros comerciales, edificios de oficinas, almacenes industriales y cualquier otro tipo de propiedad que por su naturaleza requiera la utilización de contratos a largo plazo.

8

Multiplicador de Ingreso Neto (Net Income Multiplier)

El factor de *multiplicador de ingreso neto* es el recíproco de la tasa de capitalización. Se le conoce como su primo con respecto a los análisis financieros. Para identificar el factor del *multiplicador de ingreso neto* es necesario primero conocer la tasa de capitalización prevaleciente en el mercado para el tipo de propiedad correspondiente.

Una vez la conocemos, podemos fácilmente calcular el factor multiplicador. Su fórmula es la siguiente:

$$\frac{1}{\text{Tasa de Capitalización}} = \text{Multiplicador de Ingreso Neto}$$

Supongamos que la tasa de capitalización prevaleciente en su mercado para centros comerciales de vecindario es 9.5%.

Utilizando la fórmula provista es muy sencillo identificar el factor de *multiplicador de ingreso neto*. Simplemente llenemos los espacios de la fórmula con nuestra información.

$$\frac{1}{\text{Tasa de Capitalización}} = \text{Multiplicador de Ingreso Neto}$$

$$\frac{1}{9.5\%\ (.095)} = 10.53$$

El resultado es 10.53. Esto significa que por cada dólar de *ingreso neto operacional* (NOI) que produce la propiedad, el inversionista promedio está dispuesto a pagar diez dólares con 53 centavos ($10.53).

$1 de Ingreso Neto Operacional (NOI) = $10.53 en Valor

Este indicador es sumamente fácil de utilizar y calcular. Es muy común. También, ofrece la ventaja de considerar los elementos de ocupación, pérdidas, ingresos adicionales y gastos operacionales. Este indicador es mucho más preciso que el *multiplicador de ingreso bruto*.

Al igual que el *multiplicador de ingreso bruto*, el *multiplicador de ingreso neto* analiza la propiedad en un punto y una fecha determinada y obvia el cambio en los flujos de efectivo que ocurren con el tiempo. En adición, ignora el efecto del tiempo en el valor del dinero.

El *multiplicador de ingreso neto* expresa la relación y proporción entre el ingreso neto operacional y el valor de la propiedad. Es una forma rápida de estimar el valor de la misma. La mayoría de las personas encuentran más fácil multiplicar que dividir. El *multiplicador de ingreso neto* facilita la identificación del valor de cualquier propiedad solo conociendo la tasa de capitalización prevaleciente en el mercado. Practiquemos algunos ejemplos para determinar nuestro entendimiento.

Ejemplo

Un inversionista interesa adquirir una propiedad. Información confiable muestra que la propiedad produce $115,000 en *ingreso neto operacional.* La tasa de capitalización prevaleciente en el mercado para este tipo de propiedad es 9%. Utilicemos la fórmula para determinar el *multiplicador de ingreso neto.*

$$\frac{1}{\text{Tasa de Capitalización}} = \text{Multiplicador de Ingreso Neto}$$

$$\frac{1}{9\%\ (.09)} = 11.11$$

El inversionista redondea 11.11 a simplemente 11 y el resultado es el siguiente:

$115,000 × 11 = $1,265,000

En este caso el inversionista pudo haber realizado el cálculo en la memoria, sin lápiz ni papel y definitivamente sin emplear el uso de una calculadora. Si no hubiese redondeado, el resultado hubiera sido el siguiente:

$115,000 × 11.11 = $1,277,650

Si hubiese utilizado la tasa de capitalización para realizar el cálculo con la misma información, el resultado hubiese sido muy parecido. $115,000 ÷ .09 = $1,277,778. Recuerde que el *multiplicador de ingreso neto* es el recíproco de la tasa de capitalización, pero su cálculo es mucho más sencillo.

La siguiente tabla presenta el equivalente de varias tasas de capitalización con su respectivo *multiplicador de ingreso neto*. Se provee para simplicar aún más la utilización de este indicador. Ofrecemos una amplia gama; desde 5% hasta 15.75% de *tasa de capitalización*.

Tasa de Capitalización	**Multiplicador de Ingreso Neto**
5.00%	20.00
5.25%	19.05
5.50%	18.18
5.75%	17.39
6.00%	16.67
6.25%	16.00
6.50%	15.38
6.75%	14.81
7.00%	14.29
7.25%	13.79
7.50%	13.33
7.75%	12.90
8.00%	12.50
8.25%	12.12
8.50%	11.76
8.75%	11.43
9.00%	11.11
9.25%	10.81
9.50%	10.53
9.75%	10.26
10.00%	10.00

Tasa de Capitalización	Multiplicador de Ingreso neto
10.25%	9.76
10.50%	9.52
10.75%	9.30
11.00%	9.09
11.25%	8.89
11.50%	8.70
11.75%	8.51
12.00%	8.33
12.25%	8.16
12.50%	8.00
12.75%	7.84
13.00%	7.69
13.25%	7.55
13.50%	7.41
13.75%	7.00
14.00%	7.27
14.25%	7.02
14.50%	6.90
14.75%	6.78
15.00%	6.67
15.25%	6.56
15.50%	6.45
15.75%	6.35

Para utilizar esta tabla simplemente identifique la *tasa de capitalización* prevaleciente en el mercado, correspondiente al tipo de propiedad que está considerando adquirir. Luego, determine a su derecha el factor multiplicador.

9

Efectivo sobre Efectivo (Cash on Cash)

El indicador de *efectivo sobre efectivo* se conoce, también, como la *tasa de dividendo de equidad.* Este refleja el rendimiento en la inversión del primer año en que se posee la misma y se expresa de forma porcentual.

Este indicador calcula el rendimiento antes de efectuarse el pago de contribuciones personales. Toma, además, en consideración el servicio de la deuda, las mejoras realizadas, la inversión de capital adicional, los fondos de reserva y todo tipo de gastos y pagos relacionados con la operación de la propiedad incluyendo su depreciación.

A diferencia de la capitalización, este indicador nos muestra el rendimiento en el capital inicial. El *efectivo sobre efectivo* mide el porcentaje de la inversión inicial que obtendrá el inversionista como rendimiento su primer año.

La diferencia principal entre *capitalización* y el *efectivo sobre efectivo* es que este último considera los efectos del financiamiento en el rendimiento de la inversión. La *capitalización* nos ofrece una forma de estimar el valor de la propiedad. El primero es un indicador de valor; el otro, de rendimiento.

El *efectivo sobre efectivo* nos ofrece una forma de calcular el rendimiento en la inversión después de haberse efectuado todos los pagos relacionados con la operación de la propiedad. Por esto se le llama *efectivo sobre efectivo.* Significa la cantidad de efectivo que el efectivo o inversión inicial produce.

Una de las ventajas del indicador *efectivo sobre efectivo* es que es particular para el inversionista y su resultado es individual y personal, lo cual lo hace realista. Por ejemplo, puede que existan dos inversionistas interesados en una misma propiedad. Sin embargo, la calidad de sus créditos personales es diferente. Implica, entonces, que los términos de la hipoteca serán distintos.

Asuma que ambos aportarían la misma cantidad de inversión inicial (pronto + gastos de cierre). El precio también será el mismo. La institución prestataria será la misma y el término de repago igual. La única diferencia será la tasa de interés que cada uno de los inversionistas obtendrá. Esto crearía una diferencia en sus responsabilidades para con el repago de la deuda. Significa que el cálculo de *efectivo sobre efectivo* generará resultados diferentes para ambos inversionistas.

La utilización del indicador *efectivo sobre efectivo* es apropiada para inversiones donde el período de posesión es corto. Por ejemplo, inversionistas que compran propiedades para remodelarlas y luego revenderlas. Recuerde que este indicador solo mide el rendimiento del primer año de posesión. Para inversiones a largo plazo, este indicador no es adecuado.

Revisemos un ejemplo de cómo utilizar este indicador para determinar el rendimiento en la inversión. La fórmula es la siguiente:

$$\text{Efectivo sobre Efectivo} = \frac{\text{Flujo de efectivo Pre-Tax 1}^{\text{er}}\text{ Año}}{\text{Inversión Inicial}}$$

Supongamos que usted invirtió $100,000 en el pronto de la adquisición de una propiedad y que tuvo que desembolsar $7,000 para gastos de cierre. Dicha inversión le produce $1,000 mensuales para un total de $12,000 su primer año de posesión después de haber cubierto todos los pagos relacionados con la operación de la propiedad, pero antes de pagar sus contribuciones sobre ingresos. Su rendimiento de *efectivo sobre efectivo* sería el siguiente:

$$\frac{\$12{,}000}{\$107{,}000} = 11.21\%$$

Supongamos ahora que usted desea obtener un rendimiento de *efectivo sobre efectivo* de un 13% en vez de 11.21%. ¿Cuánto sería la cantidad total que usted tendría que invertir inicialmente? Para obtener este resultado necesitamos alterar la fórmula a utilizar.

$$\text{Inversión Inicial} = \frac{\text{Flujo de efectivo Pre-Tax 1}^{\text{er}}\text{ Año}}{\text{Efectivo sobre Efectivo Deseado}}$$

$$\frac{\$12{,}000}{.13} = \$92{,}308$$

El inversionista tendría que aportar no más de $92,308 para obtener un 13% de rendimiento de *efectivo sobre efectivo.*

Ventajas del uso del indicador de *efectivo sobre efectivo*

Considera

1 La desocupación de la propiedad.
2 Las pérdidas de la propiedad.
3 Los gastos operacionales incurridos.
4 El efecto del financiamiento.
5 La depreciación acumulada.
6 Las mejoras realizadas y sus gastos.
7 Los fondos de reserva ahorrados.
8 Comisiones pagadas por alquileres.

Desventajas del uso del indicador de *efectivo sobre efectivo*

1 Ignora el impacto de las contribuciones sobre ingresos.
2 Solo evalúa el primer año de operaciones.
3 Ignora el efecto del tiempo en el valor del dinero.
4 Obvia el impacto de los cambios en valor de la propiedad.

Usted realiza su ganancia cuando compra. Usted obtiene los beneficios de esta ganancia cuando vende.

10

Tasa de Rendimiento del Corredor (Broker's Rate of Return)

En su esfuerzo por presentar una imagen más favorable para el inversionista, muchos corredores utilizan lo que se conoce como la *tasa de rendimiento del corredor*. Esto es una modificación al indicador de *efectivo sobre efectivo*. A este se le incorporan tres elementos principales:

1. El impacto de las contribuciones sobre ingresos.
2. El aumento en el valor de la propiedad en el mercado.
3. El crecimiento de la equidad en la propiedad a través de la reducción del principal de la hipoteca.

El impacto mayor que resulta de este cálculo proviene de la diferencia entre el aumento de valor de mercado de la propiedad y la reducción del balance como resultado de los pagos de hipoteca efectuados que reducen el principal adeudado.

No obstante, esto presenta un problema práctico en el sentido de que el aumento de valor de la propiedad y la reducción del balance adeudado no son flujos de efectivo. Por consiguiente, no es adecuado utilizar esta *proyección* para calcular el rendimiento en la inversión inicial.

Tampoco podemos considerar este indicador como una medida de rendimiento real. Para que un rendimiento pueda medirse tiene que existir algún tipo de flujo de efectivo.

Si bien es cierto que las propiedades de bienes raíces aumentan en valor a través del tiempo y que el balance adeudado continuamente se reduce, también es cierto que estos beneficios no pueden considerarse hasta que se venda finalmente la propiedad y se conviertan en el flujo de efectivo final, al cual llamamos, reversión.

Como ya hemos mencionado, el indicador de *efectivo sobre efectivo* es uno que mide el flujo de efectivo del primer año de posesión de la inversión. La única forma que la *tasa de rendimiento del corredor* pudiera utilizarse adecuadamente es si el inversionista conoce de antemano que la propiedad que está comprando actualmente será vendida exactamente al final del primer año de posesión.

Aún si este fuera el caso es muy difícil proyectar con certeza que dicha propiedad podrá venderse exactamente en un año. Esto debido a la incertidumbre que crea la venta de los bienes inmuebles.

Recuerde que una de las características principales de los bienes raíces es su falta de liquidez. Conocemos que eventualmente todas las propiedades se venderán. Sin embargo, es muy difícil precisar la fecha de venta para realizar un cálculo como el requerido por la *tasa de rendimiento del corredor*. El inversionista inteligente conoce que este es un indicador que debe ignorar al momento de realizar sus inversiones. Es muy tentador y atractivo el rendimiento que resulta de dichos cálculos. Estos no son imposibles, pero sí poco probables.

Veamos un ejemplo sencillo. Calcularemos ambos, la *tasa de rendimiento de efectivo sobre efectivo* y la *tasa de rendimiento del corredor.* La información de la propiedad es la siguiente:

Precio de la Propiedad	$1,000,000
Inversión Inicial (Pronto)	$200,000
Término del Préstamo	25 Años
Tasa de Interés del Préstamo	7.5%
Cantidad a Financiar	$800,000
Pago Mensual	$5,912
Servicio del Préstamo Anual	$70,943
Balance del Préstamo al Final del 1er Año	$788,673
Reducción del Principal 1er Año	$11,327
Aumento en Valor 1er Año (3%)	$30,000
Flujo de Efectivo Pre-Contribuciones	$22,000

Tasa de Rendimiento de Efectivo sobre Efectivo

$$\text{Efectivo sobre Efectivo} = \frac{\text{Flujo de Efectivo Pre-Tax 1}^{\text{er}}\text{ Año}}{\text{Inversión Inicial}}$$

$$\frac{\$22{,}000}{\$200{,}000} = 11\%$$

Tasa de Rendimiento del Corredor

	Flujo de efectivo Pre-Contribuciones 1er Año	$22,000
-	Contribuciones sobre Ingresos (35%)	$7,700
=	Flujo de Efectivo Post - Contribuciones	$14,300
+	Reducción del Principal (Equidad Adicional)	$11,327
+	Aumento en Valor de la Propiedad (3%)	$30,000
=	Rendimiento Total	$55,627

$$\frac{\text{Rendimiento Total}}{\text{Inversión Inicial}} = \text{Tasa de Rendimiento del Corredor}$$

$$\frac{\$55{,}627}{\$200{,}000} = 27.8\%$$

Como demuestra este ejemplo, la diferencia puede ser muy significativa, aún incorporando el impacto de las contribuciones sobre ingresos de parte del inversionista.

Para crear un ejemplo todavía más conservador, utilizamos una tasa alta de contribución sobre ingresos (35%) y un porcentaje de apreciación de la propiedad muy conservador (3%).

Nuestro objetivo, en este libro, es proveer a toda persona interesada en invertir en bienes raíces con la mayor cantidad de herramientas posible para llegar a una toma de decisiones inteligente.

No recomendamos utilizar la *tasa de rendimiento del corredor* como un indicador confiable. Lo presentamos para que el inversionista entienda su cálculo y pueda reconocerlo, si se lo presentan en su búsqueda de propiedades para invertir.

Al terminar este libro, el lector estará sumamente informado con respecto a cuáles indicadores utilizar de acuerdo al tipo de inversión y las particularidades del inversionista.

11

Período de Repago (Payback Period)

Una de las maneras más sencillas y comúnmente utilizadas para la toma de decisiones, con respecto a las inversiones, en bienes raíces es el *período de repago*. Esto conlleva determinar la cantidad de años que tomará en recobrar la inversión inicial.

Esta técnica requiere comparar la cantidad de años que tomarán varias opciones de inversión en recuperar el dinero invertido, y luego se selecciona la mejor. Esta medida se basa en los flujos de efectivo después del pago de contribuciones sobre ingresos.

Uno de los retos de este tipo de análisis es el hecho que en bienes raíces el flujo de efectivo es muy difícil de precisar. Sin embargo, puede ser una buena guía para evaluar más a fondo las oportunidades de inversión y si debemos o no continuar considerando las mismas. No obstante, hay que proceder con cautela ya que algunas inversiones producen la mayor parte de sus flujos de efectivo en los años venideros y no de inmediato.

Esto pudiera causar que no se considere una oportunidad de inversión, cuando en realidad ésta es la que producirá el rendimiento más alto.

Muchos inversionistas, por lo general, neófitos utilizan esta técnica por su sencillez y facilidad de ser comprendida. Algunos establecen la cantidad de años máxima para esperar recibir el repago de su inversión. Su toma de decisiones se basa exclusivamente en esto.

Una de las debilidades de esta técnica es su inhabilidad para poder analizar los flujos de efectivo que ocurrirán después del período de repago. También, ignora el impacto del tiempo en el valor del dinero.

En adición a esto pudiera ser que una propiedad produzca un flujo de efectivo anual muy positivo, pero que no tenga la capacidad de apreciación necesaria para crear un buen rendimiento total al momento de vender la misma.

Comprar la propiedad correcta puede convertirlo financieramente independiente. No obstante, cometer un error al comprar puede convertirse en una pesadilla.

12

Ingreso Neto Operacional (NOI)

En el capítulo anterior, tuvimos la oportunidad de identificar algunos de los elementos más importantes que componen los ingresos de la propiedad y el efecto de la desocupación en la misma. También, identificamos algunos tipos de elementos que añaden ingresos a la operación. El resultado de todo esto es la identificación del *ingreso bruto operacional.*

Es importante manejar el cálculo del *ingreso bruto operacional* ya que a este número sustraeremos los gastos operacionales para identificar uno de los números más importantes en los bienes raíces comerciales, el *ingreso neto operacional* (NOI).

El *ingreso neto operacional* (NOI) representa la rentabilidad de la propiedad como inversión antes de considerar el financiamieno, la depreciación y las contribuciones sobre ingresos. Muchos inversionistas lo ven como el rendimiento que ofrece la propiedad si se hubiese comprado en efectivo. Es este número el que utilizaremos para la gran mayoría de los análisis financieros a través de este libro. Por consiguiente, es imperativo conocer y dominar los elementos que componen este cálculo de *ingreso neto operacional* (NOI).

Para entender el *ingreso neto operacional* es importante conocer cuáles son los gastos operacionales. Por definición, un gasto operacional es aquel que es necesario para que la propiedad continúe produciendo ingresos. Esto incluye todo tipo de gasto por concepto de mantenimiento, pero excluye los gastos realizados para efectuar mejoras a la propiedad.

La mayoría de los inversionistas se confunden y consideran que las mejoras a la propiedad deben ser clasificadas bajo los gastos operacionales. En realidad toda mejora a la propiedad se clasifica bajo la categoría de *mejoras*, la cual encontramos en los elementos del análisis financiero después de los gastos por concepto de financiamiento.

Realizar mejoras añade valor a la propiedad, pero no es determinante en su capacidad para continuar generando ingresos. Si existe algún renglón que el inversionista considere necesario corregir para que la propiedad continúe generando ingresos, este aparecerá bajo la categoría de mantenimiento o reparaciones, no en mejoras.

Por ejemplo, reemplazar las alfombras del piso de una oficina con loseta italiana se considera una mejora y no debe ser clasificada bajo los gastos operacionales. Sin embargo, si se rompen varias de estas losetas y hay que repararlas, esto será parte de la categoría de *reparaciones* y debe ser considerada para efectos de análisis financieros bajo gastos operacionales.

De igual manera, si el inversionista instala ventanas de seguridad en su propiedad, esto es considerado una mejora que no debe clasificarse bajo gastos operacionales.

Si una de estas ventanas es destruida por vandalismo, la reparación de la misma estará bajo *reparaciones* y el gasto debe considerarse operacional.

La instalación inicial no fue considerada un gasto operacional porque debió haber existido algún tipo de ventana, aunque esta no haya sido de seguridad. En esencia la utilidad de una ventana ya existía. Por lo tanto, instalar una mejor ventana no cambia la utilidad existente.

Veamos otras situaciones. Si una ventana existente fue destruida por vandalismo, la reparación de la misma es un gasto operacional. Si se reemplaza en su totalidad, nuevamente tendría que clasificarse bajo la categoría de mejoras. La decisión de instalar una de mayor calidad no afecta su clasificación dentro del renglón de mejoras.

Otro aspecto de mucha confusión son las comisiones pagadas por el inversionista por concepto de alquileres. Algunos insisten en que el pago de dichas comisiones debe considerarse un gasto operacional. Esto se debe a que es un gasto administrativo necesario para que la propiedad continúe produciendo ingresos.

No obstante, existe otra característica que los gastos deben tener para ser considerados operacionales. Esta es la regularidad de los mismos. Los gastos operacionales son aquellos en los que se incurre regularmente. En el caso de las comisiones por concepto de alquileres, el inversionista las paga únicamente cuando se efectúan alquileres.

Si la propiedad está 100% ocupada por cinco años, no es necesario incurrir en estos gastos. Utilizando esta parte de la definición, es fácil entender que los pagos de comisión por concepto de alquileres no pueden ser considerados gastos operacionales ya que no son recurrentes.

Esto es un elemento muy importante a entender para que podamos realizar un análisis financiero adecuado. Como dice el cliché, un lugar para cada cosa y todas las cosas en su lugar.

Otro error muy común entre inversionistas neófitos es considerar el pago de hipoteca como un gasto operacional. Si recordamos la definición, un gasto operacional es aquel necesario para que la propiedad continúe produciendo ingresos. El hecho de que exista o no una hipoteca contra la propiedad no influye en su capacidad para producir ingresos.

Tampoco influye en el valor de la misma. Una propiedad de ingresos establece su valor basado en el *ingreso neto operacional* (NOI) que produce sin consideración por financiamiento alguno. La existencia de una hipoteca en la propiedad no tiene influencia alguna en su valor. Por lo tanto, los gastos por concepto de financiamiento no pueden clasificarse ni ser considerados como gastos operacionales.

En los casos en que los inversionistas tienen que remodelar la propiedad o el espacio para satisfacer las necesidades de un inquilino en particular, estos gastos son igualmente considerados *mejoras* y no pueden desglosarse bajo los gastos operacionales de la propiedad.

Esto no significa que no sea un gasto real para el inversionista sino que para efectos de análisis financieros tiene que ser clasificado bajo *mejoras*. De igual manera, para efectos contributivos tiene que desglosarse bajo mejoras a capital.

La ventaja de este tipo de cálculo es que no importa cuán altos sean los gastos, los mismos no afectan el valor de la propiedad. La desventaja es que sí afecta el flujo de efectivo.

Es importante observar que para efectos de análisis financieros el *ingreso neto operacional* es un cálculo que considera el primer año de operaciones, después de haberse realizado la adquisición de la propiedad. En otras palabras, se reconstruye una proyección económica basada en las cifras actuales, pero las mismas se utilizan únicamente como punto de referencia.

El *ingreso neto operacional* (NOI) no es la ganancia neta del inversionista. Si existe algún tipo de financiamiento en la propiedad, hay que sustraer este pago. El gobierno, además, obtiene su parte en forma de contribuciones sobre ingresos. Por lo que debe considerarse que todo tipo de mejoras se realizará con los fondos generados por el *ingreso neto operacional* (NOI).

Ejemplo

Basado en la siguiente información, determine cuál es el *ingreso neto operacional* (NOI) de la propiedad.

Edificio de 6,000 pies cuadrados
Solar de 1,965 metros cuadrados
8 apartamentos con renta de $580 cada uno
Un (1) apartamento está desocupado
Los gastos son el 31% del ingreso bruto operacional
La hipoteca tiene un pago de $2,240 mensuales
La tasa de capitalización prevaleciente es 9.5%
Dos cocinas fueron renovadas por $4,500 cada una

Ingreso Neto Operacional (NOI) ____________________

Lo primero que debemos hacer es determinar cuál es la información que en realidad necesitamos para efectuar el cálculo. Sabemos que el tamaño de la propiedad y del solar son elementos que no consideraremos en nuestro cálculo. Lo mismo ocurre con el pago de hipoteca, la tasa de capitalización y las mejoras realizadas a las cocinas de dos apartamentos.

La mejor forma de comenzar cualquier tipo de cálculo es organizando la información de forma tal que nos facilite el manejo de la misma. En la próxima página, incorporaremos aquellos renglones que necesitamos llenar para lograr efectuar nuestro cálculo.

Ingreso de Rentas Potencial

$580 × 8 × 12

$580 × 8 = $4,640

$4,640 × 12 = $55,680

El *ingreso de rentas potencial* es un cálculo anual. En este ejemplo el resultado es **$55,680.**

Desocupación

$580 × 12

$580 × 12 = $6,960

En nuestro ejemplo un (1) apartamento está desocupado. Como no conocemos cuándo se alquilará, asumimos que estará desocupado durante el período cubierto por el análisis financiero. De esta forma, el resultado será uno conservador ya que sabemos que existe una enorme probabilidad que el apartamento se alquile antes de un (1) año. La cantidad asignada a la desocupación es **$6,960.**

Ingreso de Rentas Efectivo

Al sustraer la *desocupación* del *ingreso de rentas potencial* obtenemos el *ingreso de rentas efectivo*. El mismo es **$48,720.**

Otros Ingresos

El ejemplo no menciona tipo alguno de ingreso adicional. Asumimos, entonces, que el mismo será **$0.**

Ingreso Bruto Operacional

En este ejemplo, el *ingreso bruto operacional* es el mismo que el *ingreso de rentas efectivo* debido a la ausencia de *otros ingresos.*

Gastos Operacionales

La información provista no detalla la naturaleza de los gastos operacionales, pero sí nos indica que los mismos equivalen a 31% del *ingreso bruto operacional.* Para efectos de este ejemplo, las categorías utilizadas para determinar los gastos operacionales son correctas.

Conocemos que en este ejemplo el *ingreso bruto operacional* es el mismo que el *ingreso de rentas efectivo.* Procedemos a identificar el 31% de $48,720. El resultado es **$15,103**. Esta es la cantidad de gastos operacionales.

Ingreso Neto Operacional (NOI)

Finalmente, para identificar el *ingreso neto operacional* (NOI) sustraemos los *gastos operacionales* del *ingreso bruto operacional.*

	Ingreso Bruto Operacional	$48,720
-	Gastos Operacionales	$15,103
=	**Ingreso Neto Operacional (NOI)**	**$33,617**

Veamos el proceso completo:

	Ingreso de Rentas Potencial	$55,680
-	Desocupación	$6,960
=	Ingreso de Rentas Efectivo	$48,720
+	Otros Ingresos	$0
=	Ingreso Bruto Operacional (IBO)	$48,720
-	Gastos Operacionales (31% de IBO)	$15,103
=	**Ingreso Neto Operacional (NOI)**	**$33,617**

Relativamente sencillo cuando se conocen los elementos a considerar como parte del cálculo.

13

Tasa de Capitalización (Cap Rate)

Capitalización, en bienes raíces, es el proceso de utilizar los ingresos netos operacionales (NOI) de una propiedad para estimar su valor en el mercado. Aplicamos a estos ingresos la tasa prevaleciente dadas las características físicas, categóricas y operacionales de la propiedad.

Para todo tipo de propiedad, incluyendo sus distintas clases (A, B o C), existe una tasa determinada. Esta la establece el mercado basado en ventas comparables.

Debido a la hetereogeneidad de las propiedades comerciales es importante utilizar un indicador que iguale la proporción de ciertos tipos de propiedades estableciendo así una relación entre el ingreso neto operacional (NOI) y el precio de venta de una propiedad. Esto es lo que conocemos como la *tasa de capitalización*.

Generalmente se le conoce a este proceso como capitalización directa. Aunque existen otros tipos de capitalización, en este libro nos circunscribimos a la capitalización directa debido a cuán práctico y común es su uso en nuestra industria.

El *ingreso neto operacional* (NOI) a utilizarse para efectos de capitalización es el proyectado para el primer año después de efectuada la compraventa. Esto es importante porque muchos practicantes de la industria, erróneamente, utilizan el *ingreso neto operacional* (NOI) actual del último año de operaciones.

Capitalización es una forma extremadamente sencilla de estimar valor. Sin embargo, es imperativo obtener data precisa con respecto a ventas recientes. Una de las mejores formas de lograr esto es a través de tasadores.

Los tasadores representan una excelente fuente de información con respecto a tasas de capitalización. Estos ofrecen un caudal de información que de otra manera tomaría años recopilar.

Otra fuente de información son los corredores de bienes raíces comerciales que estén activos en el mercado. Muchos corredores mantienen archivos de transacciones que de otra manera sería muy difícil, sino imposible de adquirir.

En los Estados Unidos existen servicios de información que funcionan a través de suscripción los cuales mantienen archivos actualizados de todo tipo de transacciones y son muy útiles como punto de referencia.

No obstante, hay que recordar que el negocio de los bienes raíces es por naturaleza local y aunque podamos utilizar ciertas guías, no existe sustituto para el conocimiento de lo que está ocurriendo en su mercado. Dése a la tarea de conocer a fondo su mercado o contrate a un experto.

Un aspecto importante a considerar es la *capitalización fragmentada*. Esto significa que se utilice una tasa de capitalización diferente para distintas situaciones. Por ejemplo, pudiera darse el caso que el inversionista esté considerando adquirir un centro comercial que fue construido en dos etapas.

La segunda etapa puede haberse completado cinco o diez años después de la etapa inicial. Esto implica que existe una diferencia de edad entre ambas etapas y se le debe asignar una *tasa de capitalización* que vaya de acuerdo con la edad de las mismas. Esta pudiera o no ser la misma *tasa de capitalización*, pero hay que tomar este aspecto en consideración.

Otro ejemplo es la diferencia entre los distintos inquilinos que ocupen la propiedad. El riesgo crediticio de los inquilinos definitivamente afecta la *tasa de capitalización* a aplicarse. No es lo mismo una compañía internacional establecida hace más de 50 años en el mercado que una compañía local que a penas comienza sus operaciones.

Es necesario aplicar la tasa de capitalización correspondiente a cada uno de los inquilinos o cada una de las etapas de construcción y luego sumar los distintos resultados para estimar el valor de la propiedad en su totalidad.

La tasa de capitalización no mide el flujo neto de efectivo (Cash Flow). La inversión pudiera producir $0 flujo neto de efectivo (Cash Flow) y aun así podemos determinar su valor en el mercado. La *tasa de capitalización* utiliza el *ingreso neto operacional* (NOI) para determinar el valor, no el flujo neto de efectivo (Cash Flow).

Mientras más baja sea la *tasa de capitalización*, mayor será el valor de la propiedad; mientras más alta sea la *tasa de capitalización*, menor será su valor. Es una relación inversa.

La fórmula de capitalización es la siguiente:

$$\text{Valor} = \frac{\text{Ingreso Neto Operacional (NOI)}}{\text{Tasa de Capitalización (Cap Rate)}}$$

Veamos un ejemplo:

Un inversionista desea invertir en una propiedad con un ingreso neto operacional (NOI) de $100,000. Propiedades similares en el mercado se están vendiendo a una *tasa de capitalización* de 10%. Utilizando la fórmula determinamos su valor.

$$\frac{\$100{,}000}{.10} = \$1{,}000{,}000$$

Invirtamos ahora la fórmula para identificar la *tasa de capitalización,* si conocemos el precio de venta y el ingreso neto operacional (NOI) de la propiedad.

$$\text{Tasa de Capitalización} = \frac{\text{Ingreso Neto Operacional (NOI)}}{\text{Precio de Venta (Valor)}}$$

$$\frac{\$100{,}000}{\$1{,}000{,}000} = .10$$

Tasa de Capitalización

También podemos determinar el ingreso neto operacional (NOI) de una propiedad, si conocemos su precio de venta y la *tasa de capitalización* correspondiente a este tipo de propiedad.

$$\text{Ingreso Neto Operacional (NOI)} = \frac{\text{Precio de Venta}}{\text{Tasa de Capitalización}}$$

$$\frac{\$1{,}000{,}000}{10} = \$100{,}000$$

Cabe mencionar que el cálculo de capitalización está basado en la idea que la propiedad se encuentra en condición estable. Si este no fuera el caso, es necesario crear una proyección recreando una situación estable para la propiedad y aplicar la tasa de capitalización para determinar su valor.

Por ejemplo, si una propiedad ha perdido a uno de los inquilinos principales el cual representa una porción significativa de los ingresos de la propiedad, se debe considerar que existe un inquilino equivalente que ocupará dicho espacio. La desocupación aplicada a la propiedad será la que refleje la situación actual del mercado, no la situación actual de la propiedad.

Un inversionista no puede adquirir una propiedad que acaba de perder un inquilino clave y descontar la totalidad de estos ingresos potenciales de su precio de compra. De igual manera, si una propiedad ha estado siempre 100% ocupada, debemos aplicar a la proyección la tasa de desocupación promedio prevaleciente en el mercado. Se hacen ajustes al cálculo, pero es fundamental reflejar la condición actual del mercado y no la individual de la propiedad.

14

Relación Deuda-NOI (Debt Coverage Ratio)

Uno de los análisis financieros más importantes realizados por las instituciones prestatarias al momento de considerar financiamiento para una propiedad o proyecto comercial es la *Relación Deuda-NOI*. Conocido más bien por su nombre en inglés *Debt Coverage Ratio y* sus siglas DCR.

Este mide la proporción y relación entre el ingreso neto operacional de la propiedad y su deuda. La mayoría de las instituciones prestatarias requieren una proporción o DCR de 1.20 o mayor. Instituciones más conservadoras pudieran requerir hasta 1.30. Aunque no es común, otras exigen una proporción mayor.

Un DCR equivalente a 1.0 significa que la propiedad produce exactamente la cantidad necesaria para cubrir el pago de hipoteca. Si el DCR es menor de 1.0, implica que la propiedad no produce suficientes ingresos como para cubrir el pago de la misma. Al momento de determinar la cantidad de la deuda se debe identificar el pago de hipoteca mensual y multiplicarlo por 12 para llegar al pago anual. Si existe más de un préstamo, hay que sumarlos.

Esto significa, asumiendo un requisito de 1.20, que una propiedad que produzca un ingreso neto operacional de $100,000 anuales cualificaría para un pago mensual de $6,944 lo cual representa un pago total anual de $83,333. Básicamente la institución prestataria quiere asegurarse que existe un margen de error de 20% en la proyección de los análisis financieros de esta transacción. La fórmula es la siguiente:

$$\frac{\text{Ingreso Neto Operacional}}{\text{Deuda}} = \text{Relación Deuda-NOI (DCR)}$$

Si invertimos las variables de la fórmula anterior, obtendremos la cantidad máxima de deuda permitida:

$$\frac{\text{Ingreso Neto Operacional}}{\text{Relación Deuda-NOI (DCR)}} = \text{Deuda}$$

Apliquemos, entonces, los números:

$$\frac{\$100{,}000}{1.20} = \$83{,}333$$

Como bien ilustra nuestro ejemplo anterior, con un ingreso neto operacional y un requisito de parte de la institución prestataria de 1.20 DCR, el máximo de deuda permitido para otorgar el préstamo sería $83,333 anuales. Esto significa que según las proyecciones sometidas al banco existe una cantidad de $100,000 para pagar una deuda de $83,333.

Esto permite tener un 20% de riesgo en pérdida de *ingreso neto operacional* y todavía se puede efectuar el pago de deuda estipulado. Existe la cantidad de $16,667 sobre la deuda para cubrir cualquier tipo de situación inesperada y no contemplada inicialmente en los análisis financieros realizados durante el estudio de viabilidad. Este margen de seguridad es lo que llamamos la *Relación Deuda-NOI* o *Debt Coverage Ratio* (DCR).

Supongamos, entonces, que un inversionista está contemplando la posibilidad de adquirir una propiedad comercial que produce un *ingreso neto operacional* de $100,000. Sin embargo, la deuda anual es $85,000. Esto representa una *Relación Deuda-NOI* de 1.18. Esta proporción está por debajo del requisito de la institución prestataria.

Esencialmente existen dos formas de corregir esta proporción: aumentando el *ingreso neto operacional* de la propiedad o reduciendo la cantidad de la deuda. Analicemos éstas individualmente y evaluemos su impacto.

Aumentar el ingreso neto operacional

Existen tres formas de lograr esto:

1 Aumentar las rentas.
2 Reducir la desocupación.
3 Reducir los gastos operacionales.

Asumiendo que las rentas están al nivel de mercado, aumentarlas causaría la pérdida de algunos inquilinos y consecuentemente la desocupación aumentaría. Lo que pudiera reducir el ingreso neto operacional de la propiedad en vez de aumentarlo.

Para reducir la desocupación será necesario hacer una de dos cosas: reducir las rentas o añadir servicios adicionales por la misma renta. Reducir las rentas disminuiría a su vez el *ingreso neto operacional* proveniente de las unidades actualmente ocupadas. El aumento en ocupación tendría que ser significativo para que este pudiera globalmente incrementar el *ingreso neto operacional.*

Incorporar servicios adicionales conllevaría un aumento en los gastos operacionales, lo cual hace difícil a su vez aumentar el *ingreso neto operacional.* Es importante mantener un balance entre las distintas formas de intentar remediar nuestra situación.

La tercera forma de intentar maximizar el *ingreso neto operacional* es reduciendo los gastos operacionales. No obstante, ya hemos visto que casi todo tipo de actividad conducente al aumento en el *ingreso neto operacional,* requiere que se incurran en gastos adicionales. Esto resulta casi siempre en una actividad contraproducente.

Para satisfacer la curiosidad del lector perspicaz, debemos mencionar que existe otra posibilidad de incrementar el *ingreso neto operacional.* Esta es a través de un programa agresivo de alquileres donde se logra reducir la desocupación y aumentar las rentas al mismo tiempo.

Sin embargo, asumimos en este libro que la administración de la propiedad es una muy competente y que los mejores esfuerzos han sido realizados por profesionales que conocen y dominan su industria. Por esto, hemos ofrecido las alternativas anteriores con sus ventajas y desventajas.

No es tan sencillo controlar el *ingreso neto operacional* de la propiedad. Por esto, debemos mirar detenidamente nuestra segunda opción para lograr obtener una *Relación Deuda-NOI* (DCR) aceptable.

Reducir la cantidad de la deuda

A falta de poder aumentar el ingreso neto operacional de la propiedad, tenemos la opción de reducir la cantidad de la deuda. Existen varias formas de lograr esto. Veamos:

1. Negociar una tasa de interés menor que permita que el pago se reduzca.
2. Aportar un pronto mayor que permita que la deuda se reduzca. Sin embargo, esto reduciría a su vez el rendimiento de la inversión.
3. Utilizar alguna forma de financiamiento creativo tales como:
    a. Pagos que aumentan gradualmente.
    b. Una tasa de interés variable que ofrezca un interés inicial menor.
    c. Préstamos con pago de interés únicamente.
    d. Hipotecas con términos mayores que la fecha de vencimiento del balance (Balloon Payment).

Estas alternativas brindan a su vez, un riesgo adicional. Se deben considerar con suma cautela. Ofrecen una solución al problema de cualificación, pero ésta es una solución temporera.

No pretendemos ofrecer una solución infalible para este dilema tan común. Es nuestra intención traer a colación las distintas formas posibles para su solución. Todos los casos son diferentes y ofrecen alternativas particulares.

No obstante, el inversionista inteligente conoce cuáles son sus posibilidades y se esfuerza en alcanzar un balance adeudado que satisfaga la necesidad de la institución financiera y que a su vez cumpla con las expectativas establecidas para la inversión.

Ejemplo

Un inversionista está considerando adquirir un pequeño edificio de seis oficinas. Cada una de las oficinas genera una renta de $750 mensuales. Durante el año más reciente dos de las oficinas estuvieron desocupadas por un período de tres meses cada una, lo cual significó una pérdida de ingresos de $4,500.

Los gastos de operación de la propiedad se desglosan en la siguiente tabla:

Mantenimiento	$1,085
Suministros y efectos de oficina	$575
Utilidades de áreas comunes	$950
Seguro sobre la propiedad	$1,350
Contribuciones sobre la propiedad	$3,200
Total	**$7,160**

Todos los demás gastos fueron absorbidos por los inquilinos. Consideremos ahora que el inversionista está solicitando financiamiento a través de uno de los bancos locales. El pago mensual del préstamo será $3,068.

Primero, tenemos que calcular el *ingreso neto operacional* de la siguiente manera:

Ingreso de Rentas Potencial = 6 unidades x $750 por mes x 12 meses = $54,000.

	Ingreso de Rental Potencial	$54,000
-	Desocupación Año Reciente	$4,500
-	Gastos Operacionales	$7,160
=	Ingreso Neto Operacional	$42,340

Ahora calculemos la deuda anual de la hipoteca, según definida en este ejemplo:

$3,068 x 12 = $36,816 (Deuda Anual de la Hipoteca)

Finalmente calculamos la *Relación Deuda-NOI*

$42,340 (NOI) ÷ $36,816 (Deuda Anual) = 1.15 DCR (Relación Deuda-NOI). En este ejemplo la proporción no es lo suficientemente adecuada para justificar el financiamiento. Utilizando el mismo ejemplo, identifiquemos qué cantidad de *ingreso neto operacional* sería necesario para obtener financiamiento si el prestatario requiere una *Relación Deuda-NOI de 1.20.*

Relación Deuda-NOI × Deuda Anual = Ingreso Neto Operacional necesario.

1.20 × $36,816 = $44,179

Necesitaríamos un *ingreso neto operacional* de por lo menos $44,179 para que la institución financiera considere el otorgamiento del préstamo.

15

Flujo de Efectivo (Cash Flow)

El *flujo de efectivo* es la chequera de la propiedad. Tiene exactamente la misma función de una chequera de banco. Registra todos los ingresos y egresos relacionados con la inversión. Los ingresos incluyen rentas, reembolsos por parte de los inquilinos, *otros ingresos*, intereses generados por los depósitos de los inquilinos y todo tipo de ingreso monetario producto de la propiedad.

Los egresos comprenden los gastos operacionales, pagos de hipoteca, gastos efectuados para la realización de mejoras, comisiones pagadas por concepto de alquileres y todo tipo de gastos que requiera la inversión.

Los flujos de efectivo se dividen en dos: el flujo de efectivo antes del pago de contribuciones sobre ingreso y el flujo de efectivo después del pago de contribuciones sobre ingreso. La mayoría de los inversionistas cuando hablan de flujo de efectivo se refieren al obtenido antes del pago de contribuciones sobre ingresos. Sin embargo, el inversionista inteligente conoce que el impacto de las contribuciones en el rendimiento de la inversión tiene que ser evaluado con mucha cautela. Por lo tanto, este es el *flujo de efectivo* en el cual se concentran.

Es importante observar que los *flujos de efectivo*, ya sean ingresos o egresos, se consideran en su totalidad sin importar el hecho que sean sujeto a pago de contribuciones o deducibles.

Por ejemplo, el *flujo de efectivo* es impactado en su totalidad por el pago de la hipoteca. Sin embargo, solamente la porción de los intereses es la que es deducible. Esto significa que aunque podemos deducir únicamente los intereses de los préstamos, el flujo de efectivo se reduce por la cantidad total del pago de hipoteca.

De igual manera, el flujo de efectivo antes de las contribuciones sobre ingresos no es impactado por la depreciación. Para efectos contributivos, la depreciación de la propiedad ayuda al inversionista ya que la misma se deduce de los ingresos. Por otra parte, al no ser un elemento monetario no impacta la cantidad de *flujo de efectivo* antes de las contribuciones sobre ingresos que recibe el mismo.

Se debe esperar a llenar las planillas contributivas para beneficiarse del efecto de la depreciación en la propiedad. La depreciación impacta las contribuciones sobre ingresos, pero no la cantidad de *flujo de efectivo* antes de las contribuciones sobre ingresos recibida por el inversionista.

El *flujo de efectivo* es el elemento clave al momento de analizar bienes raíces. Cuando los inversionistas toman la decisión de retener una propiedad, lo hacen basado en sus *flujos de efectivo.*

Veamos un desgloce del orden de los elementos pertinentes a un análisis financiero y sus respectivos *flujos de efectivo.*

Ingresos

	Ingreso de Rentas Potencial
-	Desocupación y Pérdidas
=	Ingreso de Rentas Efectivo
+	Otros Ingresos
=	**Ingreso Bruto Operacional**

Gastos Operacionales

-	Impuestos sobre la Propiedad
-	Seguros Sobre la Propiedad
-	Electricidad
-	Agua y Alcantarillado
-	Mantenimiento y Reparaciones
-	Servicios Profesionales
-	Administración de la Propiedad
-	Publicidad y Mercadeo
-	Efectos de Oficina
-	Misceláneos

Gastos Operacionales Totales

=	**Ingreso Neto Operacional (NOI)**
-	Gastos por Financiamiento
-	Mejoras al Activo
-	Fondos de Reserva
-	Comisiones por Concepto de Alquileres
-	Depreciación
=	**Flujo de Efectivo Pre-Contribuciones**
-	Contribuciones Sobre Ingresos
=	**Flujo de Efectivo Post-Contribuciones**

Apliquemos ahora el conocimiento adquirido con respecto al *flujo de efectivo* para determinar su entendimiento.

Ejemplo

Usted tiene un pequeño centro comercial con 10 espacios para alquiler. Cada uno de estos espacios tiene dimensiones idénticas y se alquilan por $1,500 mensuales.

Usted estima que la desocupación del próximo año será 5%. Esto es asumiendo que dos de los espacios estarán desocupados por un período de tres meses cada uno.

Los gastos operacionales ascienden a $5,850 mensuales. El pago de hipoteca es $6,300 mensuales. Su tasa contributiva es 35%. ¿Cuál es el *flujo de efectivo* después del pago de contribuciones sobre ingresos de esta inversión?

	Ingreso de Rentas Potencial (IRP)
-	Desocupación y Pérdidas
=	**Ingreso Bruto Operacional (IBO)**
-	**Gastos Operacionales**
=	**Ingreso Neto Operacional (NOI)**
-	Gastos por Financiamiento
=	**Flujo de Efectivo Pre-Contribuciones**
-	Contribuciones Sobre Ingresos
=	**Flujo de Efectivo Post-Contribuciones**

Ingreso de Rentas Potencial (IRP)

Primero, identificamos el *ingreso de rentas potencial.*
10 (espacios) × $1,500 (renta mensual) × 12 (meses)
10 (espacios) × $1,500 (renta mensual) = $15,000
$15,000 × 12 (meses) = $180,000

El *ingreso de rentas potencial* es **$180,000**

Desocupación y Pérdidas

Segundo, calculamos la desocupación.
2 (espacios) × $1,500 (renta mensual) × 3 (meses)
2 (espacios) × $1,500 (rental mensual) = $3,000
$3,000 × 3 (meses) = $9,000
La *desocupación* es **$9,000**

Ingreso Bruto Operacional (IBO)

Tercero, calculamos el *ingreso bruto operacional.*
$180,000 (IRP) - $9,000 (desocupación) = IBO
$180,000 - $9,000 = $171,000
El *ingreso bruto operacional* es **$171,000**

Gastos Operacionales

Cuarto, determinamos la cantidad de *gastos operacionales.*
Tenemos que convertir la cantidad mensual en una anual.
$5,850 (gastos mensuales) × 12 (meses) = Gastos Operacionales
$5,850 × 12 = $70,200
Los *gastos operacionales* son **$70,200**

Ingreso Neto Operacional (NOI)

Quinto, determinemos el *ingreso neto operacional.*
$171,000 (IBO) - $70,200 (gastos operacionales) = NOI
$171,000 - $70,200 = $100,800
El *ingreso neto operacional* es **$100,800**

Es importante recordar que al momento de realizar análisis financieros, las cifras a utilizar son aquellas que representan la cantidad anual de la categoría.

Gastos por Financiamiento

Sexto, determinamos cuál es la cantidad anual destinada a cubrir la deuda de la propiedad.

\$6,300 (pago mensual) × 12 (meses) = deuda anual
\$6,300 × 12 = \$75,600

La deuda por financiamiento anual es **\$75,600**

Flujo de Efectivo antes de las Contribuciones

Séptimo, procedemos a calcular el *flujo de efectivo* antes de las contribuciones sobre ingresos

\$100,800 (NOI) - \$75,600 (repago de deuda)
\$100,800 - \$75,600 = \$25,200

El *flujo de efectivo* antes de las contribuciones sobre ingresos es **\$25,200**

Contribuciones sobre Ingresos

Octavo, determinemos el pago de contribuciones.
\$25,200 × .35 = contribuciones sobre ingresos
\$25,200 x .35 = \$8,820

Observen que no hemos considerado el efecto de la depreciación para simplificar nuestro ejemplo.

El pago de *contribuciones sobre ingresos* es **\$8,820**

Flujo de Efectivo después de las Contribuciones

Finalmente, calculamos el *flujo de efectivo* después de las contribuciones sobre ingresos.
\$25,200 (flujo de efectivo pre-tax) - \$8,820 (contribuciones)
\$25,200 - \$8,820 = \$16,380

El *flujo de efectivo* después del pago de contribuciones sobre ingresos es **$16,380**. Ésta es la ganancia real que recibe el inversionista. El cálculo de rendimiento en la inversión debe efectuarse considerando esta cifra.

Veamos el mismo ejemplo desglozado en nuestra tabla para facilitar el posicionamiento de los distintos elementos. Hemos incluido únicamente aquellos directamente pertinentes a nuestro análisis de *flujo de efectivo*.

	Ingreso de Rentas Potencial	$180,000
-	Desocupación y Pérdidas	$9,000
=	Ingreso Bruto Operacional	$171,000
-	Gastos Operacionales	$70,200
=	Ingreso Neto Operacional (NOI)	$100,800
-	Gastos por Financiamiento	$75,600
=	Flujo de Efectivo Pre-Contribuciones	$25,200
-	Contribuciones Sobre Ingresos	$8,820
=	Flujo de Efectivo Post-Contribuciones	$16,380

La utilización de la tabla para organizar la información financiera nos permite crear una buena imagen visual, con respecto a los elementos de análisis y su efecto en el resto de las categorías. Es una buena idea acostumbrarse a utilizar este tipo de tabla para realizar todos los análisis financieros. Pronto, el inversionista comenzará a identificar la relación de los distintos elementos y cómo los mismos se afectan entre sí.

Al comparar las tablas y la información financiera de varias propiedades, el inversionista comenzará a identificar los patrones de comportamiento de distintos tipos de propiedades. Esto lo posicionará de forma ventajosa al momento de tomar decisiones de compra, venta o de retención de propiedades.

16

Valor Presente (Present Value)

Uno de los principios más importantes al momento de realizar inversiones es el efecto del tiempo en el valor del dinero. Esto se deriva del principio económico que indica que un dólar recibido hoy, tiene mayor valor que un dólar que se recibirá en el futuro.

La cantidad de *flujos de efectivo* que se espera recibir de una inversión en años venideros no puede simplemente sumarse para determinar su valor actual. Esto se debe a que con el pasar de los años la misma cantidad de *flujos de efectivo* pierde valor. Mientras más años pasen, más valor pierden los *flujos de efectivo*.

Por ejemplo, si se espera que una propiedad produzca $100,000 anuales en *ingreso neto operacional* por los próximos 5 años, el valor de estos $100,000 tiene que ajustarse de acuerdo al año en que se recibirán.

Existen también muchos casos donde los ingresos que producen las inversiones aumentan, año tras año. Sin embargo, el rendimiento que estos *flujos de efectivo* representan disminuye cada vez más. En efecto, aunque los flujos de efectivo y el ingreso del inversionista aumenta, el rendimiento en su inversión disminuye.

El dinero es un medio de negociación. Mientras más dinero se posea, más poder de negociación existe. Los inversionistas prefieren recibir los frutos de sus inversiones lo antes posible para poder así reinvertir el mismo y obtener ganancias mayores. Cuando el dinero que esperan recibir tomará cierto tiempo en llegar, los inversionistas realizan un ajuste al valor que le asignan al mismo.

Este ajuste se conoce como *descuento*. En otras palabras, si una inversión promete ofrecernos $150,000 de ganancia en tres años, es necesario determinar cuánto es el valor actual de estos $150,000 a ser recibidos al final de tres años. *Descuento* es el proceso de determinar el *valor presente* de ingresos futuros.

El concepto de *descuento* establece la tasa que se le aplica a la posible inversión para determinar su valor actual. *Descuento* es lo opuesto a *interés compuesto*. Este último se utiliza para determinar el *valor futuro* de una inversión actual. El *descuento* se utiliza para determinar el *valor presente* de ingresos futuros.

Ambas son técnicas que consideran las cuatro preguntas principales al momento de realizar inversiones. Estas son:

1. ¿Cuánto dinero entra en la inversión?
2. ¿Cuándo entra este dinero?
3. ¿Cuánto dinero produce la inversión?
4. ¿Cuándo lo produce?

Para simplificar el cálculo de *valor presente* necesitamos utilizar una calculadora financiera o un programa de computadora. Microsoft Excel™ incorpora una función excelente y fácil de usar. Incluimos como anejo al final de este libro una serie de tablas de *factores de valor presente* las cuales el inversionista puede utilizar para obtener resultados inmediatos.

La fórmula es la siguiente:
Valor Presente = Valor Futuro / $[(1+i)^n]$

donde

i = tasa de interés

n = número de períodos

Resolver el problema manualmente puede descorazonar a muchas personas. Para evitar esto, utilice las tablas antes descritas para ayudarle con este cálculo.

Ejemplo

Una inversionista está interesada en adquirir una propiedad que sabe puede ser vendida en tres años por una cantidad que produzca una ganancia de $275,000. Si ella le aplica una *tasa de descuento* de 13% a este flujo de efectivo, ¿cuál sería el valor presente del mismo?

Primero hay que encontrar la columna que identifica el 13% al tope de la tabla. Luego busque en la parte izquierda de la tabla y localice el *factor* que corresponda a tres (3) años. El mismo es 0.693050. Procedemos, entonces, a multiplicar el *valor futuro* por el *factor* correspondiente.

$275,000 × 0.693050 = **$190,588.75**

Este es el *valor presente* de la ganancia potencial. Si la inversionista decide proceder con la adquisición, este debe ser el precio a pagar por el *flujo de efectivo.*

Supongamos ahora que una inversión en una propiedad comercial Clase A de bienes raíces promete un rendimiento de 12%. La misma requiere una aportación inicial de $250,000. La propiedad en cuestión es muy estable y los contratos de renta son a largo plazo con inquilinos de compañías internacionales con excelente estabilidad económica. La inversionista tiene disponible la cantidad de $250,000 y cualifica por su crédito para el financiamiento necesario para adquirir la misma.

De igual manera, existe la oportunidad de invertir la misma cantidad de $250,000 en fondos mutuos que también prometen un rendimiento de 12%. Sin embargo, la inversión en fondos mutuos es una pasiva y lo único que requiere es la aportación inicial. En este caso, la inversionista inteligente prefiere invertir su capital en fondos mutuos.

Este razonamiento se debe a que el rendimiento prometido es el mismo. No obstante, aún tomando en consideración la excelente estabilidad de la propiedad a comprar, los bienes raíces requieren más esfuerzo y atención que la inversión en fondos mutuos de este ejemplo. Aunque el riesgo comparativamente es similar entre estas dos inversiones, los requisitos de administración y responsabilidad son muy diferentes.

Esto significa que no solo debemos considerar el riesgo potencial de la inversión, sino el compromiso que la misma requerirá de parte del inversionista en términos de tiempo.

En este caso, el inversionista podría asignarle una *tasa de descuento* mayor a la inversión en bienes raíces para justificar la diferencia entre el compromiso de tiempo que ambas requieren.

Esto implica que la inversionista tendría que comprar la misma propiedad por un precio menor para justificar su selección en vez de los fondos mutuos. Si esto no fuera posible, el capital tendría que invertirse en los fondos mutuos.

Descontar los valores futuros de las posibles inversiones es la forma de compensar al inversionista por tener que esperar para recibir los frutos de su inversión y haber tomado el riesgo necesario para justificar el rendimiento en la inversión.

El tamaño del rendimiento en la inversión está directamente relacionado con el tamaño del riesgo de la misma. Mientras más alto sea el riesgo aparente de una inversión, más alto el rendimiento esperado de parte del inversionista.

Identificar cuál debe ser el rendimiento (reflejado en la tasa de descuento) de una inversión va de la mano con la seguridad de obtener los *flujos de efectivo* prometidos al tiempo en que estos fueron prometidos.

Esto es una de las razones por las cuales debemos conocer a fondo el concepto de *descuento,* y lograr aplicar el mismo a todo tipo de inversión que se le presente al inversionista. Esto hará una gran diferencia entre el inversionista promedio y el inversionista inteligente.

Hasta ahora, hemos identificado el *valor presente* de un flujo de efectivo futuro. Sin embargo, los *flujos de efectivo* en bienes raíces son por lo general más de uno. Supongamos que María es una inversionista y que Raúl, su mejor amigo, es un corredor de bienes raíces. Este le presenta la oportunidad de obtener una propiedad comercial de ingresos. María quiere saber si comprar esta propiedad es una buena inversión.

Raúl le provee la información financiera sobre la propiedad y juntos visitan la propiedad. A María le gusta la localización de la propiedad y está muy entusiasmada. Sin embargo, ella es una mujer muy prudente y quiere asegurarse que esta propiedad en realidad representa una buena inversión. Definitivamente, no puede darse el lujo de cometer un error ya que la inversión inicial requerida para efectuar la compra agotaría todos los ahorros que tiene hasta el momento. María participó recientemente de un seminario de inversiones en bienes raíces comerciales y recuerda que el facilitador mencionó algo sobre *descontar* los *flujos de efectivo* esperados en el futuro para determinar con más precisión su *valor presente.*

María contacta al facilitador del seminario y logra que este junto con su mejor amigo y corredor Raúl analicen los números ofrecidos por el dueño actual de la propiedad. Los números están a la par con otros de similares propiedades en el mercado. Solo falta determinar cuál es el *valor presente* de los flujos de efectivo futuros.

Los flujos de efectivo futuro son los siguientes:

Flujo de Efectivo al Final del Año 1	$24,500
Flujo de Efectivo al Final del Año 2	$25,480
Flujo de Efectivo al Final del Año 3	$26,754
Flujo de Efectivo al Final del Año 4	$27,824
Flujo de Efectivo al Final del Año 5	$29,215
Flujo de Efectivo al Final del Año 6	$30,384
Flujo de Efectivo al Final del Año 7	$31,903
Flujo de Efectivo al Final del Año 8	$33,179
Flujo de Efectivo al Final del Año 9	$34,838
Flujo de Efectivo al Final del Año 10	$456,580

Observe que el *flujo de efectivo* al final del año 10 es mucho mayor que los anteriores. Esto se debe a que este incluye la ganancia realizada al venderse la propiedad.

Ahora identifiquemos el *valor presente* de estos *flujos de efectivo*. Utilice las tablas de *valor presente* al final del libro para identificar el *factor* correspondiente a cada uno de los flujos de efectivo. Una vez terminado esto, sume todos los resultados y el total será el *valor presente* de esta inversión.

Asumiremos para este ejemplo que María está interesada en obtener un 12.5% de rendimiento en su inversión. Por lo tanto, esta es la columna de las tablas que vamos a utilizar.

Período	Flujo de Efectivo		Factor de Valor Presente		Valor Presente
Año 1	$24,500	×	0.888889	=	$21,778
Año 2	$25,480	×	0.790123	=	$20,132
Año 3	$26,754	×	0.702332	=	$18,790
Año 4	$27,824	×	0.624295	=	$17,370
Año 5	$29,215	×	0.554929	=	$16,212
Año 6	$30,384	×	0.493270	=	$14,988
Año 7	$31,903	×	0.438462	=	$13,988
Año 8	$33,179	×	0.389744	=	$12,931
Año 9	$34,838	×	0.346439	=	$12,069
Año 10	$456,580	×	0.307946	=	$140,602
Total de Valor Presente					**$288,860**

El resultado demuestra que basados en la información que se le presentó a María, el *valor presente* de los *flujos de efectivo* futuros es $288,860. Esto no representa el valor de la propiedad. Representa el valor de la inversión. En otras palabras, el valor para María de esta inversión, asumiendo el 12.5% de rendimiento que ella exige es $288,860. Si María pudiera aceptar un rendimiento menor, pudiera pagar más por la propiedad. Si exigiera uno mayor, tendría que pagar menos. Es importante recordar que cada inversionista tiene su "yield" o exigencia de rendimiento. Para otro inversionista, pudiera ser diferente.

17

Valor Presente Neto (Net Present Value)

Una vez entendemos el concepto de *valor presente*, se nos hace mucho más fácil dominar el *valor presente neto*. Como discutimos en el capítulo anterior, *valor presente* es el resultado de la aplicación de una tasa de descuento a la proyección de *flujos de efectivo* futuros. En otras palabras, cuánto valen hoy los ingresos que supuestamente la inversión generará en el futuro.

Calculamos el *valor presente* de un (1) flujo de efectivo futuro y también los *flujos de efectivo* de varios años en la inversión. El único elemento que tenemos que incorporar a la fórmula es la cantidad de inversión inicial.

El *valor presente neto* es la diferencia entre todos los *flujos de efectivo* (ya descontados) y la cantidad que representa la inversión inicial. El *valor presente* nos indica cuánto es el valor de los *flujos de efectivo* futuros. Sin embargo, esto no significa que logremos adquirir la propiedad por esta cifra de dinero. Por lo que el *valor presente* neto nos ayuda a determinar exactamente cuál sería el rendimiento real obtenido.

La fórmula es sencilla:

Valor Presente Neto = valor presente de todos los flujos de efectivo - la inversión inicial.

Si el *valor presente* de todos los flujos de efectivo es mayor que la cantidad que se aportó inicialmente, el inversionista obtuvo un rendimiento mayor al que esperaba.

Si el *valor presente* de todos los *flujos de efectivo* es menor que la cantidad que se aportó inicialmente, el rendimiento obtenido fue menor al requerido por el inversionista.

Ejemplo

Raquel compró una propiedad con una inversión inicial de $150,000 de la cual espera obtener los siguientes *flujos de efectivo* netos.

Período	Flujo de Efectivo
Año 1	$4,750
Año 2	$8,120
Año 3	$4,500
Año 4	$7,680
Año 5	$8,150

Ella espera vender su inversión en cinco años cuando el mercado mejore. Raquel piensa que podrá vender por $625,000. Estima, además, que tendrá que pagar una comisión de 6% al corredor de bienes raíces y $7,500 en gastos legales. El balance de su hipoteca al final de cinco años será $395,000.

El corredor de bienes raíces le indica que la tasa de descuento cuando decida vender debe estar cerca de un 11%, lo cual es exactamente lo que Raquel desea obtener. Basados en esta información, determine el *valor presente neto* de esta inversión. ¿Logrará Raquel obtener el 11% de rendimiento que sugiere el corredor?

Lo primero que tenemos que determinar es cuánto será la ganancia neta al efectuarse la venta, para añadirle este *flujo de efectivo* al que ya nos indicaron para el quinto año. Logramos calcular esta cifra de la siguiente manera:

	Precio de venta	$625,000
-	6% de comisión	$37,500
-	Gastos legales	$7,500
-	Balance de hipoteca	$395,000
=	**Ganancia**	**$185,000**

La ganancia por concepto de la venta es $185,000. Esta cantidad la tenemos que incluir como parte del *flujo de efectivo* del quinto año. (Para mantener este ejemplo sencillo no estamos considerando el pago de contribuciones sobre ingresos. Pretendemos simplemente ilustrar el concepto de *valor presente neto*. Una vez usted domine este concepto puede realizar los cálculos con o sin los efectos de las contribuciones sobre ingresos con igual facilidad).

Período	Flujo de Efectivo
Año 1	$4,750
Año 2	$8,120
Año 3	$4,500
Año 4	$7,680
Año 5	$8,150 + $185,000 = $193,150

Al sumarle la ganancia de la venta al *flujo de efectivo* del quinto año obtenemos un flujo de efectivo de $193,150.

Procedamos ahora a calcular el *valor presente* de los *flujos de efectivo* futuros. Utilizaremos la tabla de valores presentes que se aneja al final del libro. En esta identificaremos la columna del 11% para seleccionar los factores de los años del 1 al 5.

Período	Flujo de Efectivo		Factor de Valor Presente		Valor Presente
Año 1	$4,750	×	0.900901	=	$4,279
Año 2	$8,120	×	0.811622	=	$6,590
Año 3	$4,500	×	0.731191	=	$3,290
Año 4	$7,680	×	0.658731	=	$5,059
Año 5	$193,150	×	0.593451	=	$114,625
Total de Valor Presente					**$133,843**

El *valor presente* de los *flujos de efectivo* de esta inversión es $133,843. Con esta información podemos calcular el *valor presente neto.*

Veamos la fórmula nuevamente:

Valor Presente Neto = valor presente de todos los flujos de efectivo - la inversión inicial

Valor Presente = $133,843 - $150,000 = ($16,157)

El *valor presente* es ($16,157). Esto significa que la inversión se quedó corta $16,157 para alcanzar el 11% de rendimiento deseado. Raquel no logró obtener el rendimiento que esperaba. En realidad logró obtener únicamente un rendimiento de 8.31%. Con una calculadora financiera, podemos obtener este número de una manera más rápida.

El *valor presente neto* se expresa como una cantidad de dinero, no un porcentaje. Si el número es positivo, se obtuvo un rendimiento mayor al esperado; si el número es negativo, se obtuvo un rendimiento menor al esperado. Si el número es $0, se obtuvo exactamente el rendimiento esperado. En nuestro ejemplo el *valor presente neto* nos indicó cuánto Raquel sobrepagó por la propiedad. Evidencia este cálculo que Raquel pagó demasiado por la propiedad para alcanzar su rendimiento deseado de 11%.

Pagando $16,157 menos por la propiedad hubiese logrado alcanzar exactamente el rendimiento deseado. Esta es la ventaja del cálculo de *valor presente neto*. Nos indica exactamente cuánto es la variante, ya sea positiva o negativa, con respecto al logro del rendimiento esperado y qué cantidad necesitamos ajustar para obtener el mismo.

Cabe mencionar que el *valor presente* neto para Raquel fue negativo, y que para el vendedor de la propiedad fue positivo. Esto quiere decir que el vendedor obtuvo $16,157 más de lo que la propiedad valía, asumiendo que el 11% que Raquel esperaba estaba a nivel de mercado para este tipo de propiedad.

Lo ideal sería que en toda transacción el *valor presente neto* fuera exactamente $0. Esto incorpora por definición un rendimiento esperado en la inversión inicial. $0 *valor presente neto* significa que se obtuvo exactamente la ganancia deseada.

El *valor presente neto* se puede calcular antes o después del pago de contribuciones. Es importante, sin embargo, que exista consistencia en el uso del uno o el otro para los análisis financieros.

El *valor presente neto* es una de las herramientas más utilizadas por los inversionistas más sofisticados. Esta indica con precisión el resultado de una inversión y exactamente lo que requiere para corregirla, si fuese necesario.

18

Índice de Rentabilidad (Profitability Index)

El índice de rentabilidad es muy parecido al *valor presente neto*. Se le considera su primo para efectos de análisis financieros. El *valor presente neto* mide la diferencia entre el valor presente de los *flujos de efectivo* futuros y la inversión inicial. El índice de rentabilidad mide la relación entre éstos y la expresa de forma porcentual.

Aunque son muy parecidos, el *índice de rentabilidad* le permite al inversionista analizar varias inversiones que requieren aportaciones iniciales diferentes. Luego, puede comparar éstas entre sí y determinar cuál es la más ventajosa.

La fórmula es la siguiente:

Índice de Rentabilidad = valor presente de todos los flujos de efectivo / la inversión inicial

Un *índice de rentabilidad* de 1.0 significa que el *valor presente* de la inversión es exactamente equivalente a la inversión inicial. Lo que implica que tendría un *valor presente neto* de $0.

Si la inversión ofrece un *índice de rentabilidad* mayor a 1.0, esto significa que el rendimiento de la misma es mayor de lo esperado. Si ofrece un *índice de rentabilidad* menor a 1.0, significa que el rendimiento es menor de lo esperado.

Índice de Rentabilidad	
Igual a 1.0	Inversión produce el rendimiento esperado
Mayor a 1.0	Inversión produce rendimiento mayor al esperado
Menor a 1.0	Inversión produce rendimiento menor al esperado

Ambas medidas, valor presente neto e *índice de rentabilidad*, utilizan los mismos elementos para analizar la inversión. La diferencia es que *valor presente neto* expresa el resultado de forma numérica y el *índice de rentabilidad* de forma porcentual.

El *índice de rentabilidad* es una medida de relación (ratio) y no se afecta por la cantidad de los números. Simplemente expresa la proporción entre los *flujos de efectivo* y la inversión inicial en vez de la cantidad de los mismos.

Ejemplo

Utilicemos los mismos números del ejemplo del capítulo anterior para continuar con nuestro análisis.

Período	Flujo de Efectivo		Factor de Valor Presente		Valor Presente
Año 1	$4,750	×	0.900901	=	$4,279
Año 2	$8,120	×	0.811622	=	$6,590
Año 3	$4,500	×	0.731191	=	$3,290
Año 4	$7,680	×	0.658731	=	$5,059
Año 5	$193,150	×	0.593451	=	$114,625
Total de Valor Presente					**$133,843**

La tabla anterior nos presenta el *valor presente* de los *flujos de efectivo* futuros. Recordemos que Raquel, la inversionista, aportó una cantidad inicial de $150,000. Procedamos, entonces, a aplicar la fórmula de *índice de rentabilidad.*

Índice de Rentabilidad = valor presente de todos los flujos de efectivo / la inversión inicial

Índice de Rentabilidad = $133,843 / $150,000 = 0.89

Este resultado no debe sorprendernos ya que conocemos que en el capítulo anterior el *valor presente neto* fue ($16,157) por lo tanto era de esperarse que el *índice de rentabilidad* fuera menor a 1.0

Apliquemos ahora la fórmula para comparar dos inversiones diferentes. Esto representa esencialmente la utilidad del *índice de rentabilidad.*

La primera inversión requiere una aportación inicial de $725,000 y el *valor presente* de sus *flujos de efectivo* es $745,000.

La segunda inversión requiere una aportación inicial de $540,000 y el *valor presente* de sus *flujos de efectivo* es $552,000.

¿Cuál es el *valor presente neto* de cada una de estas inversiones? ¿Cuál es el *índice de rentabilidad* de cada inversión?

Fórmulas

Valor Presente Neto = valor presente de todos los flujos de efectivo - la inversión inicial

Índice de Rentabilidad = valor presente de todos los flujos de efectivo / la inversión inicial

Valor Presente Neto = valor presente de todos los flujos de efectivo - la inversión inicial

	Valor Presente Neto			
	Valor presente de flujos de efectivo futuros	-	Inversión inicial	Valor Presente Neto
Inversión 1	$745,000	-	$725,000	$20,000
Inversión 2	$245,000	-	$225,000	$20,000

Índice de Rentabilidad = valor presente de todos los flujos de efectivo / la inversión inicial

	Índice de Rentabilidad			
	Valor presente de flujos de efectivo futuros	÷	Inversión inicial	Valor Presente Neto
Inversión 1	$745,000	÷	$725,000	1.03
Inversión 2	$245,000	÷	$225,000	1.09

Observe que aunque el *valor presente neto* es idéntico en ambas inversiones, el *índice de rentabilidad* es superior en la inversión 2. Analizando ambas inversiones a través del uso del *valor presente neto estas* aparentan ser de igual calidad de inversión. Sin embargo, cuando calculamos el *índice de rentabilidad* notamos que la "Inversión 2" es más rentable.

Esto asume que ambas inversiones consideraron la misma tasa de descuento para calcular el *valor presente* de todos los *flujos de efectivo* futuros.

19

Ganancia de la Venta (Sale Proceeds)

La meta de todo inversionista es obtener el mayor rendimiento posible en su inversión. Las inversiones, por definición, ofrecen un beneficio por el tiempo y capital invertido. Este beneficio se expresa en forma de *flujos de efectivo*. En bienes raíces el *flujo de efectivo* más grande y el que mayor potencial tiene para impactar el rendimiento de la inversión es la *ganancia de la venta*.

Esto es así porque al momento de vender la inversión se recuperan varios elementos de la misma. Por ejemplo, la apreciación de la propiedad o sea el aumento en valor que la propiedad tuvo. También se recupera la reducción del principal del financiamiento.

Estos dos son los elementos más importantes en el momento de vender la propiedad. Siempre están presentes en la inversión, pero no es hasta que la propiedad se vende que se puede generar de forma monetaria este beneficio. (Asumiendo que no se efectuó una hipoteca adicional para recuperar parte de la equidad de la propiedad.)

Otro aspecto importante con relación a la venta de la propiedad es que la ganancia obtenida de la misma tributa a una tasa más baja que los *flujos de efectivo* recibidos durante el período en que se mantuvo la inversión.

Esto es así porque la *ganancia de la venta* es considerada ganancia de capital y los *flujos de efectivo* regulares son considerados ingresos y tributan a una tasa mayor.

Si se logra que el *flujo de efectivo* procedente de la venta de la propiedad sea significativo en relación a los *flujos de efectivo* regulares, el rendimiento de la inversión puede ser mucho mayor.

La *ganancia de la venta* es también importante porque determina finalmente el rendimiento total de la inversión. Esto cierra el período de todos los ingresos y egresos de la propiedad para identificar certeramente su rendimiento. Comparamos aquí todas las proyecciones y análisis financieros para ver cuán acertados fueron éstos.

Muchos inversionistas obtienen sus mejores experiencias al momento de vender sus propiedad y recibir su ganancia. Esto les permite identificar áreas que pudieron haber sido administradas de forma diferente para lograr un rendimiento mayor en la inversión.

Esto tiene como resultado una educación real en las inversiones de bienes raíces. Ayuda a desarrollar la habilidad del inversionista para analizar con precisión los distintos aspectos que afectan el rendimiento de las mismas.

Además, le ofrece al inversionista la oportunidad de decidir si las inversiones en bienes raíces son algo que deberían considerar nuevamente en el futuro.

Las inversiones en bienes raíces son un excelente vehículo en la creación de riquezas; sin embargo, no todas las personas tienen el temple necesario para lidiar con los muchos detalles que conlleva adquirir, administrar y vender propiedades comerciales de bienes raíces. Al cerrar este círculo tenemos una idea más clara de lo que conlleva este tipo de inversión y brinda sabiduría a los inversionistas.

Procedamos ahora a determinar la *ganancia de la venta* en una inversión de bienes raíces. Utilizaremos la técnica de capitalización para identificar el precio de venta futuro.

Ejemplo

Se estima que una propiedad tendrá un *ingreso neto operacional* de $75,000 al momento cuando se vaya a vender. Conocemos que la *tasa de capitalización* prevaleciente para este tipo de propiedad es 9.5%. Indicadores del mercado aseguran que esta no cambiará para el momento en que se planifica la venta.

Se conoce también que al realizarse la venta se incurrirá en un costo para con el corredor de bienes raíces de 6% por concepto de comisión al igual que un costo por gastos legales de 1%. El balance de la hipoteca al momento de la venta será $245,200.

¿Cuánto es la *ganancia de la venta*?

Veamos la próxima página para identificar los pasos a seguir y efectuar los cálculos necesarios para obtener el resultado.

Primero tenemos que realizar varios cálculos. Estos son:

1 Valor de la propiedad al momento de la venta
2 Total de la comisión a pagar al corredor
3 Total de los gastos legales

Identifiquemos primero el valor de la propiedad. Para esto tenemos que utilizar la fórmula de capitalización.

$$\frac{\text{Ingreso Neto Operacional (NOI)}}{\text{Tasa de Capitalización (Cap Rate)}} = \text{Valor}$$

$$\frac{\$75{,}000}{.095\ (9.5\%)} = \mathbf{\$789{,}474}$$

El valor de la propiedad será $789,474 y esta es la cifra que utilizaremos como precio de venta.

Ahora procedemos a calcular la comisión del corredor. El ejemplo nos indica que es 6% del precio de venta.

Precio de Venta × Porcentaje de Comisión = Comisión

$789,474 × .06 = $47,368

El próximo paso es calcular los gastos legales. Estos serán equivalentes a 1% del precio de venta.

$789,474 × .01 = $7,895

Finalmente, realizamos el cálculo completo:

	Ganancia de la Venta	
	Precio de venta	$789,474
-	Comisión	$47,368
-	Gastos legales	$7,895
-	Balance de hipoteca	$245,200
=	**Ganancia de la venta**	**$489,011**

La *ganancia de la venta* es $489,011. Esta ganancia es la obtenida antes del pago de contribuciones.

20

Tasa de Rendimiento Interno (IRR)

La *tasa de rendimiento interno* o IRR, por sus siglas en inglés, se conoce en bienes raíces como la medida clásica y tradicional utilizada por los inversionistas y analistas financieros más sofisticados. Su fin es determinar la rentabilidad y la calidad de la inversión. La misma se expresa de forma porcentual abarcando el período en que se posee o se proyecta poseer la misma.

Esta ofrece al inversionista la posibilidad de comparar diferentes alternativas de inversión. La *tasa de rendimiento interno* es una herramienta muy poderosa al momento de calcular el beneficio de su inversión.

Definimos *inversión* como la decisión y acción de comprometer fondos disponibles a cambio de la promesa de *flujos de efectivo* futuros y definimos el *valor presente* de esa inversión como la suma del valor descontado de todos sus *flujos de efectivo*. Matemáticamente hablando IRR es el porcentaje de descuento el cual una vez aplicado al flujo neto de efectivo produce un *valor presente neto* igual a cero.

Se le llama tasa *interno* porque esta mide únicamente el rendimiento del capital mientras este permanece en la inversión. Una vez el flujo neto de efectivo es extraído de la inversión (por lo general a través del pago de rentas por parte de los arrendatarios), el mismo deja de tener influencia alguna sobre su rendimiento.

IRR es una medida de rendimiento basada en el *promedio del capital* invertido a diferencia de un *promedio en el tiempo* por el cual el capital estuvo invertido. Una medida de rendimiento basada en el *promedio del capital* invertido refleja el efecto del tamaño de la inversión durante cada período individual. Lo que hace de esta una medida que presenta con mayor precisión el rendimiento total obtenido.

Esta medida es la forma más pura de medir rendimiento cuando existen *flujos de efectivo*. Sin embargo, tiene que existir una inversión inicial y los *flujos de efectivo* tienen que ser positivos para que la medida sea precisa. En situaciones donde los *flujos de efectivo* varían de positivos a negativos y viceversa, debemos utilizar una medida diferente la cual conoceremos en el próximo capítulo. Lo mismo ocurre si se obtiene un financiamiento del 100% de la adquisición.

La *tasa de rendimiento interno* nos ofrece una ponderación muy precisa de la calidad total de la inversión. Esto es debido a que toma en consideración los siguientes factores: (1) inversión inicial de capital (aportación inicial + gastos relacionados con la transacción), (2) flujos netos de efectivo generados durante cada uno de los períodos en que se posee la inversión (actuales o proyectados), (3) la reversión al final de la inversión (el precio de disposición por el cual se vende).

La *tasa de rendimiento interno* es un cálculo que proviene del modelo financiero de *flujo de efectivo* el cual contesta correctamente las cuatro preguntas básicas, al momento de tomar una decisión de inversión. Estas son: ¿cuánto capital se inyecta en la inversión? ¿cuándo se inyecta? ¿cuánto capital produce la inversión? ¿cuándo lo produce?

Esto significa que esta medida de rendimiento nos ofrece una clara imagen de la calidad de la inversión ya que refleja la interacción de la inversión inicial, todos los *flujos netos de efectivo*, el término por el cual se posee la inversión y el cambio en valor de la propiedad, si alguno.

Es importante recalcar que la *tasa de rendimiento interno* es un indicador global de una inversión desde que esta se adquiere hasta que se dispone de la misma. No es prudente ni adecuado utilizar esta medida para evaluar la productividad y eficiencia de administradores que no tienen la potestad ni la autoridad de decidir cuándo se adquiere o cuándo se dispone de la misma.

La fórmula matemática es muy compleja y se debe utilizar una calculadora financiera o un programa de computadora para calcular la misma. Este no es el tipo de rendimiento que usted calcula con lápiz y papel.

El programa de computadora *Microsoft Excel*™ provee una excelente función bajo su menu de fórmulas financieras. Busque *IRR Function* y el programa le guiará a través de los pasos a seguir para calcular la misma. La otra alternativa es utilizar una calculadora financiera como la HP10BII, la cual es económica y muy fácil de usar.

Es vital que la información utilizada para determinar este cálculo sea precisa y lo más exacta posible ya que de esta dependerá el resultado que usted obtiene.

Veamos un ejemplo. Todos los años su inversión produce un flujo neto de efectivo (ingresos de alquiler efectivo menos los gastos operacionales). Por lo general, estos son positivos. En el año en que usted dispone (vende) la propiedad, usted obtiene un flujo de efectivo adicional (reversión).

Mientras más tiempo usted tenga que esperar para recibir este *flujo de efectivo*, menor valor actual tiene el mismo. Diez mil dólares recibidos hoy tienen mayor valor que diez mil dólares recibidos en cinco años.

Por lo tanto, si usted va a recibir diez mil dólares en cinco años debe aplicarle un porcentaje de descuento para determinar su valor actual. Este porcentaje de descuento es lo que llamamos la *tasa de rendimiento interno*. Supongamos que usted adquiere una propiedad con los siguientes flujos netos de efectivo:

Flujos Netos de Efectivo (sin aplicar descuento)

Flujo Neto de Efectivo, Año 1	$10,000
Flujo Neto de Efectivo, Año 2	$10,000
Flujo Neto de Efectivo, Año 3	$10,000
Flujo Neto de Efectivo, Año 4	$10,000
Flujo Neto de Efectivo, Año 5	$10,000 + $250,000 (venta)

En este caso el inversionista ha decidido que 13% es la *tasa de rendimiento interno* que desea obtener de la inversión. Esta decisión está basada en el hecho que actualmente tiene acceso a otra inversión de riesgo similar la cual le está ofreciendo 13% de beneficio a los dueños actuales. La misma requiere un capital de $300,000 el cual el inversionista tiene disponible.

Es importante que el inversionista tenga acceso al capital necesario para efectuar la inversión. Si este no fuera el caso, el inversionista no puede comparar el rendimiento obtenido de una inversión con el rendimiento potencial de una inversión que no puede efectuar. Tendría, entonces, que identificar una inversión que esté a su alcance y determinar qué tipo de rendimiento ofrece la misma y otras similares en la misma categoría.

En nuestro ejemplo, por cada año que el inversionista no logre obtener estos flujos netos de efectivo, pierde la oportunidad de obtener un rendimiento en su capital de 13%. Por lo tanto, esta es la tasa de descuento que el inversionista le aplica a cada uno de estos flujos netos de efectivo incluyendo el flujo neto de efectivo como resultado de la disposición de la propiedad una vez esta se venda. El resultado de este cálculo determinará el *valor presente* de la inversión y lo que el inversionista debe pagar por la misma.

Los valores presentes de cada uno de los flujos netos efectivo futuros son los siguientes:

Flujos Netos de Efectivo (aplicando descuento de 13%)

Flujo Neto de Efectivo, Año 1	$8,850
Flujo Neto de Efectivo, Año 2	$7,831
Flujo Neto de Efectivo, Año 3	$6,931
Flujo Neto de Efectivo, Año 4	$6,133
Flujo Neto de Efectivo, Año 5	$5,428 + $135,690 (venta)

Observe que a medida que pasan los años el mismo flujo neto de efectivo ($10,000) pierde *valor presente*. Esto es, como ya hemos explicado, debido a que mientras más tiempo haya que esperar para recibir los *flujos de efectivo*, menor valor tendrán los mismos. Esto es exactamente lo que hace de esta medida de IRR una muy precisa.

Sume estos valores y encontrará que esta inversión no vale $300,000. Sino la suma descontada de los flujos netos de efectivo incluyendo la reversión para un *valor presente* de $170,863. En otras palabras, si usted desea obtener un 13% de rendimiento en su inversión, $170,863 debe ser la cantidad a invertir.

Si usted invierte una cantidad mayor, recibirá un rendimiento menor y si invierte una cantidad menor, recibirá un rendimiento mayor. Esto asumiendo que los flujos netos de efectivo se mantienen constantes.

¿Significa esto que la propiedad tiene un valor de $170,863? Si usted va a comprar la propiedad en efectivo y no incurre en gastos adicionales alguno (abogado, gastos de cierre, sellos, tasación, inspecciones, etc) la respuesta sería sí. Sin embargo, la mayoría de las propiedades se adquieren a través de la utilización de financiamiento.

Esto significa, entonces, que $170,863 es la cantidad de efectivo a invertir (no el precio a pagar por la propiedad) para obtener un 13% de rendimiento. Cuando se utiliza financiamiento, el rendimiento está basado en la aportación inicial del inversionista, no en el precio de compra.

Hasta ahora hemos determinado cuánto es la cantidad que debemos invertir para lograr obtener el rendimiento deseado en la inversión. Asumiendo que conocemos la cantidad necesaria para adquirir la inversión, determinemos cuál es la tasa de rendimiento interno (IRR).

Utilizando el ejemplo anterior y con la ayuda de una calculadora financiera o un programa de computadora, procedamos a calcular el IRR de los siguientes ejemplos:

Inversión Inicial	$156,000
Flujo Neto de Efectivo, Año 1	$10,000
Flujo Neto de Efectivo, Año 2	$10,000
Flujo Neto de Efectivo, Año 3	$10,000
Flujo Neto de Efectivo, Año 4	$10,000
Flujo Neto de Efectivo, Año 5	$10,000 + $250,000 (venta)
Tasa de rendimiento interno	15.30%

Se desprende que si el inversionista paga una cantidad menor por la inversión, obtendrá un rendimiento mayor. Este concepto es lógico; sin embargo, la tabla nos ayuda a identificar exactamente cuál será ese rendimiento. No es suficiente conocer que pagar menos produce un mayor rendimiento; hay que conocer cuál es el rendimiento. De esta manera, podemos comparar el mismo con inversiones de riesgo similar. Esto es lo que crea una inversión inteligente.

Inversión Inicial	$170,863
Flujo Neto de Efectivo, Año 1	$10,000
Flujo Neto de Efectivo, Año 2	$10,000
Flujo Neto de Efectivo, Año 3	$10,000
Flujo Neto de Efectivo, Año 4	$10,000
Flujo Neto de Efectivo, Año 5	$10,000 + $250,000 (venta)
Tasa de rendimiento interno	13%

La tabla anterior nos muestra exactamente el ejemplo que hemos estado trabajando. Vemos como invirtiendo $170,863, logramos obtener un rendimiento de 13%, dados los flujos netos de efectivo provenientes de esta inversión.

Recuerde que 13% es el rendimiento que nuestro inversionista imaginario conoce que puede obtener con el capital que tiene actualmente disponible para invertir.

La siguiente tabla nos muestra el rendimiento si necesitáramos invertir una cantidad mayor de dinero.

Inversión Inicial	$195,000
Flujo Neto de Efectivo, Año 1	$10,000
Flujo Neto de Efectivo, Año 2	$10,000
Flujo Neto de Efectivo, Año 3	$10,000
Flujo Neto de Efectivo, Año 4	$10,000
Flujo Neto de Efectivo, Año 5	$10,000 + $250,000 (venta)
Tasa de rendimiento interno	9.77%

Tener que invertir $195,000 para obtener los mismos flujos netos de efectivo reduciría el rendimiento de la inversión a un 9.77%. El inversionista inteligente no realizaría esta inversión porque conoce que puede lograr obtener 13%, como ya hemos establecido. Si sabemos que se puede obtener 13% de rendimiento, no nos comformaremos con algo menor. Es aquí donde el neófito y el experto se separan.

Cualquier persona con capital adecuado puede adquirir propiedades, pero se requiere de conocimientos especializados para realizar inversiones inteligentes y que aporten positivamente al plan financiero del inversionista.

Una de las mejores disciplinas que podemos adquirir es calcular el IRR con diferentes escenarios. En nuestro ejemplo, hemos asumido que la propiedad se venderá al final del quinto año.

De igual manera, podríamos calcular su rendimiento si la misma se fuese a vender en tres años, siete o diez. También, se debe modificar la cantidad de flujos netos de efectivo y la reversión (cantidad obtenida cuando se vende).

Cree tres escenarios posibles. Idealmente estos deben ser los siguientes: peor escenario, mejor escenario y lo más probable que ocurra. Si usted como inversionista puede vivir con el peor de los escenarios, esto significa que tiene en sus manos una inversión inteligente.

Estas son algunas de las preguntas que todo inversionista inteligente debe hacerse:

1 ¿Qué ocurriría si obtengo una hipoteca mayor?
2 ¿Qué ocurriría si obtengo una hipoteca menor?
3 ¿Qué ocurriría si realizo mejoras que me permitan aumentar las rentas?
4 ¿Qué tiene mayor influencia en el rendimiento de la inversión; los flujos netos de efectivo o la reversión cuando decida vender la propiedad?
5 ¿Cuál es el término óptimo para poseer la inversión?
6 Si los flujos netos de efectivo continúan aumentando considerablemente todos los años, ¿significa esto que mientras más tiempo posea la propiedad mayor será el IRR?
7 ¿Cuándo debo comprar?
8 ¿Cuándo debo vender?
9 ¿Cuándo es el mejor momento para realizar mejoras?
10 Si los flujos netos de efectivo y el valor de la propiedad aumentan, ¿significa esto que obtendré un IRR mayor?

La *tasa de rendimiento interno* (IRR) tiene un gran poder analítico. Esto se debe a su capacidad para considerar tanto la magnitud de los flujos netos de efectivo como el período donde estos se producen.

Muchas veces el inversionista desconocedor de este indicador no puede comprender que si una inversión aumenta en valor y sus flujos netos de efectivo aumentan anualmente, no necesariamente significa que el rendimiento está incrementando.

Es muy probable que bajo estas condiciones el rendimiento se reduzca. Como consecuencia del efecto del tiempo en el valor del dinero. Por lo general, cuando un inversionista adquiere una propiedad realiza mejoras inmediatamente a la misma. Esto tiende a reflejarse en la capacidad de la propiedad para producir mayores ingresos.

Llega un momento en que el aumento porcentual de la propiedad en su capacidad de producir ingresos se reduce. Esto a pesar de que el aumento en ingresos y el valor de la misma aumenta. Sin embargo, estos grandes incrementos en flujos netos de efectivo y valor de mercado tienen que ser descontados a través de una cantidad mayor de años. Por lo que se diluye el efecto de rendimiento en la inversión inicial.

El incremento en los flujos netos de efectivo y el valor de la propiedad tendrían que ser considerablemente superiores proporcionalmente a los de los primeros años para que su rendimiento fuera mayor.

Esto no es lo más común debido a que no se acostumbra esperar muchos años para realizar mejoras en las propiedades de inversión. Todo lo contrario, la idea es realizar dichas mejoras lo más pronto posible para obtener de esta manera sus beneficios económicos.

Tampoco queremos insinuar que todas las inversiones producen un rendimiento más alto solamente al principio; sino que hay que analizar las mismas con mucha cautela para identificar el tipo de mejoras, administración, inversión y período óptimo para obtener su mayor rendimiento. Precisamente es por eso que la *tasa de rendimiento interno* es el indicador y la herramienta más adecuada para el inversionista inteligente.

Cabe señalar que la misma debe utilizarse en conjunto con otros indicadores que nos ayuden apropiadamente a identificar la mejor inversión posible para el capital disponible.

Muchos indicadores son extremadamente simplistas; otros, como el IRR, mucho más sofisticados. Sin embargo, todos nos ayudan a crear la imagen de la inversión perfecta.

La *tasa de rendimiento interno* (IRR) le ofrece al inversionista una imagen clara y precisa de todo lo que ocurre en su inversión. Toma en consideración la aportación inicial, los *flujos de efectivo*, los gastos incurridos, las mejoras realizadas, los cambios en valor de la propiedad y el recaudo final cuando se vende la misma.

Para utilizar este indicador de forma apropiada el inversionista debe decidir y establecer cuál es la *tasa de rendimiento interno* requerida para considerar efectuar la inversión.

Esto es una condición individual y personal por parte del inversionista. Debe considerar el tipo de inversiones que se realizan y el capital disponible para las mismas.

Si una inversión ofrece una *tasa de rendimiento interno* alta y requiere cierta cantidad de capital que el inversionista no tiene disponible, el inversionista no podrá utilizar esta tasa de rendimiento interno como comparación.

Esto es justamente lo que pretende la *tasa de rendimiento interno*: poder discernir entre varias inversiones las cuales son posibles para el inversionista. La utilización de este indicador ayuda a los inversionistas a crear conciencia sobre la calidad de sus inversiones. Les ofrece, además, una excelente herramienta para la toma de decisiones con respecto a inversiones adicionales y el monitoreo de su portfolio en general.

Prueba de IRR

Como hemos mencionado en este capítulo, la *tasa de rendimiento interno* (IRR) representa el porcentaje de interés generado por la aportación inicial de capital. La misma toma en consideración tanto los *flujos de efectivo* como el momento en el tiempo en el cual los mismos se produjeron. En otras palabras, esta considera el efecto del tiempo en el valor del capital.

Existen teorías que indican que la *tasa de rendimiento interno* asume que los *flujos de efectivo* generados por la inversión son re-invertidos utilizando la misma tasa de rendimiento obtenida en la misma. Por ejemplo, en inversiones tales como: acciones de la bolsa de valores, fondos mutuos, anualidades o cualquier otro tipo de inversión disponible. Esta aseveración es incorrecta.

Resultaría imposible determinar el tipo de rendimiento que el inversionista obtiene como resultado de la reinversión de sus ganancias. Incluso, pudiera ser que el inversionista gaste este dinero y no lo invierta. Por esta razón, no podemos considerar el estatus de este capital una vez el mismo se retira de la inversión (a través del pago de rentas y otras tarifas).

No obstante, es imperativo demostrar matemáticamente nuestra posición que indica que la *tasa de rendimiento interno* no asume la reinversión de los *flujos de efectivo*. Esta monitorea y refleja únicamente el rendimiento de cada dólar invertido mientras permaneció invertido.

Las siguientes tablas demuestran matemáticamente que la *tasa de rendimiento interno* representa solamente la ganancia generada dentro de la inversión. Lo que ocurre con los flujos de efectivo una vez fuera de la inversión es desconocido y pudiera ser que si consideramos el efecto de los mismos, obtuviéramos un rendimiento mayor o tal vez menor. La realidad es que desconocemos esto y no podemos considerarlo. Por esto es que el indicador se conoce como *tasa de rendimiento interno*. Mide únicamente la actividad interna de la inversión. No mide el interés generado por la cantidad total de la aportación inicial a través de la misma.

Año	Inversión a Principio de Año	+	Ganancia Generada	=	Inversión Más Ganancia	-	Flujo de Efectivo a Fin de Año*	=	Inversión a Final de Año
1	$100,000	+	$10,000	=	$110,000	-	$0	=	$110,000
2	$110,000	+	$11,000	=	$121,000	-	$10,000	=	$111,000
3	$111,000	+	$11,100	=	$122,100	-	$12,000	=	$110,100
4	$110,100	+	$11,010	=	$121,110	-	$15,000	=	$106,110
5	$106,110	+	$10,611	=	$116,721	-	$116,721	=	$0

TASA DE RENDIMIENTO INTERNO
10%

*Cuando el flujo de efectivo a fin de año se retira de la inversión, deja de producir rendimiento en la misma y no conocemos su paradero.

Año	Inversión a Principio de Año	+	Ganancia Generada	=	Inversión Más Ganancia	-	Flujo de Efectivo a Fin de Año	=	Inversión a Final de Año
1	$50.000	+	$6,500	=	$56,500	-	$5,000	=	$51,500
2	$51,500	+	$6,695	=	$58,195	-	$6,500	=	$51,695
3	$51,695	+	$6,720	=	$58,415	-	$8,000	=	$50.415
4	$50,415	+	$6,554	=	$56,969	-	$9,500	=	$$47,469
5	$47,469	+	$6,171	=	$53,640	-	$53,640	=	$0

Tasa de Rendimiento Interno
13%

*Cuando el flujo de efectivo a fin de año se retira de la inversión, deja de producir rendimiento en la misma y no conocemos su paradero.

Año	Inversión a Principio de Año	+	Ganancia Generada	=	Inversión Más Ganancia	-	Flujo de Efectivo a Fin de Año	=	Inversión a Final de Año
1	$25,000	+	$3,750	=	$28,750	-	$2,500	=	$26,250
2	$26,250	+	$3,938	=	$30,188	-	$3,500	=	$26,688
3	$26,688	+	$4,003	=	$30,691	-	$4,500	=	$26,191
4	$26,191	+	$3,929	=	$30,119	-	$5,500	=	$24,619
5	$24,619	+	$3,693	=	$28,312	-	$28,312	=	$0

TASA DE RENDIMIENTO INTERNO
15%

*Cuando el flujo de efectivo a fin de año se retira de la inversión, deja de producir rendimiento en la misma y no conocemos su paradero.

21

Acumulación de Capital (Capital Accumulation)

A pesar que la *tasa de rendimiento interno* es una excelente herramienta para medir la calidad de las inversiones, la misma tiene sus limitaciones al momento de utilizarla para decidir entre varias inversiones potenciales. Estas las podemos clasificar en tres diferentes categorías.

Una de ellas es cuando las inversiones varían en su aportación inicial y la fecha en que la misma se debe realizar. La otra es al momento de aplicar una *tasa de descuento* a flujos de efectivo negativos. Finalmente, tenemos el dilema de la reinversión de los flujos de efectivo.

En esta última categoría el indicador *acumulación de capital* se convierte en nuestra solución. Este indicador nos permite comparar varias inversiones basado en la cantidad de dólares acumulados. Recuerde que la *tasa de rendimiento interno* mide la inversión en términos porcentuales con relación a los dólares que permanecen en la misma.

En otras palabras, IRR mide el rendimiento de los dólares dentro de la inversión reflejándolos de forma porcentual. La *acumulación de capital* mide los dólares que produce la misma, incluyendo el rendimiento obtenido por los flujos de efectivo reinvertidos en otro lugar. Estos los representa en dólares y centavos.

La metodología utilizada por el indicador *acumulación de capital* consiste en aplicar cálculos de *interés compuesto* a flujos de efectivo positivos y aplicar una *tasa de descuento* a los flujos de efectivo negativos.

Los flujos de efectivo negativos deben ser eliminados de la ecuación y los positivos, reinvertidos. Por esto es que el indicador de *acumulación de capital* requiere el uso de dos tasas externas de interés: la *tasa segura* y la *tasa de reinversión.* Se les llama *externas* porque se aplican a flujos de efectivo que se han retirado de la inversión y por lo tanto no afectan el rendimiento de la misma.

La *tasa segura* se utiliza para descontar los flujos de efectivo negativos y representa una inversión líquida que no está vinculada con la inversión en cuestión.

La *tasa de reinversión* se utiliza para aplicarla como *interés compuesto* a los flujos de efectivo positivos. Como regla general, se exige que esta sea mayor que la *tasa segura.*

Hacemos todo esto para lograr efectivamente eliminar los flujos de efectivo negativos, reinvertir los positivos para efectos de calcular la *acumulación de capital* y determinar cuál de las inversiones potenciales es la más beneficiosa.

Es necesario también ajustar las inversiones a considerar con respecto a el término por el cual el inversionista pretende mantenerlas como activo en su *portfolio.*

Por ejemplo, un inversionista está considerando la posibilidad de adquirir una de dos propiedades. La primera, la mantendría por cinco años, la otra, por siete. Para poder analizar ambas propiedades de forma correcta, el inversionista tendrá que proyectar a siete años los ingresos de la propiedad que mantendría por cinco años.

Esto se logra aplicando la *tasa de reinversión* seleccionada a los flujos de efectivo de la propiedad de cinco años. Lo que permitiría utilizar esta proyección como comparación con los flujos de efectivo de la propiedad de siete años.

Veamos un ejemplo que nos ayude a visualizar este concepto:

INVERSIÓN A

Período	Flujos de Efectivo
Período 0	($250,000) Inversión Inicial
Período 1	$25,000
Período 2	$27,500
Período 3	($30,000)
Período 4	$32,500
Período 5	$35,000 + $300,000 (venta)

IRR = 10.31%

El período 0 es siempre el momento exacto en el que se realiza la inversión. El período 1 es exactamente un año más tarde.

Inversión B

Período	Flujos de Efectivo
Período 0	($300,000) Inversión Inicial
Período 1	($50,000)
Período 2	$0
Período 3	$50,000
Período 4	$100,000
Período 5	$150,000
Período 6	$180,000
Período 7	$200,000

IRR = 13.29%

Realicemos nuestros ajustes.
Comencemos con la **Inversión A.**

Primero, tenemos que identificar los flujos de efectivo negativos y eliminarlos. Comenzamos con el que ocurre en el período más tarde. En este caso tenemos solo uno; el *Período 3* que en nuestro ejemplo representa el tercer año con la cantidad de ($30,000).

Luego, tenemos que aplicarle una *tasa de descuento* que representa la *tasa segura*. En este ejemplo utilizaremos 4% como la *tasa segura*. La *tasa segura* se aplica al flujo de efectivo negativo un año a la vez de forma regresiva hasta alcanzar un flujo de efectivo positivo. El año que tuvo el flujo de efectivo negativo, terminará con un flujo de efectivo equivalente a $0 para efectos del cálculo de *acumulación de capital.*

Inversión A - Eliminar Flujos de Efectivo Negativos

Período	Flujos de Efectivo
Período 0	($250,000) Inversión Inicial
Período 1	$25,000 + $23,654
Período 2	$27,500 + ($28,846) = ($1,346) (4% 1 Año)
Período 3	($30,000) (4% 1 Año)
Período 4	$32,500
Período 5	$35,000 + $300,000 (venta)

El resultado de este ajuste a la **Inversión A** es una reducción en el flujo de efectivo del Período 1 y dos Períodos (2 y 3) sin flujo de efectivo alguno. El flujo de efectivo del Período 1 fue lo suficiente adecuado para mantener el mismo positivo, aún después de haber ajustado el flujo de efectivo negativo.

Período	Flujos de Efectivo
Período 0	($250,000) Inversión Inicial
Período 1	$23,654
Período 2	$0
Período 3	$0
Período 4	$32,500
Período 5	$35,000 + $300,000 (venta)

El próximo paso es reinvertir los flujos de efectivo positivos hasta el final de la inversión. Para esto utilizaremos la *tasa de reinversión*. Para efectos de este ejemplo, utilizaremos 11%.

Quedan dos flujos de efectivo positivos que tenemos que reinvertir hasta el final de la inversión: Períodos 1 y 4. Para lograr esto, es necesario identificar el *valor futuro* de estos dos flujos de efectivo.

Para realizar este cálculo pueden utilizar las tablas de *valor presente* al final de este libro, un programa de computadora o la calculadora financiera que ya mencionamos anteriormente.

Los flujos de efectivo representan el *valor presente* de la inversión. El término será la cantidad de años necesaria para alcanzar el final de la inversión. Para el Período 1, el término a entrar en la calculadora o programa de computadora será 4. También puede identificar el término de cuatro años en las tablas de *valor presente* incluídas en este libro.

INVERSIÓN A - REINVERTIR FLUJOS DE EFECTIVO POSITIVOS

Período	Flujos de Efectivo
Período 0	($250,000) Inversión Inicial
Período 1	$23,654 → 11% 4 Años
Período 2	$0
Período 3	$0
Período 4	$32,500 → 11% 1 Año
Período 5	$35,000 + $300,000 + $35,908 + $36,075

Ahora podemos sumar los resultados para finalmente igualar los flujos de efectivo en su totalidad. Una vez realizados todos los ajustes, nos quedamos con solo dos flujos de efectivo: la aportación inicial y la *suma global* de los flujos de efectivo. La próxima tabla muestra el resultado del ejercicio anterior.

Inversión A

Período	Flujos de Efectivo
Período 0	($250,000) Inversión Inicial
Período 1	$0
Período 2	$0
Período 3	$0
Período 4	$0
Período 5	$406,983

Procedemos a realizar el mismo proceso con la **Inversión B.**

Inversión B - Eliminar Flujos de Efectivo Negativo

Primero, aplicaremos la *tasa segura* al flujo de efectivo negativo. Recuerden que decidimos que la misma sería 4%.

Período	Flujos de Efectivo
Período 0	($300,000) + ($48,077)
Período 1	($50,000) ↑
Período 2	$0
Período 3	$50,000
Período 4	$100,000
Período 5	$150,000
Período 6	$180,000
Período 7	$200,000

El resultado de este ajuste a la **Inversión B** es un aumento en el flujo de efectivo que representa la aportación inicial. El Período 1 se convierte en un flujo de efectivo $0.

Período	Flujos de Efectivo
Período 0	($348,077) Inversión Inicial
Período 1	$0
Período 2	$0
Período 3	$50,000
Período 4	$100,000
Período 5	$150,000
Período 6	$180,000
Período 7	$200,000

Procedemos a reinvertir los flujos de efectivo positivos hasta el final de la inversión. Para esto utilizaremos la *tasa de reinversión*. Aplicaremos la misma utilizada para la **Inversión A**, 11%.

En este caso tenemos cinco flujos de efectivo positivos. Estos pertenecen a los períodos 3, 4, 5 y 6 los cuales reinvertiremos al final de la inversión en el año 7. Utilizaremos la *tasa de reinversión* de 11% como el *interés compuesto* aplicable a estos flujos de efectivo. Luego sumaremos todos los valores para identificar la *suma global*.

Es importante recordar que este proceso representa el rendimiento obtenido por los flujos generados por la inversión, una vez estos se han retirado de la misma e invertido en algún vehículo de inversión diferente. No conocemos cuál es este vehículo y no importa. Lo importante es conocer que es 11%.

INVERSIÓN B - REINVERTIR FLUJOS DE EFECTIVO POSITIVOS

Período	Flujos de Efectivo
Período 0	($348,077) Inversión Inicial
Período 1	$0
Período 2	$0
Período 3	$50,000 — 11% 4 Años
Período 4	$100,000 — 11% 3 Años
Período 5	$150,000 — 11% 2 Años
Período 6	$180,000 — 11% 1 Año
Período 7	$200,000 + $199,800 + $184,815 + $136,763 + $75,904

Sumamos los resultados y obtenemos la *suma global.* Básicamente, lo que hemos hecho es determinar el valor de cada uno de los flujos de efectivo al final de la inversión, asumiendo una *tasa de reinversión* de 11%. Los valores futuros son los siguientes:

Período	Flujo de Efectivo	Valor Futuro
Período 3	$50,000	$75,904
Período 4	$100,000	$136,763
Período 5	$150,000	$184,815
Período 6	$180,000	$199,800

La próxima tabla muestra el resultado del ejercicio anterior.

Período	Flujos de Efectivo
Período 0	($348,077) Inversión Inicial
Período 1	$0
Período 2	$0
Período 3	$0
Período 4	$0
Período 5	$0
Período 6	$0
Período 7	$797,282

Una vez finalizados los ajustes procedemos a evaluar ambas inversiones. La manera más eficiente es presentando las alternativas visiblemente una al lado de la otra.

Inversión A

Período	Flujos de Efectivo
Período 0	($250,000)
Período 1	$0
Período 2	$0
Período 3	$0
Período 4	$0
Período 5	$406,983

Inversión B

Período	Flujos de Efectivo
Período 0	($348,077)
Período 1	$0
Período 2	$0
Período 3	$0
Período 4	$0
Período 5	$0
Período 6	$0
Período 7	$797,282

Como podemos ver, existe una diferencia entre el término de inversión de las dos alternativas. Es necesario realizar un ajuste adicional para igualar este término.

Cuando existen diferencias en los términos de inversión, se realizan los ajustes a la inversión con el término menor. En nuestro ejemplo, los ajustes se efectuarán a la **Inversión A**.

La suma global del último período de la alternativa de inversión con el término menor (**Inversión A**) se reinvierte utilizando la *tasa de reinversión*. Recordemos que para este ejemplo estamos utilizando 11%. Este proceso es necesario para ajustar ambos términos de inversión.

Inversión A

Período	Flujos de Efectivo	
Período 0	($250,000)	
Período 1	$0	
Período 2	$0	
Período 3	$0	
Período 4	$0	
Período 5	$406,983	→ 11% 2 Años
Período 6		↓
Período 7		$501,444

Básicamente estamos utilizando la técnica del *interés compuesto* con una tasa de 11% para obtener el *valor futuro* en dos años del flujo de efectivo del Período 5. Este representa la suma global del ejercicio anterior y el resultado es $501,444.

Si utiliza una calculadora financiera, siga los siguientes pasos:

1	Entre $406,983 en el botón de **PV** (valor presente)
2	Entre 2 en el botón **N*** (término)
3	Entre 11% en botón **I/YR** (interés por año)
4	Oprima el botón **FV** (valor futuro)
5	El resultado será $501,444

* *Asegúrese de tener la calculadora programada para un (1) término por año. De no ser así, el resultado obtenido será incorrecto.*

Ahora veamos ambas inversiones nuevamente.

Inversión A

Período	Flujos de Efectivo
Período 0	($250,000)
Período 1	$0
Período 2	$0
Período 3	$0
Período 4	$0
Período 5	$0
Período 6	$0
Período 7	$501,444

Inversión B

Período	Flujos de Efectivo
Período 0	($348,077)
Período 1	$0
Período 2	$0
Período 3	$0
Período 4	$0
Período 5	$0
Período 6	$0
Período 7	$797,282

Las tablas anteriores reflejan la igualdad de las dos alternativas de inversión disponibles para el inversionista con respecto al *término de inversión* de las mismas. Observen que el flujo de efectivo inicial aún refleja una diferencia entre ambas inversiones.

Para analizar efectivamente estas oportunidades de inversión ambas aportaciones iniciales deben ser idénticas. Se asume que para poder evaluar dos o más alternativas de inversión, el inversionista tiene disponibilidad de capital para adquirir cualesquiera de ellas. De otra manera, no existiría una alternativa.

Si el inversionista escoge la alternativa de inversión **A**, la diferencia entre ambas aportaciones iniciales ($98,077) tiene que reinvertirse utilizando la *tasa de reinversión*. De esta manera es que el indicador de rendimiento de *acumulación de capital* ayuda al inversionista a decidir cuál es la mejor inversión. El resultado será una medida exacta del crecimiento de la aportación inicial a través del *término de inversión*.

Inversión A			**Reinversión**				**Inversión Ajustada**	
n	Flujos de Efectivo		n	Flujos de Efectivo			n	Flujos de Efectivo
0	($250,000)	+	0	($98,077)		=	0	($348,077)
1	$0		1	$0	↓		1	$0
2	$0		2	$0			2	$0
3	$0		3	$0	11% 7 Años		3	$0
4	$0		4	$0			4	$0
5	$0		5	$0			5	$0
6	$0		6	$0	↓		6	$0
7	$501,444	+	7	$203,624		=	7	$705,068

Por último, comparemos el resultado de nuestro análisis con respecto a la *acumulación de capital*. Finalmente, hemos ajustado completamente nuestras alternativas de inversión.

Inversión A

Período	Flujos de Efectivo
Período 0	($348,077)
Período 1	$0
Período 2	$0
Período 3	$0
Período 4	$0
Período 5	$0
Período 6	$0
Período 7	$705,068

IRR = 10.61%

Inversión B

Período	Flujos de Efectivo
Período 0	($348,077)
Período 1	$0
Período 2	$0
Período 3	$0
Período 4	$0
Período 5	$0
Período 6	$0
Período 7	$797,282

IRR = 12.57%

Observemos que la alternativa de **Inversión B** es la que produce una *acumulación de capital* mayor. El inversionista simplemente escogería esta inversión. En este ejemplo también vemos que la *tasa de rendimiento interno* (IRR) es mayor en la **Inversión B**. No obstante, es muy frecuente que el IRR produzca un rendimiento menor en la inversión que produce la *acumulación de capital* mayor.

Por tal razón, es vital darse a la tarea de utilizar ambos indicadores de rendimiento al momento de evaluar la mejor alternativa de inversión. Esto es lo que separa al inversionista inteligente de todos los demás.

Invertir es conocer la historia completa; especular, conocer la mitad de la historia.

22

Flujo de Efectivo Pre-Contribuciones (Taxable Income)

Al momento de realizar inversiones en bienes raíces es importante identificar cuáles son aquellos elementos que afectan las contribuciones sobre ingresos. Afortunadamente, los bienes raíces ofrecen una de las mejores ventajas con respecto al pago de contribuciones.

En los Estados Unidos, el código de rentas internas (IRS) permite deducir del pago de contribuciones la depreciación de la propiedad. Depreciación significa *pérdida de valor*. Históricamente, los bienes raíces han aumentado en valor a través de los años. Sin embargo, el código de rentas internas nos permite realizar deducciones que resultan en un beneficio contributivo al momento de tributar.

Las reglas de depreciación pueden cambiar en cualquier momento. A la fecha de este escrito, el gobierno de los Estados Unidos permite depreciar las propiedades residenciales por un período de 27.5 años y las no-residenciales 39 años. Esto determina la vida útil de la propiedad para efectos contributivos.

La porción de depreciación de la propiedad está basada principalmente en la tasación del gobierno. Se deprecia únicamente la porción de la compra que representa las mejoras a la propiedad, es decir, la estructura o estructuras que existen en la misma. El terreno nunca se deduce.

También, se deprecian las mejoras realizadas después de haber adquirido la propiedad. Por lo general, estas son depreciadas por el mismo término que la propiedad completa. Consulte con un profesional de contribuciones para obtener la información más actualizada posible.

Esto se basa en que se estima que los edificios tienen cierta vida útil como ya mencionamos; sin embargo, la tierra se puede utilizar toda la vida. Es prudente establecer que si una propiedad se compra por un millón de dólares y el gobierno ha tasado la propiedad adjudicándole $200,000 de valor al terreno, la porción del precio de compra que podemos deducir es 80%.

En los Estados Unidos, los gastos de cierre relacionados con la adquisición de la propiedad tienen que ser deducidos proporcionalmente con los años de vida útil de la propiedad. La forma más sencilla de lograrlo es sumándole estos gastos a la porción que se va a deducir durante la vida útil de la propiedad.

Si tuvo que pagar *puntos* para adquirir la propiedad, estos gastos deben deducirse de manera diferente. Los mismos se deducen basados en el término de la hipoteca que se obtuvo para financiar la compra. Por ejemplo, si hubo un gasto de $8,000 por concepto de *puntos* y el término de la hipoteca es 20 años, tendrá que deducir esta cantidad de formas iguales durante los 20 años.

Si el financiamiento estaba estructurado de forma tal que requería que el balance de la hipoteca se pagara antes del término establecido para sus pagos (Balloon Payment), los *puntos* tienen que ser deducidos basado en la fecha de vencimiento del balance. Por ejemplo, una propiedad se adquiere y se establecen pagos de $2,200 mensuales los cuales equivalen a una amortización de 25 años. Esto se hace para poder facilitar que el inversionista cualifique para la hipoteca.

Sin embargo, se establece un *balloon payment* que estipula que aunque los pagos están basados en 25 años, al final del quinto año el balance del préstamo se vence en su totalidad. En este caso es necesario que los gastos por concepto de *puntos* se deduzcan en partes iguales por un período de cinco años en vez de los 25 años de la amortización.

Otro elemento que podemos deducir antes de determinar el pago de contribuciones sobre ingresos es la porción que representa los intereses pagados por concepto de financiamiento. El pago total de la hipoteca no puede ser deducido a menos que la hipoteca sea una que establezca un pago de interés solamente.

Los intereses generados como ganancia por concepto de depósitos que se tengan en cuentas de banco, se consideran ingresos para el inversionista y tienen que ser sumados a los ingresos de la propiedad.

Para identificar el *flujo de efectivo pre-contribuciones* tenemos que comenzar nuestra búsqueda en la parte superior del análisis financiero que se aneja. Tomamos en consideración los ingresos y sustraemos los gastos operacionales.

Procederemos en este capítulo a analizar el flujo de efectivo pre-contribuciones comenzando desde la sección del ingreso neto operacional. Incluimos nuevamente la forma de análisis financiero para ubicarnos y tener de esta manera una imagen más clara y precisa del punto donde debemos comenzar a evaluar.

Forma de Análisis Financiero

Ingresos

	Ingreso de Rentas Potencial
-	Desocupación y Pérdidas
=	Ingreso de Rentas Efectivo
+	Otros Ingresos
=	**Ingreso Bruto Operacional**

Gastos Operacionales

-	Impuestos sobre la Propiedad
-	Seguros Sobre la Propiedad
-	Electricidad
-	Agua y Alcantarillado
-	Mantenimiento y Reparaciones
-	Servicios Profesionales
-	Administración de la Propiedad
-	Publicidad y Mercadeo
-	Efectos de Oficina
-	Misceláneos

Gastos Operacionales Totales

=	**Ingreso Neto Operacional (NOI)**
-	Gastos por Financiamiento
-	Mejoras al Activo
-	Fondos de Reserva
-	Comisiones por Concepto de Alquileres
-	Depreciación
=	**Flujo de Efectivo Pre-Contribuciones**
-	Contribuciones Sobre Ingresos
=	**Flujo de Efectivo Post-Contribuciones**

Ejemplo

Usted adquiere un edificio de oficinas por $480,000. Como financiamiento, obtiene un préstamo de $300,000 amortizado a 25 años y paga dos puntos para obtener un interés más bajo.

El documento de pago de contribuciones sobre la propiedad refleja que el edificio representa 80% del valor actual de la propiedad. Lo cual significa que el restante 20% se adjudicará al valor del terreno.

El *ingreso neto operacional* (NOI) de la propiedad es $52,000. La porción del pago de hipoteca destinada a intereses es $37,500. Usted recibe $250 como pago de intereses generados por los depósitos de los inquilinos. Este año no hubo mejoras de capital al activo. ¿Cuál sería el flujo de efectivo pre-contribuciones en esta propiedad?

	Ingreso Neto Operacional (NOI)	**$52,000**
-	Gastos por Financiamiento (Interés)	$37,500
-	Mejoras al Activo	$0
-	Amortización de "Puntos"	?
-	Depreciación	?
+	Intereses Recibidos (por depósitos)	$250
=	**Flujo de Efectivo Pre-Contribuciones**	?

Observe que tuvimos que modificar la *forma* para insertar dos de los elementos particulares en esta transacción: amortización de puntos e intereses recibidos.

Procedemos, entonces, a llenar los blancos con la información provista. Sin embargo, dos de los elementos requieren que realicemos cálculos adicionales antes de determinar el flujo de efectivo pre-contribuciones. La amortización de *puntos* y la depreciación. Para calcular la amortización de puntos tenemos primero que determinar qué porción del precio de compra equivale a 2%. Luego, identificar el término por el cuál se está financiando la propiedad. Finalmente, dividimos la cantidad que represente el 2% entre el término a financiar y obtenemos el resultado. Un paso a la vez.

Cantidad de "Puntos"

$480,000 × .02 = $9,600

$9,600 es la cantidad de puntos pagos que se amortizará

Término de la Hipoteca

Conocemos que el término de la hipoteca es 25 años

Cantidad a Amortizar Anualmente

$9,600 ÷ 25 = $384

Ahora, determinemos la cantidad de depreciación permitida por año. El ejemplo nos indica que la propiedad es un edificio de oficinas lo que establece que la misma es "no-residencial". Aplicamos una depreciación basada en 39 años. Sin embargo, tenemos primero que identificar qué porción del precio de compra cualifica para ser depreciado.

El ejemplo nos dice que los documentos de contribuciones sobre la propiedad indican que el 80% del valor de la propiedad está asignado al edificio. Sabemos que no podemos depreciar el terreno. Así que determinamos el 80% del precio de compra.

$480,000 x .80 = $384,000

La cantidad $384,000 es la porción del precio de compra que será la base de la depreciación. Dividimos esta cantidad por los años establecidos por el código de rentas internas (IRS) como la vida útil de la propiedad la cual es 39 años. El resultado es el siguiente:

$384,000 ÷ 39 = $9,846

$9,846 es la cantidad a depreciar anualmente en esta propiedad

Por último, tenemos que sumar la cantidad de intereses recibidos ($250) y completar el cálculo.

Llenemos ahora todos los blancos en la *forma* y determinemos el flujo de efectivo pre-contribuciones.

	Ingreso Neto Operacional (NOI)	**$52,000**
-	Gastos por Financiamiento (Interés)	$37,500
-	Mejoras al Activo	$0
-	Amortización de "Puntos"	$384
-	Depreciación	$9,846
+	Intereses Recibidos (por depósitos)	$250
=	**Flujo de Efectivo Pre-Contribuciones**	$4,520

$4,520 es la cantidad sobre la cual se basarán las contribuciones. Dicha cantidad depende de la tasa contributiva que aplique al inversionista.

Recuerde, algunos de estos elementos pudiera variar a través de los años. Pero en esencia la forma de realizar el cálculo es la misma. Por ejemplo, pudiera ser que un año se realizarán mejoras al activo o que el inversionista haya tenido que pagar comisiones por concepto de alquileres. Sin embargo, el punto de partida para el cálculo siempre será el mismo.

23

Otros Indicadores

Existen muchos indicadores de valor, rendimiento, operaciones y administración de bienes raíces. Diferentes inversionistas y administradores utilizan diversas formas al momento de considerar nuevas adquisiciones o mejoras a propiedades existentes.

Aunque muchas de estas no sean las más precisas, sí existe una gran cantidad de personas que las utilizan. Por lo tanto, para facilitar nuestra comunicación con estas personas, es menester conocer el significado de estos indicadores.

Una de las medidas más comunes es el precio por unidad. Esta se utiliza, por lo general, en propiedades de apartamentos. Es muy común que un inversionista base su decisión de compra en el precio por unidad del complejo de apartamentos.

Esta medida funciona para este tipo de propiedad debido a la homogeneidad de las unidades. Sin embargo, no es prudente utilizar esta medida para todo tipo de propiedad. Tomemos, por ejemplo, un centro comercial de vecindario con 20 locales. Uno de los locales es un supermercado y otro de ellos, una mueblería. Estos dos inquilinos representan el 45% del tamaño del centro comercial. Utilizar una medida de precio por unidad no tendría sentido alguno ya que estos locales no son equivalentes.

Otra forma de medir propiedades comerciales es a través del uso de ingresos por unidad y gastos por unidad. Estas medidas tienen su utilidad, pero es importante conocer cuándo utilizar las mismas y cuándo evitarlas.

Precio por pie cuadrado es otra medida comúnmente utilizada para analizar propiedades comerciales. Esta es más precisa ya que establece una dimensión más constante, el pie cuadrado. La gran mayoría de las propiedades comerciales se alquilan por pie cuadrado, así que determinar su precio por pie cuadrado no es irrazonable.

En este sentido tiene mayor significado que la medida de precio por unidad. Sin embargo, aún existen algunos elementos que tenemos que considerar. Al hablar de pies cuadrados, algunos profesionales se refieren a pies cuadrados brutos; otros, a pies cuadrados alquilables. Los pies cuadrados brutos son el total de pies cuadrados que tiene una propiedad. Los pies cuadrados alquilables son los pies cuadrados disponibles para alquiler.

La diferencia puede ser significativa. Por esto es vital que el inversionista conozca cuál es el estándar en su mercado. Para conocer esto, debe buscar asesoría de parte de un corredor de bienes raíces comerciales activo en su mercado. De igual manera, puede contactar a un tasador comercial activo en su mercado.

Al igual que precio por pie cuadrado, encontramos las medidas de ingresos por pie cuadrado y gastos por pie cuadrado. Cabe mencionar que los ingresos por pie cuadrado al igual que los ingresos por unidad están basados en el ingreso de rentas potencial. Esta medida es estándar en la industria.

Una medida que resulta muy útil tanto al momento de decidir invertir en una propiedad como durante la posesión de la misma es la relación (*ratio*) entre el ingreso bruto operacional y los gastos operacionales. Esta se conoce como la relación de gastos operacionales. La misma determina la proporción entre los distintos gastos operacionales y el ingreso bruto operacional.

Por ejemplo, hace muchos años estaba contemplando adquirir un complejo de apartamentos en Nueva York. En ese entonces administraba sobre 3,000 unidades de apartamentos y conocía a la perfección la relación de los gastos operacionales de este tipo de propiedad.

Durante el estudio de viabilidad de la propiedad que interesaba adquirir, noté que los gastos atribuidos al consumo de electricidad eran muy altos y no reflejaban lo que conocía era típico de ese mercado en particular.

Procedí a comparar estos gastos con otras propiedades en diversos estados de los Estados Unidos y descubrí que aún siendo comparados con otros mercados, los gastos de electricidad de la propiedad en cuestión estaban definitivamente fuera de lugar.

Luego, inspeccionamos la propiedad para identificar la posible causa de este gasto tan alto. Descubrí a través de un inspector experto que el sistema de calefacción había sido reparado en algún momento de manera ineficiente. Esto significaba un gasto adicional innecesario de miles de dólares mensuales. Decidí adquirir la propiedad y una de las primeras tareas fue reparar correctamente el sistema de calefacción.

Para mi beneficio, este gasto exhorbitante de parte del dueño anterior me permitió adquirir la propiedad a un precio muy por debajo de lo que su valor era en el mercado. Al corregirlo, la ganancia neta aumentó inmediatamente y a su vez esto tuvo un efecto positivo en el valor de la propiedad. Junto con otras mejoras y estrategias operacionales, aumentamos el valor de mercado sobre 30% en el primer año.

En otra ocasión, me percaté que el costo por concepto de seguros sobre la propiedad estaba muy por encima de las demás propiedades. La proporción del mismo no reflejaba la tendencia del mercado para ese tipo de propiedad.

Localizamos las facturas de seguros y revisamos las cubiertas. Encontramos que las cubiertas no eran iguales a las otras propiedades y esto era lo que reflejaba un aumento en la prima de seguros. Las cubiertas adicionales de la propiedad en cuestión no eran necesarias y se eliminaron, igualando así la proporción de estas con las propiedades anteriores.

La mayor ventaja de conocer la relación de gastos operacionales es identificar con rapidez y precisión posibles propiedades para adquirir. Durante el transcurso de la investigación sobre propiedades para adquirir, el inversionista promedio identifica una gran cantidad de propiedades a considerar.

Es importante tener un buen sistema de selección para así descartar propiedades que no representan una buena inversión y concentrarse en las que sí prometen un buen beneficio y rentabilidad.

La mejor forma de lograr esto es utilizar la forma de análisis financiero e identificar la proporción de gastos operacionales, en su totalidad e individualmente por categoría. Ambos cálculos se utilizan tanto en la realización de análisis financieros como en la administración día a día de la propiedad. El inversionista inteligente se asegura de conocer estos y monitorear las variaciones de los mismos.

Ejemplo de Relación de Gastos Operacionales

Ingresos		
Ingreso de Rentas Potencial	$340,000	
Desocupación y Pérdidas	$23,800	
Ingreso de Rentas Efectivo	$316,200	
Otros Ingresos	$0	
Ingreso Bruto Operacional	**$316,200**	**100%**
Gastos Operacionales		
Impuestos sobre la Propiedad	$10,000	3.16%
Seguros Sobre la Propiedad	$4,500	1.42%
Electricidad	$26,500	8.38%
Agua y Alcantarillado	$3,000	.95%
Mantenimiento y Reparaciones	$3,000	.95%
Servicios Profesionales	$1,800	.57%
Administración de la Propiedad	$17,000	5.38
Publicidad y Mercadeo	$1,800	.57%
Efectos de Oficina	$900	.28%
Misceláneos	$480	.15%
Gastos Operacionales Totales	**$71,980**	**22.76%**
Ingreso Neto Operacional (NOI)		
Gastos por Financiamiento		
Mejoras al Activo		
Fondos de Reserva		
Comisiones por Concepto de Alquileres		
Depreciación		
Flujo de Efectivo Pre-Contribuciones		
Contribuciones Sobre Ingresos		
Flujo de Efectivo Post-Contribuciones		

24

Elementos Verdes

Un buen libro de inversiones en bienes raíces, orientado a cómo aumentar el valor de las propiedades comerciales, no estaría completo sin abordar el tema del efecto de los elementos verdes en el valor y el proceso decisional de las inversiones inmobiliarias.

Todo inversionista inteligente conoce que debe considerar este aspecto como parte de una tendencia que se convirtió en estándar y ha cambiado las reglas del juego inmobiliario para siempre.

Este movimiento comienza con un interés en reducir las emisiones de dióxido de carbono que alegadamente son las principales causas del fenómeno del calentamiento global. Las dos fuentes primordiales de emisiones de dióxido de carbono son los vehículos de motor y la electricidad que se genera para consumir en los edificios que habitamos.

Se estima que en los Estados Unidos cerca del 50% de todas las emisiones de dióxido de carbono provienen de los edificios residenciales y comerciales. Esta es la razón por la cual este movimiento verde ha tenido un impacto tan marcado en las propiedades inmuebles.

Algunos expertos consideran este fenómeno el más significativo en la industria de los bienes raíces desde la invención de los acondicionadores de aire y la creación de la internet.

Sin embargo, usted no necesita ser un ambientalista para darse a la tarea de incursionar en la creación de propiedades verdes ya sea a través de construcciones nuevas o mejoras a propiedades existentes.

Los edificios verdes no tan solo reducen las emisiones de dióxido de carbono al ambiente; sino, también, los costos operacionales en los que incurrimos.

A través de la utilización e implementación de elementos verdes, se puede incrementar el rendimiento en la inversión. Los edificios verdes proveen la oportunidad de efectuar un bien a la sociedad a la vez que ofrecen una manera rentable de capitalizar mediante inversiones sabias.

¿Qué exactamente es un edificio verde? Se consideran verdes las propiedades que ofrecen un alto rendimiento a través de la reducción o eliminación de su impacto negativo en el ambiente y la salud de las personas que lo habitan.

Un edificio verde utiliza menos energía y consume menos agua que un edificio regular. Se logra esto mediante el uso de diseños y materiales que faciliten una integración más natural con el ambiente. De igual manera, el tipo de construcción, mantenimiento y prácticas operacionales influyen en cuán verde son los edificios.

Por ejemplo, mencionamos que la generación de electricidad para el consumo de los edificios es la fuente principal de sus emisiones de carbono al medio ambiente. Conocemos por experiencia que los acondicionadores de aire representan el elemento de mayor consumo de electricidad en los edificios.

Por ende, si logramos reducir la utilización de acondicionadores de aire, lograremos también reducir el costo de electricidad y esto a su vez reduce las emisiones de carbono al ambiente.

Una manera efectiva de reducir el consumo de electricidad, mediante la utilización de acondicionadores de aire, es construyendo edificios cuyas puertas y ventanas eviten estar expuestas directamente a los rayos del sol. En edificios existentes se pueden instalar micas en los cristales y ventanas.

Estos controlan y reducen los rayos de sol que entran al edificio teniendo como resultado una reducción en el consumo de acondicionadores de aire. Esto tiene como resultado una reducción en las emisiones de dióxido de carbono al ambiente. Además, reduce los gastos operacionales del edificio.

El resultado neto para el inversionista dueño del edificio es un mayor valor de mercado para su propiedad. Esto se debe a que si los gastos operacionales se reducen y el pago de los mismos le corresponde al dueño de la propiedad, el efecto neto multiplicará el valor de la propiedad una vez aplicada la tasa de capitalización prevaleciente en el mercado.

Por el contrario, si el costo de electricidad le corresponde al inquilino, el inversionista dueño de la propiedad también se beneficia debido a que su edificio será de mayor atractivo para inquilinos potenciales que buscan beneficiarse de menores costos de operación.

Los edificios que conllevan menores gastos operacionales son más atractivos para inquilinos potenciales y por ende, el porcentaje de ocupación será mayor. De todas maneras, el inversionista por haber actuado inteligentemente, termina siendo el ganador mayor. Este a su vez ofrece valor añadido a sus inquilinos mientras realiza un bien a la sociedad.

A pesar de todas las ventajas que ofrecen los elementos verdes, estos generan una preocupación con respecto al costo inicial que debe incurrirse. Tenemos que entender que algunas de las modificaciones a realizar para convertir a un edificio en uno verde provienen de tecnologías modernas. Estas podrían ser costosas al principio; sin embargo, en un período relativamente corto su costo se reducirá significativamente.

Piense en el costo actual de una computadora con alta capacidad y compare la misma con otra de menor capacidad hace algunos años atrás. Los costos de las computadoras continúan reduciéndose a la vez que mejora notablemente su capacidad productiva. Muchas veces los costos de las computadoras se reducen de forma considerable en tan solo 30 días.

Lo mismo ocurre con las tecnologías que facilitan la implementación de elementos verdes en los edificios. Probablemente la reducción en costo no será tan marcada como lo es en las computadoras. Sin embargo, hoy día es posible construir un edificio con elementos verdes con un costo muy similar a aquellos construidos de manera estándar.

La gran diferencia estriba en el alto rendimiento en la inversión que ofrecen los edificios verdes debido a su marcada reducción en los gastos operacionales del mismo. El inversionista inteligente debe estudiar a fondo el concepto y movimiento de los edificios verdes para lograr obtener altos rendimientos en su inversión. Al estudiar estos elementos, el inversionista se percatará que algunos de estos producen buen rendimiento y que otros, no son rentables.

Es importante identificar cuáles son los elementos que mayor beneficio ofrecen e implementarlos. No obstante, es parte de nuestra responsabilidad social incorporar otros elementos beneficiosos al ambiente y a la salud de los habitantes, aunque estos no representen necesariamente un rendimiento en la inversión. El efecto neto a largo plazo de estas aplicaciones redundará en una mejor inversión al compararse con los beneficios que ofrecen los edificios convencionales.

Otro aspecto a considerar es la selección de profesionales que estén debidamente capacitados para asesorarle en la incorporación de los elementos verdes en sus inversiones. La educación en este tipo de edificios es sumamente complicada porque se compone de minuciosos detalles que en su totalidad constituyen los elementos verdes.

Existen acreditaciones que garantizan el dominio de esta especialidad. Asegúrese de incorporar a un profesional certificado en su equipo de trabajo. Cada dólar que usted invierta, en la incorporación de elementos verdes junto a una asesoría adecuada, se multiplicará y le brindará un rendimiento con creces.

Aunque el hombre se autodestruye, la naturaleza y el Universo se encargan de auto preservarse. Por eso es que el Todopoderoso en su infinita sabiduría se ha encargado de que los elementos verdes sean rentables. De este modo, evita que el hombre se siga destruyendo y permite que busque alternativas para regenerar el ambiente, la salud y los daños humanos ocasionados.

Si el fenómeno verde no fuera económicamente rentable, el hombre en su avaricia tal vez nunca se interesaría en este. A pesar de esto, el Universo y la naturaleza se protegen.

25

Mensaje Final

A través de la historia de la humanidad, las personas han buscado obtener libertad. Aquellos de nosotros lo suficientemente afortunados como para vivir en países democráticos, muchas veces tendemos a olvidar y a menospreciar la gran oportunidad que se nos ha brindado. Existen principalmente dos tipos de libertad: la libertad política, y la libertad financiera.

La primera, nos permite expresarnos de la manera que deseemos sin temor a ser castigados. La segunda, nos ofrece la oportunidad de vivir de la manera que deseemos. Sin embargo, requiere que tomemos acción y dirijamos nuestros esfuerzos hacia la obtención de objetivos que nos permitan lograr la misma. Libertad financiera implica que nuestras necesidades básicas son cubiertas económicamente por la cantidad de activos, inversiones, ahorros o planes de retiro que poseamos.

No hace falta ser rico para disfrutar de libertad financiera. Sin embargo, sí hace falta un plan bien estructurado que nos permita desarrollar ingresos pasivos que vayan a la par con nuestras responsabilidades financieras.

Los bienes raíces ofrecen una de las mejores oportunidades para lograr esto. La posibilidad de adquirir propiedades sin tener que necesariamente poseer 100% del precio de venta es en realidad una ventaja extraordinaria que muchas veces tomamos por dada.

Estamos tan acostumbrados a que podemos comprar bienes inmuebles sin tener mucho capital que a veces pensamos que esto ocurre de la misma manera en todas las partes del mundo. Nada más lejano de la realidad.

Si tomamos el planeta Tierra en su totalidad y la combinación de todos los países del mundo, es en realidad escasa la oportunidad de adquirir propiedades a través de financiamiento. Esto es un privilegio del que gozamos en nuestro sistema de gobierno. A su vez nos provee la oportunidad de crear y perpetuar grandes riquezas.

Es tan bajo el porcentaje de personas que aprovechan esta oportunidad que hasta el gobierno ha depositado la mayor parte de los beneficios contributivos dentro de esta estructura de inversiones de bienes raíces.

Solo aquellos que se dedican a conocer los bienes raíces pueden tomar ventaja de los mismos. Por ejemplo, la historia de las contribuciones nos demuestra lo que aquí afirmo.

Inicialmente las contribuciones impuestas al pueblo se utilizaban para sufragar eventos temporeros tales como: guerras, construcción de estructuras especiales y reparaciones de daños ocasionados por la naturaleza. Eventualmente, los gobiernos se acostumbraron a recibir estos impuestos de parte de los ciudadanos.

Debido a que la mayoría de la población carecía de grandes riquezas, fue relativamente fácil lograr aprobar las distintas leyes de contribuciones. La población, en general, simpatizaba con la idea de extraer la mayor parte del dinero de los ricos.

Sin embargo, no tomó mucho tiempo para que el gobierno se percatara que aún con una aportación menor por persona, la porción que más contribuciones recaudaba era la de los pobres y clase media. Los ricos, a su vez, comenzaron a estudiar detalladamente las leyes de contribuciones y aplicaron las mismas de forma tal que beneficiaran sus actividades económicas.

Los ricos en su gran mayoría representan personas dueños de negocios. Los pobres y la clase media en su gran mayoría representan personas asalariadas. La diferencia entre los pobres y la clase media y media alta es principalmente su nivel educativo. No obstante, tanto la clase pobre como la clase media y media alta carecen de posibilidades que los beneficien en su carácter contributivo.

Los beneficios contributivos están reservados para los empresarios y dueños de negocios. Parece injusto, pero en realidad es extremadamente justo. Recuerde que existe una ley universal que implica que la riqueza obtenida por una persona está atada directamente con el valor que ofrece a la sociedad.

El mayor valor económico a nuestra sociedad lo ofrecen las personas de negocios. Son estos los que constantemente pagan patente, contribuciones sobre ingresos, contribuciones sobre ganancia de capital y representan el crecimiento y desarrollo de las ciudades y países. Los políticos más sabios se encargan de persuadir a grandes compañías para que establezcan instalaciones en sus pueblos, cuidades y países.

Mientras más empresas existan en una ciudad, más abundancia tendrá la misma. Esto se logra a través de la creación de empleos, construcción de estructuras públicas y privadas y la creación de un ambiente económico beneficioso para otros tipos de negocios existentes en el mercado.

La mayor aportación que una persona puede hacer para su país es la creación de empresas exitosas. Una persona con la mejor educación y títulos del mundo no es de mucho valor si este no se convierte en una aportación económica y social para la sociedad. Debo aclarar que el valor de toda las personas es incalculable como seres humanos.

Cuando hablo de valor en este libro, me refiero al valor que ofrece la persona para el crecimiento y mejoramiento de su país. Una persona puede tener mucho valor como hermano, hijo, padre, esposo, miembro de la comunidad, miembro de su iglesia, vecino, etc. Pero el valor que cuenta al momento de determinar la cantidad de fortuna que se crea en la vida, es el valor ofrecido a través de los servicios y/o productos que se brinda a los demás.

Los bienes raíces ofrecen al ciudadano promedio la oportunidad de aumentar el valor ofrecido a los demás a través de las inversiones inmobiliarias. Esto es lo que capacita al inversionista con la oportunidad de obtener libertad financiera de una manera relativamente sencilla. Los bienes raíces son fáciles de entender. Estos son tangibles y vivimos rodeados de ellos, lo que nos permite efectuar inversiones que podemos comprender.

Lo único que debe hacer es enfocarse en estudiar los elementos que componen estas inversiones y mantenerse al tanto de los cambios que afectan las mismas. Si usted ha leído este libro en su totalidad, le felicito. Ha entrado en contacto con información que la gran mayoría de las personas nunca conoce. Utilice la misma como referencia; no obstante, lo más importante es comenzar a buscar e identificar posibles alternativas de inversión.

Recuerde, la gran oportunidad de su vida se presenta en el campo de los bienes raíces una vez a la semana. Dése la oportunidad de comenzar hoy mismo. Comience con el tipo de propiedad que le ofrezca la mayor seguridad y con la cual se sienta más cómodo. Poco a poco irá comenzando a identificar más y mejores inversiones. Proceda con cautela y opere su negocio de forma conservadora. No lo deje para más tarde, su crecimiento debe ocurrir ahora. Éxito y muchas bendiciones!

Indicadores y sus Fórmulas

Interés Simple (*Simple Interest*)

$P \times R = I$

donde P = principal
R = tasa de interés
I = interés

Interés Compuesto (*Compound Interest*)

$$\frac{R}{T} = i$$

donde R = tasa de interés anual
T = término
i = tasa de interés por término

Multiplicador de Ingreso Bruto (*Gross Income Multiplier*)

$$\frac{S}{I} = G$$

donde S = precio de venta (valor)
I = ingreso bruto
G = multiplicador de ingreso bruto

Multiplicador de Ingreso Neto (*Net Income Multiplier*)

$$\frac{S}{I} = N$$

donde S = precio de venta (valor)
I = ingreso neto
N = multiplicador de ingreso neto

Efectivo sobre Efectivo (*Cash on Cash Return*)

$$\frac{C}{I} = R$$

donde C = flujo de efectivo anual
I = aportación inicial
R = efectivo sobre efectivo

Tasa de Rendimiento del Corredor (*Broker's Rate of Return*)

$$\frac{C + E}{I} = RC$$

donde RC = tasa de rendimiento del corredor
C = flujo de efectivo post-contribuciones
E = equidad
I = aportación inicial

Período de Repago (*Payback Period*)

$$\frac{I}{C} = R$$

donde I = aportación inicial
C = flujo de efectivo neto
R = período de repago

Ingreso Neto Operacional (*Net Operating Income*)

IBO - GO = NOI

donde IBO = ingreso bruto operacional
GO = gastos operacionales
NOI = ingreso neto operacional

Tasa de Capitalización (*Capitalization Rate, CAP Rate*)

$$\frac{I}{P} = R$$

donde I = ingreso neto operacional
P = precio de venta (valor de mercado)
R = tasa de capitalización

Relación Deuda-NOI (*Debt Coverage Ratio*)

$$\frac{I}{M} = R$$

donde I = ingreso neto operacional

M = pago de hipoteca

R = relación deuda-noi

Flujo de Efectivo (*Cash Flow*) Versión 1

NOI - M = C

donde NOI = ingreso neto operacional

M = pago de hipoteca anual

C = flujo de efectivo pre-contribuciones

Flujo de Efectivo (*Cash Flow*) Versión 2

$C^1 - C^i = C$

donde C^1 = flujo de efectivo pre-contribuciones

C^i = contribuciones sobre ingreso

C = flujo de efectivo post-contribuciones

Valor Presente (*Present Value*)

$$\frac{1}{(1 + R)^n} = P$$

donde	R	=	tasa de interés
	n	=	período
	P	=	factor de valor presente

Valor Presente Neto (*Net Present Value*)

$$NPV = \sum_{T=1}^{T} \frac{C_t}{(1+r)^t} - C_o$$

donde	t	=	período de tiempo
	C_o	=	aportación inicial
	C_t	=	flujo de efectivo en el período
	r	=	tasa de descuento

Índice de Rendimiento (*Profitability Index*)

$$\frac{PV}{C} = I$$

donde	PV	=	valor presente de los flujos de efectivo
	C	=	aportación inicial
	I	=	factor de índice de rendimiento

La diversificación es para aquellas personas que no entienden lo que están haciendo. — Warren Buffett

Tablas de Factores de Valor Presente

Valor Presente

Mientras más rápido se reciben los flujos de efectivo de las inversiones, más valor tienen los mismos. Mil dólares recibidos hoy son más valiosos que mil dólares que se recibirán al final de cinco años. Esto significa que si una inversión promete un rendimiento de mil dólares al final de cinco años, hay que determinar su valor actual. Para esto se utilizan tablas de factores de valor presente.

Los inversionistas necesitan conocer el valor presente de los flujos de efectivo que producirá una inversión para poder identificar el precio que deben pagar por la misma.

Para poder estimar el valor presente de los flujos de efectivo futuros hay que aplicar una tasa de descuento a los mismos. La tasa de descuento representa el rendimiento que el inversionista exige como condición para efectuar la inversión. Por lo general, este es equivalente al rendimiento que el inversionista conoce que puede obtener de otra inversión con riesgos similares.

La fórmula matemática es complicada, pero podemos fácilmente realizar este cálculo utilizando las siguientes tablas de factores de valor presente. Cabe mencionar que es muy importante que el inversionista conozca con precisión la tasa de descuento que debe aplicar a su inversión para que este cálculo sea efectivo.

Practiquemos algunos ejemplos:

Ejemplo No. 1

Su mejor amigo le promete que le regalará $5,000 en cinco años. Usted sabe que si usted obtuviera este dinero hoy, podría conseguir un rendimiento de 11% invirtiéndolo en fondos mutuos. ¿Cuál es el *Valor Presente* de los $5,000 que su amigo le regalará en cinco años?

Respuesta

Identifique en la tabla de *Valor Presente* el factor correspondiente a la intersección de cinco años y 11%. Corresponde a 0.593451. Multiplique este factor por $5,000 y el resultado es $2,967 redondeado.

Valor Presente = Factor de la tabla × Valor Futuro
Valor Presente = 0.593451 × 5,000
Valor Presente = 2,967

El valor presente de esta promesa de dinero es $2,967.

Ejemplo No. 2

Su vecino es un desarrollador y está construyendo un edificio de oficinas para una agencia de gobierno. El proyecto estará completado al final de dos años. Su vecino necesita dinero para terminar la construcción del edificio y le ofrece $200,000 una vez completado el mismo. Usted ha establecido como meta personal de inversión un rendimiento mínimo de 8%. ¿Cuánto necesitaría invertir (*Valor Presente*) en este proyecto para lograr obtener los $200,000 al final de los dos años?

Respuesta

Identifique en la tabla de *Valor Presente* el factor correspondiente a la intersección de dos años y 8%. Corresponde a 0.857339. Multiplique este factor por $200,000 y el resultado es $171,468 redondeado.

Valor Presente = Factor de la tabla × Valor Futuro
Valor Presente = 0.857339 × 200,000
Valor Presente = 171,468

El valor presente de esta inversión es $171,468. Esta es la cantidad máxima que debe invertir para satisfacer su requisito personal de rendimiento mínimo en su inversión.

Tabla de Factores de Valor Presente

Términos 1 a 30 Años

Tasas de Descuento

1% a 25.875%

Utilice estas tablas para determinar el valor presente de flujos de efectivo futuros.

Factor del Valor Presente Anual

	Tasa de Descuento			
Años	**1.000%**	**1.125%**	**1.250%**	**1.375%**
1	0.990099	0.988875	0.987654	0.986436
2	0.980296	0.977874	0.975461	0.973057
3	0.970590	0.966995	0.963418	0.959859
4	0.960980	0.956238	0.951524	0.946840
5	0.951466	0.945600	0.939777	0.933997
6	0.942045	0.935080	0.928175	0.921329
7	0.932718	0.924677	0.916716	0.908833
8	0.923483	0.914391	0.905398	0.896506
9	0.914340	0.904218	0.894221	0.884346
10	0.905287	0.894159	0.883181	0.872351
11	0.896324	0.884211	0.872277	0.860519
12	0.887449	0.874375	0.861509	0.848847
13	0.878663	0.864647	0.850873	0.837334
14	0.869963	0.855028	0.840368	0.825977
15	0.861349	0.845516	0.829993	0.814774
16	0.852821	0.836110	0.819746	0.803722
17	0.844377	0.826808	0.809626	0.792821
18	0.836017	0.817610	0.799631	0.782068
19	0.827740	0.808515	0.789759	0.771460
20	0.819544	0.799520	0.780009	0.760996
21	0.811430	0.790625	0.770379	0.750675
22	0.803396	0.781830	0.760868	0.740493
23	0.795442	0.773132	0.751475	0.730449
24	0.787566	0.764531	0.742197	0.720542
25	0.779768	0.756026	0.733034	0.710769
26	0.772048	0.747615	0.723984	0.701128
27	0.764404	0.739298	0.715046	0.691618
28	0.756836	0.731073	0.706219	0.682238
29	0.749342	0.722940	0.697500	0.672984
30	0.741923	0.714898	0.688889	0.663856

Factor del Valor Presente Anual

	Tasa de Descuento			
Años	**1.500%**	**1.625%**	**1.750%**	**1.875%**
1	0.985222	0.984010	0.982801	0.981595
2	0.970662	0.968275	0.965898	0.963529
3	0.956317	0.952792	0.949285	0.945795
4	0.942184	0.937557	0.932959	0.928388
5	0.928260	0.922565	0.916913	0.911301
6	0.914542	0.907814	0.901143	0.894529
7	0.901027	0.893297	0.885644	0.878065
8	0.887711	0.879013	0.870412	0.861904
9	0.874592	0.864958	0.855441	0.846041
10	0.861667	0.851127	0.840729	0.830470
11	0.848933	0.837517	0.826269	0.815185
12	0.836387	0.824125	0.812058	0.800182
13	0.824027	0.810947	0.798091	0.785454
14	0.811849	0.797980	0.784365	0.770998
15	0.799852	0.785220	0.770875	0.756808
16	0.788031	0.772665	0.757616	0.742879
17	0.776385	0.760310	0.744586	0.729206
18	0.764912	0.748152	0.731780	0.715785
19	0.753607	0.736189	0.719194	0.702611
20	0.742470	0.724417	0.706825	0.689680
21	0.731498	0.712834	0.694668	0.676986
22	0.720688	0.701435	0.682720	0.664527
23	0.710037	0.690219	0.670978	0.652296
24	0.699544	0.679183	0.659438	0.640291
25	0.689206	0.668322	0.648096	0.628506
26	0.679021	0.657636	0.636950	0.616938
27	0.668986	0.647120	0.625995	0.605584
28	0.659099	0.636773	0.615228	0.594438
29	0.649359	0.626590	0.604647	0.583497
30	0.639762	0.616571	0.594248	0.572758

Factor del Valor Presente Anual

	Tasa de Descuento			
Años	**2.000%**	**2.125%**	**2.250%**	**2.375%**
1	0.980392	0.979192	0.977995	0.976801
2	0.961169	0.958817	0.956474	0.954140
3	0.942322	0.938866	0.935427	0.932005
4	0.923845	0.919331	0.914843	0.910383
5	0.905731	0.900201	0.894712	0.889263
6	0.887971	0.881470	0.875024	0.868633
7	0.870560	0.863129	0.855769	0.848482
8	0.853490	0.845169	0.836938	0.828798
9	0.836755	0.827583	0.818522	0.809571
10	0.820348	0.810362	0.800510	0.790789
11	0.804263	0.793501	0.782895	0.772444
12	0.788493	0.776990	0.765667	0.754524
13	0.773033	0.760822	0.748819	0.737020
14	0.757875	0.744991	0.732341	0.719922
15	0.743015	0.729489	0.716226	0.703220
16	0.728446	0.714310	0.700466	0.686906
17	0.714163	0.699447	0.685052	0.670971
18	0.700159	0.684893	0.669978	0.655405
19	0.686431	0.670642	0.655235	0.640200
20	0.672971	0.656687	0.640816	0.625348
21	0.659776	0.643023	0.626715	0.610840
22	0.646839	0.629643	0.612925	0.596670
23	0.634156	0.616542	0.599437	0.582827
24	0.621721	0.603713	0.586247	0.569306
25	0.609531	0.591151	0.573346	0.556099
26	0.597579	0.578850	0.560730	0.543198
27	0.585862	0.566806	0.548391	0.530596
28	0.574375	0.555012	0.536324	0.518287
29	0.563112	0.543463	0.524522	0.506263
30	0.552071	0.532155	0.512980	0.494519

Factor del Valor Presente Anual

Años	Tasa de Descuento			
	2.500%	**2.625%**	**2.750%**	**2.875%**
1	0.975610	0.974421	0.973236	0.972053
2	0.951814	0.949497	0.947188	0.944888
3	0.928599	0.925210	0.921838	0.918482
4	0.905951	0.901545	0.897166	0.892813
5	0.883854	0.878485	0.873154	0.867862
6	0.862297	0.856014	0.849785	0.843608
7	0.841265	0.834119	0.827041	0.820032
8	0.820747	0.812783	0.804906	0.797115
9	0.800728	0.791993	0.783364	0.774839
10	0.781198	0.771735	0.762398	0.753185
11	0.762145	0.751995	0.741993	0.732136
12	0.743556	0.732760	0.722134	0.711675
13	0.725420	0.714017	0.702807	0.691786
14	0.707727	0.695754	0.683997	0.672453
15	0.690466	0.677957	0.665691	0.653661
16	0.673625	0.660616	0.647874	0.635393
17	0.657195	0.643719	0.630535	0.617636
18	0.641166	0.627253	0.613659	0.600375
19	0.625528	0.611209	0.597235	0.583597
20	0.610271	0.595575	0.581251	0.567287
21	0.595386	0.580341	0.565694	0.551434
22	0.580865	0.565497	0.550554	0.536023
23	0.566697	0.551032	0.535819	0.521043
24	0.552875	0.536938	0.521478	0.506482
25	0.539391	0.523204	0.507521	0.492327
26	0.526235	0.509821	0.493938	0.478568
27	0.513400	0.496780	0.480718	0.465194
28	0.500878	0.484073	0.467852	0.452193
29	0.488661	0.471692	0.455331	0.439556
30	0.476743	0.459626	0.443144	0.427272

Factor del Valor Presente Anual

	Tasa de Descuento			
Años	**3.000%**	**3.125%**	**3.250%**	**3.375%**
1	0.970874	0.969697	0.968523	0.967352
2	0.942596	0.940312	0.938037	0.935770
3	0.915142	0.911818	0.908510	0.905219
4	0.888487	0.884187	0.879913	0.875665
5	0.862609	0.857394	0.852216	0.847076
6	0.837484	0.831412	0.825391	0.819421
7	0.813092	0.806218	0.799410	0.792668
8	0.789409	0.781787	0.774247	0.766789
9	0.766417	0.758096	0.749876	0.741755
10	0.744094	0.735124	0.726272	0.717538
11	0.722421	0.712847	0.703411	0.694112
12	0.701380	0.691246	0.681270	0.671450
13	0.680951	0.670299	0.659826	0.649528
14	0.661118	0.649987	0.639056	0.628323
15	0.641862	0.630290	0.618941	0.607809
16	0.623167	0.611191	0.599458	0.587965
17	0.605016	0.592670	0.580589	0.568769
18	0.587395	0.574710	0.562314	0.550200
19	0.570286	0.557294	0.544614	0.532237
20	0.553676	0.540407	0.527471	0.514860
21	0.537549	0.524031	0.510868	0.498051
22	0.521893	0.508151	0.494787	0.481791
23	0.506692	0.492753	0.479213	0.466061
24	0.491934	0.477821	0.464129	0.450845
25	0.477606	0.463341	0.449519	0.436126
26	0.463695	0.449301	0.435370	0.421887
27	0.450189	0.435685	0.421666	0.408113
28	0.437077	0.422483	0.408393	0.394789
29	0.424346	0.409680	0.395538	0.381900
30	0.411987	0.397266	0.383088	0.369432

Factor del Valor Presente Anual

	Tasa de Descuento			
Años	**3.500%**	**3.625%**	**3.750%**	**3.875%**
1	0.966184	0.965018	0.963855	0.962696
2	0.933511	0.931260	0.929017	0.926783
3	0.901943	0.898683	0.895438	0.892210
4	0.871442	0.867245	0.863073	0.858926
5	0.841973	0.836907	0.831878	0.826884
6	0.813501	0.807631	0.801810	0.796038
7	0.785991	0.779378	0.772829	0.766342
8	0.759412	0.752114	0.744895	0.737754
9	0.733731	0.725804	0.717971	0.710233
10	0.708919	0.700414	0.692020	0.683738
11	0.684946	0.675912	0.667008	0.658231
12	0.661783	0.652267	0.642899	0.633676
13	0.639404	0.629450	0.619662	0.610037
14	0.617782	0.607430	0.597264	0.587280
15	0.596891	0.586181	0.575676	0.565372
16	0.576706	0.565675	0.554869	0.544281
17	0.557204	0.545887	0.534813	0.523977
18	0.538361	0.526791	0.515483	0.504430
19	0.520156	0.508363	0.496851	0.485613
20	0.502566	0.490579	0.478892	0.467497
21	0.485571	0.473418	0.461583	0.450058
22	0.469151	0.456857	0.444899	0.433269
23	0.453286	0.440875	0.428819	0.417106
24	0.437957	0.425452	0.413319	0.401546
25	0.423147	0.410569	0.398380	0.386566
26	0.408838	0.396207	0.383981	0.372146
27	0.395012	0.382347	0.370102	0.358263
28	0.381654	0.368971	0.356725	0.344898
29	0.368748	0.356064	0.343831	0.332032
30	0.356278	0.343608	0.331403	0.319646

Factor del Valor Presente Anual

Años	Tasa de Descuento			
	4.000%	**4.125%**	**4.250%**	**4.375%**
1	0.961538	0.960384	0.959233	0.958084
2	0.924556	0.922338	0.920127	0.917925
3	0.888996	0.885799	0.882616	0.879449
4	0.854804	0.850707	0.846634	0.842586
5	0.821927	0.817005	0.812119	0.807268
6	0.790315	0.784639	0.779011	0.773430
7	0.759918	0.753555	0.747253	0.741011
8	0.730690	0.723702	0.716789	0.709951
9	0.702587	0.695032	0.687568	0.680192
10	0.675564	0.667498	0.659537	0.651681
11	0.649581	0.641054	0.632650	0.624365
12	0.624597	0.615658	0.606858	0.598194
13	0.600574	0.591269	0.582118	0.573120
14	0.577475	0.567845	0.558387	0.549097
15	0.555265	0.545349	0.535623	0.526081
16	0.533908	0.523745	0.513787	0.504030
17	0.513373	0.502996	0.492841	0.482903
18	0.493628	0.483070	0.472749	0.462661
19	0.474642	0.463932	0.453477	0.443268
20	0.456387	0.445553	0.434989	0.424688
21	0.438834	0.427902	0.417256	0.406887
22	0.421955	0.410951	0.400246	0.389832
23	0.405726	0.394671	0.383929	0.373492
24	0.390121	0.379035	0.368277	0.357836
25	0.375117	0.364019	0.353263	0.342837
26	0.360689	0.349599	0.338862	0.328467
27	0.346817	0.335749	0.325047	0.314699
28	0.333477	0.322448	0.311796	0.301508
29	0.320651	0.309674	0.299085	0.288870
30	0.308319	0.297406	0.286892	0.276761

Factor del Valor Presente Anual

	Tasa de Descuento			
Años	**4.500%**	**4.625%**	**4.750%**	**4.875%**
1	0.956938	0.955795	0.954654	0.953516
2	0.915730	0.913543	0.911364	0.909193
3	0.876297	0.873160	0.870037	0.866930
4	0.838561	0.834561	0.830585	0.826632
5	0.802451	0.797669	0.792921	0.788207
6	0.767896	0.762408	0.756965	0.751568
7	0.734828	0.728705	0.722640	0.716632
8	0.703185	0.696492	0.689871	0.683320
9	0.672904	0.665703	0.658588	0.651557
10	0.643928	0.636276	0.628723	0.621270
11	0.616199	0.608149	0.600213	0.592391
12	0.589664	0.581265	0.572996	0.564854
13	0.564272	0.555570	0.547013	0.538598
14	0.539973	0.531011	0.522208	0.513561
15	0.516720	0.507537	0.498528	0.489689
16	0.494469	0.485101	0.475922	0.466926
17	0.473176	0.463657	0.454341	0.445222
18	0.452800	0.443161	0.433738	0.424526
19	0.433302	0.423571	0.414070	0.404793
20	0.414643	0.404847	0.395293	0.385976
21	0.396787	0.386950	0.377368	0.368035
22	0.379701	0.369845	0.360256	0.350927
23	0.363350	0.353496	0.343920	0.334614
24	0.347703	0.337869	0.328324	0.319060
25	0.332731	0.322934	0.313436	0.304229
26	0.318402	0.308658	0.299223	0.290087
27	0.304691	0.295014	0.285655	0.276603
28	0.291571	0.281973	0.272701	0.263745
29	0.279015	0.269508	0.260335	0.251485
30	0.267000	0.257594	0.248530	0.239795

Factor del Valor Presente Anual

Años	Tasa de Descuento 5.000%	5.125%	5.250%	5.375%
1	0.952381	0.951249	0.950119	0.948992
2	0.907029	0.904874	0.902726	0.900585
3	0.863838	0.860760	0.857697	0.854648
4	0.822702	0.818796	0.814914	0.811054
5	0.783526	0.778879	0.774265	0.769683
6	0.746215	0.740907	0.735643	0.730423
7	0.710681	0.704787	0.698949	0.693165
8	0.676839	0.670428	0.664084	0.657808
9	0.644609	0.637743	0.630959	0.624255
10	0.613913	0.606652	0.599486	0.592412
11	0.584679	0.577077	0.569583	0.562194
12	0.556837	0.548944	0.541171	0.533518
13	0.530321	0.522182	0.514177	0.506304
14	0.505068	0.496725	0.488529	0.480478
15	0.481017	0.472509	0.464161	0.455970
16	0.458112	0.449473	0.441008	0.432712
17	0.436297	0.427561	0.419010	0.410640
18	0.415521	0.406717	0.398109	0.389694
19	0.395734	0.386889	0.378251	0.369816
20	0.376889	0.368027	0.359383	0.350952
21	0.358942	0.350085	0.341457	0.333051
22	0.341850	0.333018	0.324425	0.316063
23	0.325571	0.316783	0.308242	0.299941
24	0.310068	0.301339	0.292866	0.284641
25	0.295303	0.286649	0.278258	0.270122
26	0.281241	0.272674	0.264378	0.256344
27	0.267848	0.259381	0.251190	0.243268
28	0.255094	0.246736	0.238661	0.230859
29	0.242946	0.234707	0.226756	0.219084
30	0.231377	0.223265	0.215445	0.207909

Factor del Valor Presente Anual

Años	Tasa de Descuento			
	5.500%	**5.625%**	**5.750%**	**5.875%**
1	0.947867	0.946746	0.945626	0.944510
2	0.898452	0.896327	0.894209	0.892099
3	0.851614	0.848594	0.845588	0.842597
4	0.807217	0.803402	0.799611	0.795841
5	0.765134	0.760618	0.756133	0.751680
6	0.725246	0.720111	0.715019	0.709969
7	0.687437	0.681762	0.676141	0.670573
8	0.651599	0.645455	0.639377	0.633363
9	0.617629	0.611082	0.604612	0.598218
10	0.585431	0.578539	0.571737	0.565023
11	0.554911	0.547729	0.540650	0.533669
12	0.525982	0.518560	0.511253	0.504056
13	0.498561	0.490945	0.483454	0.476086
14	0.472569	0.464800	0.457167	0.449668
15	0.447933	0.440047	0.432309	0.424716
16	0.424581	0.416613	0.408803	0.401149
17	0.402447	0.394426	0.386575	0.378889
18	0.381466	0.373421	0.365555	0.357864
19	0.361579	0.353535	0.345679	0.338006
20	0.342729	0.334708	0.326883	0.319250
21	0.324862	0.316883	0.309109	0.301535
22	0.307926	0.300008	0.292302	0.284803
23	0.291873	0.284031	0.276408	0.268999
24	0.276657	0.268905	0.261379	0.254073
25	0.262234	0.254584	0.247167	0.239974
26	0.248563	0.241027	0.233728	0.226658
27	0.235605	0.228191	0.221019	0.214081
28	0.223322	0.216039	0.209002	0.202201
29	0.211679	0.204534	0.197637	0.190981
30	0.200644	0.193641	0.186891	0.180384

Factor del Valor Presente Anual

	Tasa de Descuento			
Años	**6.000%**	**6.125%**	**6.250%**	**6.375%**
1	0.943396	0.942285	0.941176	0.940071
2	0.889996	0.887901	0.885813	0.883733
3	0.839619	0.836656	0.833706	0.830771
4	0.792094	0.788368	0.784665	0.780983
5	0.747258	0.742868	0.738508	0.734179
6	0.704961	0.699993	0.695067	0.690180
7	0.665057	0.659593	0.654180	0.648818
8	0.627412	0.621525	0.615699	0.609935
9	0.591898	0.585653	0.579481	0.573382
10	0.558395	0.551852	0.545394	0.539019
11	0.526788	0.520002	0.513312	0.506716
12	0.496969	0.489990	0.483117	0.476349
13	0.468839	0.461711	0.454699	0.447802
14	0.442301	0.435063	0.427952	0.420965
15	0.417265	0.409953	0.402778	0.395737
16	0.393646	0.386293	0.379085	0.372020
17	0.371364	0.363998	0.356786	0.349725
18	0.350344	0.342990	0.335799	0.328767
19	0.330513	0.323194	0.316046	0.309064
20	0.311805	0.304541	0.297455	0.290542
21	0.294155	0.286965	0.279958	0.273130
22	0.277505	0.270402	0.263490	0.256761
23	0.261797	0.254796	0.247990	0.241374
24	0.246979	0.240091	0.233402	0.226908
25	0.232999	0.226234	0.219673	0.213310
26	0.219810	0.213177	0.206751	0.200526
27	0.207368	0.200873	0.194589	0.188509
28	0.195630	0.189280	0.183143	0.177212
29	0.184557	0.178356	0.172370	0.166591
30	0.174110	0.168062	0.162230	0.156608

Factor del Valor Presente Anual

	Tasa de Descuento			
Años	**6.500%**	**6.625%**	**6.750%**	**6.875%**
1	0.938967	0.937866	0.936768	0.935673
2	0.881659	0.879593	0.877535	0.875483
3	0.827849	0.824941	0.822046	0.819165
4	0.777323	0.773684	0.770067	0.766471
5	0.729881	0.725613	0.721374	0.717165
6	0.685334	0.680528	0.675760	0.671032
7	0.643506	0.638244	0.633031	0.627866
8	0.604231	0.598588	0.593003	0.587477
9	0.567353	0.561395	0.555506	0.549686
10	0.532726	0.526514	0.520381	0.514326
11	0.500212	0.493799	0.487476	0.481241
12	0.469683	0.463118	0.456652	0.450284
13	0.441017	0.434343	0.427777	0.421318
14	0.414100	0.407355	0.400728	0.394216
15	0.388827	0.382045	0.375389	0.368857
16	0.365095	0.358307	0.351653	0.345129
17	0.342813	0.336044	0.329417	0.322928
18	0.321890	0.315164	0.308587	0.302155
19	0.302244	0.295582	0.289075	0.282718
20	0.283797	0.277217	0.270796	0.264532
21	0.266476	0.259992	0.253673	0.247515
22	0.250212	0.243838	0.237633	0.231593
23	0.234941	0.228687	0.222607	0.216695
24	0.220602	0.214478	0.208531	0.202756
25	0.207138	0.201152	0.195345	0.189713
26	0.194496	0.188653	0.182993	0.177509
27	0.182625	0.176932	0.171422	0.166090
28	0.171479	0.165938	0.160583	0.155406
29	0.161013	0.155628	0.150429	0.145409
30	0.151186	0.145958	0.140917	0.136056

Factor del Valor Presente Anual

Años	Tasa de Descuento 7.000%	7.125%	7.250%	7.375%
1	0.934579	0.933489	0.932401	0.931315
2	0.873439	0.871402	0.869371	0.867349
3	0.816298	0.813444	0.810603	0.807775
4	0.762895	0.759341	0.755807	0.752293
5	0.712986	0.708836	0.704715	0.700623
6	0.666342	0.661691	0.657077	0.652501
7	0.622750	0.617681	0.612659	0.607684
8	0.582009	0.576598	0.571244	0.565945
9	0.543934	0.538248	0.532628	0.527074
10	0.508349	0.502449	0.496623	0.490872
11	0.475093	0.469030	0.463052	0.457157
12	0.444012	0.437835	0.431750	0.425757
13	0.414964	0.408714	0.402564	0.396514
14	0.387817	0.381530	0.375351	0.369280
15	0.362446	0.356154	0.349978	0.343916
16	0.338735	0.332466	0.326320	0.320294
17	0.316574	0.310353	0.304261	0.298295
18	0.295864	0.289711	0.283693	0.277807
19	0.276508	0.270442	0.264516	0.258726
20	0.258419	0.252455	0.246635	0.240955
21	0.241513	0.235664	0.229962	0.224405
22	0.225713	0.219989	0.214417	0.208992
23	0.210947	0.205358	0.199923	0.194638
24	0.197147	0.191699	0.186408	0.181269
25	0.184249	0.178949	0.173807	0.168819
26	0.172195	0.167047	0.162058	0.157223
27	0.160930	0.155936	0.151103	0.146425
28	0.150402	0.145565	0.140889	0.136368
29	0.140563	0.135883	0.131365	0.127001
30	0.131367	0.126845	0.122484	0.118278

Factor del Valor Presente Anual

	Tasa de Descuento			
Años	**7.500%**	**7.625%**	**7.750%**	**7.875%**
1	0.930233	0.929152	0.928074	0.926999
2	0.865333	0.863324	0.861322	0.859327
3	0.804961	0.802159	0.799371	0.796595
4	0.748801	0.745328	0.741875	0.738443
5	0.696559	0.692523	0.688515	0.684535
6	0.647962	0.643459	0.638993	0.634564
7	0.602755	0.597871	0.593033	0.588240
8	0.560702	0.555514	0.550379	0.545298
9	0.521583	0.516157	0.510792	0.505490
10	0.485194	0.479588	0.474053	0.468589
11	0.451343	0.445610	0.439957	0.434381
12	0.419854	0.414040	0.408312	0.402671
13	0.390562	0.384706	0.378944	0.373276
14	0.363313	0.357450	0.351688	0.346026
15	0.337966	0.332126	0.326393	0.320766
16	0.314387	0.308595	0.302917	0.297349
17	0.292453	0.286732	0.281129	0.275643
18	0.272049	0.266418	0.260909	0.255520
19	0.253069	0.247543	0.242143	0.236867
20	0.235413	0.230005	0.224727	0.219575
21	0.218989	0.213709	0.208563	0.203546
22	0.203711	0.198569	0.193562	0.188687
23	0.189498	0.184500	0.179640	0.174913
24	0.176277	0.171429	0.166719	0.162144
25	0.163979	0.159284	0.154728	0.150307
26	0.152539	0.147999	0.143599	0.139335
27	0.141896	0.137513	0.133270	0.129163
28	0.131997	0.127771	0.123685	0.119734
29	0.122788	0.118718	0.114789	0.110993
30	0.114221	0.110308	0.106532	0.102891

Factor del Valor Presente Anual

	Tasa de Descuento			
Años	**8.000%**	**8.125%**	**8.250%**	**8.375%**
1	0.925926	0.924855	0.923788	0.922722
2	0.857339	0.855358	0.853383	0.851416
3	0.793832	0.791082	0.788345	0.785620
4	0.735030	0.731637	0.728263	0.724909
5	0.680583	0.676658	0.672760	0.668890
6	0.630170	0.625811	0.621488	0.617199
7	0.583490	0.578785	0.574123	0.569503
8	0.540269	0.535292	0.530367	0.525493
9	0.500249	0.495068	0.489947	0.484884
10	0.463193	0.457866	0.452607	0.447413
11	0.428883	0.423460	0.418112	0.412838
12	0.397114	0.391640	0.386247	0.380935
13	0.367698	0.362210	0.356810	0.351497
14	0.340461	0.334992	0.329617	0.324334
15	0.315242	0.309819	0.304496	0.299270
16	0.291890	0.286538	0.281289	0.276143
17	0.270269	0.265006	0.259852	0.254803
18	0.250249	0.245092	0.240048	0.235113
19	0.231712	0.226675	0.221753	0.216944
20	0.214548	0.209642	0.204853	0.200179
21	0.198656	0.193888	0.189240	0.184709
22	0.183941	0.179319	0.174818	0.170435
23	0.170315	0.165844	0.161495	0.157264
24	0.157699	0.153382	0.149187	0.145111
25	0.146018	0.141856	0.137817	0.133897
26	0.135202	0.131196	0.127314	0.123550
27	0.125187	0.121337	0.117611	0.114002
28	0.115914	0.112220	0.108647	0.105193
29	0.107328	0.103787	0.100367	0.097063
30	0.099377	0.095988	0.092718	0.089563

Factor del Valor Presente Anual

	Tasa de Descuento			
Años	**8.500%**	**8.625%**	**8.750%**	**8.875%**
1	0.921659	0.920598	0.919540	0.918485
2	0.849455	0.847501	0.845554	0.843614
3	0.782908	0.780208	0.777521	0.774846
4	0.721574	0.718259	0.714962	0.711684
5	0.665045	0.661228	0.657436	0.653671
6	0.612945	0.608725	0.604539	0.600387
7	0.564926	0.560391	0.555898	0.551446
8	0.520669	0.515895	0.511171	0.506494
9	0.479880	0.474933	0.470042	0.465207
10	0.442285	0.437222	0.432222	0.427286
11	0.407636	0.402506	0.397446	0.392455
12	0.375702	0.370546	0.365468	0.360464
13	0.346269	0.341124	0.336062	0.331081
14	0.319142	0.314039	0.309023	0.304092
15	0.294140	0.289103	0.284159	0.279304
16	0.271097	0.266148	0.261295	0.256537
17	0.249859	0.245016	0.240272	0.235625
18	0.230285	0.225561	0.220939	0.216418
19	0.212244	0.207651	0.203163	0.198776
20	0.195616	0.191163	0.186816	0.182573
21	0.180292	0.175985	0.171785	0.167691
22	0.166167	0.162011	0.157963	0.154021
23	0.153150	0.149147	0.145254	0.141466
24	0.141152	0.137305	0.133567	0.129934
25	0.130094	0.126402	0.122820	0.119343
26	0.119902	0.116366	0.112938	0.109614
27	0.110509	0.107126	0.103851	0.100679
28	0.101851	0.098620	0.095495	0.092472
29	0.093872	0.090790	0.087811	0.084934
30	0.086518	0.083581	0.080746	0.078011

Factor del Valor Presente Anual

	Tasa de Descuento			
Años	**9.000%**	**9.125%**	**9.250%**	**9.375%**
1	0.917431	0.916380	0.915332	0.914286
2	0.841680	0.839753	0.837832	0.835918
3	0.772183	0.769533	0.766895	0.764268
4	0.708425	0.705185	0.701963	0.698760
5	0.649931	0.646218	0.642529	0.638866
6	0.596267	0.592181	0.588127	0.584106
7	0.547034	0.542663	0.538332	0.534040
8	0.501866	0.497286	0.492752	0.488265
9	0.460428	0.455703	0.451032	0.446414
10	0.422411	0.417597	0.412844	0.408150
11	0.387533	0.382678	0.377889	0.373165
12	0.355535	0.350678	0.345894	0.341180
13	0.326179	0.321355	0.316608	0.311936
14	0.299246	0.294483	0.289801	0.285198
15	0.274538	0.269859	0.265264	0.260753
16	0.251870	0.247293	0.242805	0.238403
17	0.231073	0.226614	0.222247	0.217968
18	0.211994	0.207665	0.203430	0.199285
19	0.194490	0.190300	0.186206	0.182204
20	0.178431	0.174387	0.170440	0.166586
21	0.163698	0.159805	0.156009	0.152307
22	0.150182	0.146442	0.142800	0.139252
23	0.137781	0.134197	0.130709	0.127316
24	0.126405	0.122975	0.119642	0.116404
25	0.115968	0.112692	0.109513	0.106426
26	0.106393	0.103269	0.100240	0.097304
27	0.097608	0.094634	0.091753	0.088964
28	0.089548	0.086720	0.083985	0.081338
29	0.082155	0.079469	0.076874	0.074366
30	0.075371	0.072824	0.070365	0.067992

Factor del Valor Presente Anual

	Tasa de Descuento			
Años	**9.500%**	**9.625%**	**9.750%**	**9.875%**
1	0.913242	0.912201	0.911162	0.910125
2	0.834011	0.832110	0.830216	0.828328
3	0.761654	0.759051	0.756461	0.753882
4	0.695574	0.692407	0.689258	0.686127
5	0.635228	0.631614	0.628026	0.624461
6	0.580117	0.576159	0.572233	0.568338
7	0.529787	0.525573	0.521397	0.517259
8	0.483824	0.479428	0.475077	0.470770
9	0.441848	0.437334	0.432872	0.428460
10	0.403514	0.398937	0.394416	0.389952
11	0.368506	0.363910	0.359377	0.354905
12	0.336535	0.331959	0.327450	0.323008
13	0.307338	0.302813	0.298360	0.293978
14	0.280674	0.276227	0.271855	0.267557
15	0.256323	0.251974	0.247703	0.243510
16	0.234085	0.229851	0.225698	0.221625
17	0.213777	0.209670	0.205647	0.201706
18	0.195230	0.191261	0.187378	0.183578
19	0.178292	0.174469	0.170732	0.167079
20	0.162824	0.159150	0.155564	0.152063
21	0.148697	0.145177	0.141744	0.138396
22	0.135797	0.132431	0.129152	0.125958
23	0.124015	0.120803	0.117678	0.114637
24	0.113256	0.110197	0.107224	0.104334
25	0.103430	0.100522	0.097698	0.094957
26	0.094457	0.091696	0.089019	0.086423
27	0.086262	0.083645	0.081111	0.078656
28	0.078778	0.076301	0.073905	0.071587
29	0.071943	0.069602	0.067339	0.065153
30	0.065702	0.063491	0.061357	0.059297

Factor del Valor Presente Anual

	Tasa de Descuento			
Años	**10.000%**	**10.125%**	**10.250%**	**10.375%**
1	0.909091	0.908059	0.907029	0.906002
2	0.826446	0.824571	0.822702	0.820840
3	0.751315	0.748759	0.746215	0.743683
4	0.683013	0.679918	0.676839	0.673778
5	0.620921	0.617405	0.613913	0.610445
6	0.564474	0.560641	0.556837	0.553064
7	0.513158	0.509095	0.505068	0.501078
8	0.466507	0.462288	0.458112	0.453977
9	0.424098	0.419785	0.415521	0.411305
10	0.385543	0.381189	0.376889	0.372643
11	0.350494	0.346142	0.341850	0.337615
12	0.318631	0.314318	0.310068	0.305880
13	0.289664	0.285419	0.281241	0.277128
14	0.263331	0.259177	0.255094	0.251079
15	0.239392	0.235348	0.231377	0.227478
16	0.217629	0.213710	0.209866	0.206096
17	0.197845	0.194061	0.190355	0.186723
18	0.179859	0.176219	0.172657	0.169171
19	0.163508	0.160018	0.156605	0.153270
20	0.148644	0.145305	0.142046	0.138863
21	0.135131	0.131946	0.128840	0.125810
22	0.122846	0.119815	0.116861	0.113984
23	0.111678	0.108799	0.105997	0.103270
24	0.101526	0.098796	0.096142	0.093563
25	0.092296	0.089712	0.087204	0.084768
26	0.083905	0.081464	0.079096	0.076800
27	0.076278	0.073974	0.071743	0.069581
28	0.069343	0.067173	0.065073	0.063041
29	0.063039	0.060997	0.059023	0.057115
30	0.057309	0.055389	0.053536	0.051746

Factor del Valor Presente Anual

Años	Tasa de Descuento			
	10.500%	10.625%	10.750%	10.875%
1	0.904977	0.903955	0.902935	0.901917
2	0.818984	0.817134	0.815291	0.813454
3	0.741162	0.738652	0.736154	0.733667
4	0.670735	0.667708	0.664699	0.661707
5	0.607000	0.603578	0.600180	0.596804
6	0.549321	0.545607	0.541923	0.538268
7	0.497123	0.493204	0.489321	0.485472
8	0.449885	0.445835	0.441825	0.437856
9	0.407136	0.403014	0.398939	0.394909
10	0.368449	0.364307	0.360216	0.356175
11	0.333438	0.329317	0.325251	0.321240
12	0.301754	0.297687	0.293681	0.289732
13	0.273080	0.269096	0.265174	0.261314
14	0.247132	0.243251	0.239435	0.235683
15	0.223648	0.219888	0.216194	0.212567
16	0.202397	0.198768	0.195209	0.191718
17	0.183164	0.179678	0.176261	0.172913
18	0.165760	0.162421	0.159152	0.155953
19	0.150009	0.146821	0.143704	0.140657
20	0.135755	0.132719	0.129755	0.126861
21	0.122855	0.119972	0.117161	0.114418
22	0.111181	0.108450	0.105788	0.103195
23	0.100616	0.098033	0.095520	0.093074
24	0.091055	0.088618	0.086248	0.083945
25	0.082403	0.080107	0.077877	0.075711
26	0.074573	0.072413	0.070317	0.068285
27	0.067487	0.065458	0.063492	0.061587
28	0.061074	0.059171	0.057329	0.055547
29	0.055271	0.053488	0.051764	0.050098
30	0.050019	0.048351	0.046740	0.045185

Factor del Valor Presente Anual

Años	Tasa de Descuento			
	11.000%	11.125%	11.250%	11.375%
1	0.900901	0.899888	0.898876	0.897868
2	0.811622	0.809798	0.807979	0.806166
3	0.731191	0.728727	0.726273	0.723830
4	0.658731	0.655772	0.652830	0.649904
5	0.593451	0.590121	0.586813	0.583528
6	0.534641	0.531043	0.527473	0.523931
7	0.481658	0.477879	0.474133	0.470420
8	0.433926	0.430037	0.426187	0.422375
9	0.390925	0.386985	0.383089	0.379237
10	0.352184	0.348243	0.344350	0.340504
11	0.317283	0.313379	0.309528	0.305728
12	0.285841	0.282006	0.278227	0.274503
13	0.257514	0.253774	0.250092	0.246468
14	0.231995	0.228368	0.224802	0.221295
15	0.209004	0.205505	0.202069	0.198694
16	0.188292	0.184932	0.181635	0.178401
17	0.169633	0.166418	0.163267	0.160180
18	0.152822	0.149757	0.146757	0.143821
19	0.137678	0.134765	0.131917	0.129132
20	0.124034	0.121273	0.118577	0.115943
21	0.111742	0.109132	0.106586	0.104102
22	0.100669	0.098207	0.095808	0.093470
23	0.090693	0.088375	0.086119	0.083923
24	0.081705	0.079528	0.077410	0.075352
25	0.073608	0.071566	0.069582	0.067656
26	0.066314	0.064401	0.062546	0.060746
27	0.059742	0.057954	0.056221	0.054542
28	0.053822	0.052152	0.050536	0.048972
29	0.048488	0.046931	0.045425	0.043970
30	0.043683	0.042232	0.040832	0.039479

Factor del Valor Presente Anual

Años	Tasa de Descuento			
	11.500%	**11.625%**	**11.750%**	**11.875%**
1	0.896861	0.895857	0.894855	0.893855
2	0.804360	0.802559	0.800765	0.798976
3	0.721399	0.718978	0.716568	0.714169
4	0.646994	0.644101	0.641224	0.638363
5	0.580264	0.577022	0.573802	0.570604
6	0.520416	0.516929	0.513470	0.510037
7	0.466741	0.463095	0.459481	0.455899
8	0.418602	0.414866	0.411168	0.407508
9	0.375428	0.371661	0.367936	0.364253
10	0.336706	0.332955	0.329249	0.325589
11	0.301979	0.298280	0.294630	0.291029
12	0.270833	0.267216	0.263651	0.260138
13	0.242900	0.239387	0.235929	0.232525
14	0.217847	0.214457	0.211123	0.207844
15	0.195379	0.192122	0.188924	0.185782
16	0.175227	0.172114	0.169059	0.166062
17	0.157155	0.154190	0.151284	0.148436
18	0.140946	0.138132	0.135377	0.132680
19	0.126409	0.123746	0.121143	0.118597
20	0.113371	0.110859	0.108405	0.106008
21	0.101678	0.099314	0.097007	0.094756
22	0.091191	0.088971	0.086807	0.084698
23	0.081786	0.079705	0.077680	0.075708
24	0.073351	0.071404	0.069512	0.067672
25	0.065785	0.063968	0.062203	0.060489
26	0.059000	0.057306	0.055663	0.054068
27	0.052915	0.051338	0.049810	0.048329
28	0.047457	0.045992	0.044573	0.043199
29	0.042563	0.041202	0.039886	0.038614
30	0.038173	0.036911	0.035692	0.034515

Factor del Valor Presente Anual

	Tasa de Descuento			
Años	**12.000%**	**12.125%**	**12.250%**	**12.375%**
1	0.892857	0.891862	0.890869	0.889878
2	0.797194	0.795417	0.793647	0.791882
3	0.711780	0.709402	0.707035	0.704678
4	0.635518	0.632689	0.629875	0.627077
5	0.567427	0.564271	0.561136	0.558022
6	0.506631	0.503252	0.499899	0.496571
7	0.452349	0.448831	0.445344	0.441888
8	0.403883	0.400295	0.396743	0.393226
9	0.360610	0.357008	0.353446	0.349923
10	0.321973	0.318402	0.314874	0.311389
11	0.287476	0.283970	0.280511	0.277098
12	0.256675	0.253262	0.249899	0.246583
13	0.229174	0.225875	0.222627	0.219429
14	0.204620	0.201449	0.198331	0.195265
15	0.182696	0.179665	0.176687	0.173762
16	0.163122	0.160236	0.157405	0.154627
17	0.145644	0.142909	0.140227	0.137599
18	0.130040	0.127455	0.124924	0.122446
19	0.116107	0.113672	0.111291	0.108962
20	0.103667	0.101380	0.099145	0.096963
21	0.092560	0.090417	0.088326	0.086285
22	0.082643	0.080639	0.078687	0.076783
23	0.073788	0.071919	0.070099	0.068328
24	0.065882	0.064142	0.062449	0.060803
25	0.058823	0.057206	0.055634	0.054107
26	0.052521	0.051019	0.049563	0.048149
27	0.046894	0.045502	0.044154	0.042847
28	0.041869	0.040582	0.039335	0.038128
29	0.037383	0.036193	0.035043	0.033930
30	0.033378	0.032279	0.031218	0.030193

Factor del Valor Presente Anual

	Tasa de Descuento			
Años	**12.500%**	**12.625%**	**12.750%**	**12.875%**
1	0.888889	0.887902	0.886918	0.885936
2	0.790123	0.788371	0.786623	0.784882
3	0.702332	0.699996	0.697670	0.695355
4	0.624295	0.621528	0.618776	0.616040
5	0.554929	0.551856	0.548804	0.545772
6	0.493270	0.489994	0.486744	0.483519
7	0.438462	0.435067	0.431702	0.428367
8	0.389744	0.386297	0.382884	0.379505
9	0.346439	0.342994	0.339587	0.336217
10	0.307946	0.304545	0.301186	0.297867
11	0.273730	0.270407	0.267127	0.263891
12	0.243315	0.240095	0.236920	0.233790
13	0.216280	0.213181	0.210128	0.207123
14	0.192249	0.189283	0.186367	0.183498
15	0.170888	0.168065	0.165292	0.162567
16	0.151901	0.149226	0.146600	0.144024
17	0.135023	0.132498	0.130023	0.127596
18	0.120020	0.117645	0.115319	0.113042
19	0.106685	0.104457	0.102279	0.100148
20	0.094831	0.092748	0.090713	0.088725
21	0.084294	0.082351	0.080455	0.078604
22	0.074928	0.073120	0.071357	0.069638
23	0.066603	0.064923	0.063288	0.061695
24	0.059202	0.057645	0.056131	0.054658
25	0.052624	0.051183	0.049784	0.048423
26	0.046777	0.045446	0.044154	0.042900
27	0.041580	0.040352	0.039161	0.038007
28	0.036960	0.035828	0.034733	0.033672
29	0.032853	0.031812	0.030805	0.029831
30	0.029203	0.028246	0.027321	0.026428

Factor del Valor Presente Anual

Años	Tasa de Descuento			
	13.000%	**13.125%**	**13.250%**	**13.375%**
1	0.884956	0.883978	0.883002	0.882029
2	0.783147	0.781417	0.779693	0.777975
3	0.693050	0.690755	0.688471	0.686196
4	0.613319	0.610612	0.607921	0.605244
5	0.542760	0.539768	0.536796	0.533843
6	0.480319	0.477143	0.473992	0.470865
7	0.425061	0.421784	0.418536	0.415316
8	0.376160	0.372848	0.369568	0.366321
9	0.332885	0.329589	0.326329	0.323105
10	0.294588	0.291349	0.288150	0.284988
11	0.260698	0.257546	0.254437	0.251368
12	0.230706	0.227665	0.224668	0.221714
13	0.204165	0.201251	0.198382	0.195558
14	0.180677	0.177902	0.175172	0.172488
15	0.159891	0.157261	0.154677	0.152139
16	0.141496	0.139015	0.136580	0.134191
17	0.125218	0.122886	0.120601	0.118360
18	0.110812	0.108629	0.106491	0.104397
19	0.098064	0.096026	0.094032	0.092081
20	0.086782	0.084884	0.083030	0.081218
21	0.076798	0.075036	0.073316	0.071637
22	0.067963	0.066330	0.064738	0.063186
23	0.060144	0.058634	0.057164	0.055732
24	0.053225	0.051832	0.050476	0.049157
25	0.047102	0.045818	0.044570	0.043358
26	0.041683	0.040502	0.039356	0.038243
27	0.036888	0.035803	0.034751	0.033731
28	0.032644	0.031649	0.030685	0.029752
29	0.028889	0.027977	0.027095	0.026242
30	0.025565	0.024731	0.023925	0.023146

Factor del Valor Presente Anual

	Tasa de Descuento			
Años	**13.500%**	**13.625%**	**13.750%**	**13.875%**
1	0.881057	0.880088	0.879121	0.878156
2	0.776262	0.774555	0.772854	0.771158
3	0.683931	0.681676	0.679432	0.677197
4	0.602583	0.599935	0.597303	0.594684
5	0.530910	0.527996	0.525101	0.522225
6	0.467762	0.464683	0.461627	0.458595
7	0.412125	0.408962	0.405826	0.402718
8	0.363106	0.359922	0.356770	0.353649
9	0.319917	0.316763	0.313644	0.310559
10	0.281865	0.278780	0.275731	0.272719
11	0.248339	0.245351	0.242401	0.239490
12	0.218801	0.215930	0.213100	0.210310
13	0.192776	0.190038	0.187341	0.184685
14	0.169847	0.167250	0.164695	0.162182
15	0.149645	0.147194	0.144787	0.142421
16	0.131846	0.129544	0.127285	0.125068
17	0.116164	0.114010	0.111899	0.109829
18	0.102347	0.100339	0.098373	0.096447
19	0.090173	0.088307	0.086482	0.084696
20	0.079448	0.077718	0.076028	0.074376
21	0.069998	0.068399	0.066838	0.065314
22	0.061672	0.060197	0.058758	0.057356
23	0.054337	0.052979	0.051656	0.050367
24	0.047874	0.046626	0.045412	0.044230
25	0.042180	0.041035	0.039922	0.038841
26	0.037163	0.036114	0.035096	0.034108
27	0.032742	0.031784	0.030854	0.029953
28	0.028848	0.027972	0.027124	0.026303
29	0.025417	0.024618	0.023846	0.023098
30	0.022394	0.021666	0.020963	0.020284

Factor del Valor Presente Anual

Años	Tasa de Descuento			
	14.000%	14.125%	14.250%	14.375%
1	0.877193	0.876232	0.875274	0.874317
2	0.769468	0.767783	0.766104	0.764430
3	0.674972	0.672756	0.670550	0.668354
4	0.592080	0.589491	0.586915	0.584353
5	0.519369	0.516531	0.513711	0.510910
6	0.455587	0.452601	0.449638	0.446697
7	0.399637	0.396583	0.393556	0.390555
8	0.350559	0.347499	0.344469	0.341469
9	0.307508	0.304490	0.301505	0.298552
10	0.269744	0.266804	0.263899	0.261029
11	0.236617	0.233782	0.230984	0.228222
12	0.207559	0.204847	0.202174	0.199539
13	0.182069	0.179494	0.176958	0.174460
14	0.159710	0.157278	0.154886	0.152533
15	0.140096	0.137812	0.135568	0.133362
16	0.122892	0.120756	0.118659	0.116601
17	0.107800	0.105810	0.103859	0.101946
18	0.094561	0.092714	0.090905	0.089133
19	0.082948	0.081239	0.079567	0.077931
20	0.072762	0.071184	0.069643	0.068136
21	0.063826	0.062374	0.060956	0.059573
22	0.055988	0.054654	0.053354	0.052085
23	0.049112	0.047890	0.046699	0.045539
24	0.043081	0.041962	0.040874	0.039816
25	0.037790	0.036769	0.035776	0.034811
26	0.033149	0.032218	0.031314	0.030436
27	0.029078	0.028231	0.027408	0.026611
28	0.025507	0.024736	0.023990	0.023266
29	0.022375	0.021675	0.020998	0.020342
30	0.019627	0.018992	0.018379	0.017786

Factor del Valor Presente Anual

	Tasa de Descuento			
Años	**14.500%**	**14.625%**	**14.750%**	**14.875%**
1	0.873362	0.872410	0.871460	0.870511
2	0.762762	0.761099	0.759442	0.757790
3	0.666168	0.663991	0.661823	0.659665
4	0.581806	0.579272	0.576752	0.574246
5	0.508127	0.505363	0.502616	0.499888
6	0.443779	0.440884	0.438010	0.435158
7	0.387580	0.384631	0.381708	0.378810
8	0.338498	0.335556	0.332643	0.329758
9	0.295631	0.292743	0.289885	0.287058
10	0.258193	0.255392	0.252623	0.249888
11	0.225496	0.222806	0.220151	0.217530
12	0.196940	0.194378	0.191853	0.189362
13	0.172000	0.169578	0.167192	0.164842
14	0.150218	0.147941	0.145701	0.143497
15	0.131195	0.129065	0.126972	0.124916
16	0.114581	0.112598	0.110651	0.108741
17	0.100071	0.098232	0.096428	0.094660
18	0.087398	0.085698	0.084033	0.082403
19	0.076330	0.074764	0.073232	0.071732
20	0.066664	0.065225	0.063818	0.062444
21	0.058222	0.056903	0.055615	0.054358
22	0.050849	0.049643	0.048466	0.047319
23	0.044409	0.043309	0.042237	0.041192
24	0.038785	0.037783	0.036807	0.035858
25	0.033874	0.032962	0.032076	0.031215
26	0.029584	0.028757	0.027953	0.027173
27	0.025838	0.025088	0.024360	0.023654
28	0.022566	0.021887	0.021229	0.020591
29	0.019708	0.019094	0.018500	0.017925
30	0.017212	0.016658	0.016122	0.015604

Factor del Valor Presente Anual

	Tasa de Descuento			
Años	**15.000%**	**15.125%**	**15.250%**	**15.375%**
1	0.869565	0.868621	0.867679	0.866739
2	0.756144	0.754503	0.752867	0.751236
3	0.657516	0.655377	0.653247	0.651126
4	0.571753	0.569274	0.566808	0.564356
5	0.497177	0.494483	0.491808	0.489149
6	0.432328	0.429519	0.426731	0.423965
7	0.375937	0.373089	0.370266	0.367467
8	0.326902	0.324073	0.321272	0.318498
9	0.284262	0.281497	0.278761	0.276054
10	0.247185	0.244514	0.241875	0.239267
11	0.214943	0.212390	0.209870	0.207382
12	0.186907	0.184486	0.182100	0.179746
13	0.162528	0.160249	0.158004	0.155793
14	0.141329	0.139195	0.137097	0.135032
15	0.122894	0.120908	0.118956	0.117037
16	0.106865	0.105023	0.103216	0.101441
17	0.092926	0.091225	0.089558	0.087923
18	0.080805	0.079240	0.077708	0.076206
19	0.070265	0.068830	0.067425	0.066051
20	0.061100	0.059787	0.058503	0.057249
21	0.053131	0.051932	0.050762	0.049620
22	0.046201	0.045109	0.044045	0.043007
23	0.040174	0.039183	0.038217	0.037276
24	0.034934	0.034035	0.033160	0.032309
25	0.030378	0.029564	0.028772	0.028003
26	0.026415	0.025680	0.024965	0.024271
27	0.022970	0.022306	0.021662	0.021037
28	0.019974	0.019375	0.018795	0.018234
29	0.017369	0.016830	0.016308	0.015804
30	0.015103	0.014619	0.014151	0.013698

Factor del Valor Presente Anual

	Tasa de Descuento			
Años	**15.500%**	**15.625%**	**15.750%**	**15.875%**
1	0.865801	0.864865	0.863931	0.862999
2	0.749611	0.747991	0.746377	0.744767
3	0.649014	0.646911	0.644818	0.642733
4	0.561917	0.559491	0.557078	0.554678
5	0.486508	0.483884	0.481277	0.478687
6	0.421219	0.418494	0.415790	0.413106
7	0.364692	0.361941	0.359214	0.356510
8	0.315751	0.313030	0.310336	0.307668
9	0.273377	0.270729	0.268109	0.265517
10	0.236690	0.234144	0.231627	0.229141
11	0.204927	0.202503	0.200110	0.197748
12	0.177426	0.175137	0.172881	0.170657
13	0.153615	0.151470	0.149357	0.147276
14	0.133000	0.131001	0.129035	0.127099
15	0.115152	0.113298	0.111477	0.109687
16	0.099698	0.097988	0.096308	0.094659
17	0.086319	0.084746	0.083204	0.081691
18	0.074735	0.073294	0.071882	0.070499
19	0.064706	0.063389	0.062101	0.060841
20	0.056022	0.054823	0.053651	0.052506
21	0.048504	0.047415	0.046351	0.045312
22	0.041995	0.041007	0.040044	0.039104
23	0.036359	0.035466	0.034595	0.033747
24	0.031480	0.030673	0.029888	0.029124
25	0.027255	0.026528	0.025821	0.025134
26	0.023598	0.022943	0.022308	0.021690
27	0.020431	0.019843	0.019272	0.018719
28	0.017689	0.017161	0.016650	0.016154
29	0.015315	0.014842	0.014384	0.013941
30	0.013260	0.012837	0.012427	0.012031

Factor del Valor Presente Anual

	Tasa de Descuento			
Años	**16.000%**	**16.125%**	**16.250%**	**16.375%**
1	0.862069	0.861141	0.860215	0.859291
2	0.743163	0.741564	0.739970	0.738381
3	0.640658	0.638591	0.636533	0.634484
4	0.552291	0.549917	0.547556	0.545207
5	0.476113	0.473556	0.471015	0.468491
6	0.410442	0.407799	0.405175	0.402570
7	0.353830	0.351172	0.348537	0.345925
8	0.305025	0.302409	0.299817	0.297250
9	0.262953	0.260416	0.257907	0.255425
10	0.226684	0.224255	0.221856	0.219484
11	0.195417	0.193115	0.190844	0.188601
12	0.168463	0.166300	0.164166	0.162063
13	0.145227	0.143207	0.141218	0.139259
14	0.125195	0.123322	0.121478	0.119664
15	0.107927	0.106197	0.104497	0.102826
16	0.093041	0.091451	0.089890	0.088358
17	0.080207	0.078752	0.077325	0.075925
18	0.069144	0.067817	0.066516	0.065242
19	0.059607	0.058400	0.057218	0.056062
20	0.051385	0.050290	0.049220	0.048173
21	0.044298	0.043307	0.042340	0.041395
22	0.038188	0.037294	0.036421	0.035570
23	0.032920	0.032115	0.031330	0.030565
24	0.028380	0.027656	0.026951	0.026264
25	0.024465	0.023815	0.023183	0.022569
26	0.021091	0.020508	0.019943	0.019393
27	0.018182	0.017661	0.017155	0.016664
28	0.015674	0.015208	0.014757	0.014320
29	0.013512	0.013096	0.012694	0.012305
30	0.011648	0.011278	0.010920	0.010573

Factor del Valor Presente Anual

	Tasa de Descuento			
Años	**16.500%**	**16.625%**	**16.750%**	**16.875%**
1	0.858369	0.857449	0.856531	0.855615
2	0.736798	0.735219	0.733645	0.732077
3	0.632444	0.630413	0.628390	0.626376
4	0.542871	0.540547	0.538236	0.535937
5	0.465983	0.463491	0.461016	0.458555
6	0.399986	0.397420	0.394874	0.392347
7	0.343335	0.340768	0.338222	0.335698
8	0.294708	0.292191	0.289698	0.287228
9	0.252969	0.250539	0.248135	0.245757
10	0.217140	0.214824	0.212535	0.210273
11	0.186387	0.184201	0.182043	0.179913
12	0.159989	0.157943	0.155926	0.153936
13	0.137329	0.135428	0.133555	0.131710
14	0.117879	0.116123	0.114394	0.112693
15	0.101184	0.099569	0.097982	0.096422
16	0.086853	0.085376	0.083925	0.082500
17	0.074552	0.073205	0.071884	0.070588
18	0.063993	0.062770	0.061571	0.060396
19	0.054930	0.053822	0.052737	0.051676
20	0.047150	0.046149	0.045171	0.044215
21	0.040472	0.039571	0.038691	0.037831
22	0.034740	0.033930	0.033140	0.032369
23	0.029820	0.029093	0.028385	0.027695
24	0.025596	0.024946	0.024313	0.023696
25	0.021971	0.021390	0.020825	0.020275
26	0.018859	0.018341	0.017837	0.017348
27	0.016188	0.015726	0.015278	0.014843
28	0.013895	0.013484	0.013086	0.012700
29	0.011927	0.011562	0.011209	0.010866
30	0.010238	0.009914	0.009600	0.009297

Factor del Valor Presente Anual

Años	Tasa de Descuento			
	17.000%	**17.125%**	**17.250%**	**17.375%**
1	0.854701	0.853789	0.852878	0.851970
2	0.730514	0.728955	0.727402	0.725853
3	0.624371	0.622374	0.620385	0.618405
4	0.533650	0.531376	0.529113	0.526863
5	0.456111	0.453682	0.451269	0.448871
6	0.389839	0.387349	0.384878	0.382425
7	0.333195	0.330714	0.328254	0.325815
8	0.284782	0.282360	0.279961	0.277584
9	0.243404	0.241076	0.238773	0.236494
10	0.208037	0.205828	0.203644	0.201486
11	0.177810	0.175733	0.173684	0.171660
12	0.151974	0.150039	0.148131	0.146249
13	0.129892	0.128102	0.126338	0.124600
14	0.111019	0.109372	0.107751	0.106155
15	0.094888	0.093380	0.091898	0.090441
16	0.081101	0.079727	0.078378	0.077053
17	0.069317	0.068070	0.066847	0.065647
18	0.059245	0.058118	0.057012	0.055929
19	0.050637	0.049620	0.048625	0.047650
20	0.043280	0.042365	0.041471	0.040596
21	0.036991	0.036171	0.035370	0.034587
22	0.031616	0.030882	0.030166	0.029467
23	0.027022	0.026367	0.025728	0.025105
24	0.023096	0.022512	0.021943	0.021389
25	0.019740	0.019220	0.018715	0.018223
26	0.016872	0.016410	0.015961	0.015525
27	0.014421	0.014011	0.013613	0.013227
28	0.012325	0.011962	0.011610	0.011269
29	0.010534	0.010213	0.009902	0.009601
30	0.009004	0.008720	0.008445	0.008180

Factor del Valor Presente Anual

	Tasa de Descuento			
Años	**17.500%**	**17.625%**	**17.750%**	**17.875%**
1	0.851064	0.850159	0.849257	0.848356
2	0.724310	0.722771	0.721237	0.719708
3	0.616434	0.614471	0.612516	0.610569
4	0.524624	0.522398	0.520183	0.517980
5	0.446489	0.444122	0.441769	0.439432
6	0.379991	0.377574	0.375176	0.372795
7	0.323396	0.320998	0.318620	0.316263
8	0.275231	0.272900	0.270591	0.268304
9	0.234239	0.232008	0.229801	0.227617
10	0.199352	0.197244	0.195160	0.193100
11	0.169662	0.167689	0.165741	0.163818
12	0.144393	0.142562	0.140757	0.138976
13	0.122888	0.121201	0.119539	0.117901
14	0.104585	0.103040	0.101519	0.100022
15	0.089009	0.087600	0.086216	0.084854
16	0.075752	0.074474	0.073219	0.071987
17	0.064470	0.063315	0.062182	0.061070
18	0.054868	0.053828	0.052808	0.051809
19	0.046696	0.045762	0.044848	0.043953
20	0.039741	0.038905	0.038087	0.037288
21	0.033822	0.033076	0.032346	0.031633
22	0.028785	0.028120	0.027470	0.026836
23	0.024498	0.023906	0.023329	0.022767
24	0.020849	0.020324	0.019812	0.019314
25	0.017744	0.017279	0.016826	0.016385
26	0.015101	0.014690	0.014289	0.013901
27	0.012852	0.012488	0.012135	0.011793
28	0.010938	0.010617	0.010306	0.010004
29	0.009309	0.009026	0.008753	0.008487
30	0.007923	0.007674	0.007433	0.007200

Factor del Valor Presente Anual

Años	Tasa de Descuento			
	18.000%	18.125%	18.250%	18.375%
1	0.847458	0.846561	0.845666	0.844773
2	0.718184	0.716665	0.715151	0.713641
3	0.608631	0.606701	0.604779	0.602865
4	0.515789	0.513609	0.511441	0.509284
5	0.437109	0.434801	0.432508	0.430229
6	0.370432	0.368086	0.365757	0.363446
7	0.313925	0.311607	0.309309	0.307029
8	0.266038	0.263794	0.261572	0.259370
9	0.225456	0.223318	0.221202	0.219109
10	0.191064	0.189052	0.187063	0.185097
11	0.161919	0.160044	0.158193	0.156365
12	0.137220	0.135487	0.133778	0.132093
13	0.116288	0.114698	0.113132	0.111589
14	0.098549	0.097099	0.095672	0.094267
15	0.083516	0.082200	0.080906	0.079634
16	0.070776	0.069587	0.068420	0.067273
17	0.059980	0.058910	0.057860	0.056830
18	0.050830	0.049871	0.048930	0.048009
19	0.043077	0.042219	0.041379	0.040556
20	0.036506	0.035741	0.034993	0.034261
21	0.030937	0.030257	0.029592	0.028943
22	0.026218	0.025614	0.025025	0.024450
23	0.022218	0.021684	0.021163	0.020655
24	0.018829	0.018357	0.017897	0.017449
25	0.015957	0.015540	0.015135	0.014740
26	0.013523	0.013156	0.012799	0.012452
27	0.011460	0.011137	0.010824	0.010519
28	0.009712	0.009428	0.009153	0.008886
29	0.008230	0.007982	0.007740	0.007507
30	0.006975	0.006757	0.006546	0.006342

Factor del Valor Presente Anual

	Tasa de Descuento			
Años	**18.500%**	**18.625%**	**18.750%**	**18.875%**
1	0.843882	0.842993	0.842105	0.841220
2	0.712137	0.710637	0.709141	0.707651
3	0.600959	0.599061	0.597172	0.595290
4	0.507139	0.505004	0.502881	0.500770
5	0.427965	0.425715	0.423479	0.421257
6	0.361152	0.358875	0.356614	0.354370
7	0.304770	0.302529	0.300306	0.298103
8	0.257189	0.255029	0.252890	0.250770
9	0.217038	0.214988	0.212960	0.210953
10	0.183154	0.181233	0.179334	0.177458
11	0.154560	0.152778	0.151019	0.149281
12	0.130431	0.128791	0.127173	0.125578
13	0.110068	0.108570	0.107093	0.105639
14	0.092884	0.091524	0.090184	0.088865
15	0.078384	0.077154	0.075944	0.074755
16	0.066146	0.065040	0.063953	0.062886
17	0.055820	0.054828	0.053855	0.052901
18	0.047105	0.046220	0.045352	0.044501
19	0.039751	0.038963	0.038191	0.037435
20	0.033545	0.032845	0.032161	0.031491
21	0.028308	0.027688	0.027083	0.026491
22	0.023889	0.023341	0.022807	0.022285
23	0.020159	0.019676	0.019206	0.018746
24	0.017012	0.016587	0.016173	0.015770
25	0.014356	0.013983	0.013619	0.013266
26	0.012115	0.011787	0.011469	0.011160
27	0.010224	0.009937	0.009658	0.009388
28	0.008628	0.008377	0.008133	0.007897
29	0.007281	0.007061	0.006849	0.006643
30	0.006144	0.005953	0.005768	0.005588

Factor del Valor Presente Anual

Años	Tasa de Descuento			
	19.000%	**19.125%**	**19.250%**	**19.375%**
1	0.840336	0.839454	0.838574	0.837696
2	0.706165	0.704684	0.703207	0.701735
3	0.593416	0.591550	0.589691	0.587841
4	0.498669	0.496579	0.494500	0.492432
5	0.419049	0.416855	0.414675	0.412509
6	0.352142	0.349931	0.347736	0.345557
7	0.295918	0.293751	0.291603	0.289472
8	0.248671	0.246591	0.244530	0.242489
9	0.208967	0.207002	0.205057	0.203133
10	0.175602	0.173768	0.171956	0.170163
11	0.147565	0.145871	0.144198	0.142545
12	0.124004	0.122452	0.120920	0.119410
13	0.104205	0.102793	0.101401	0.100029
14	0.087567	0.086290	0.085032	0.083794
15	0.073586	0.072436	0.071306	0.070194
16	0.061837	0.060807	0.059795	0.058801
17	0.051964	0.051045	0.050143	0.049258
18	0.043667	0.042850	0.042048	0.041263
19	0.036695	0.035970	0.035261	0.034566
20	0.030836	0.030195	0.029569	0.028956
21	0.025913	0.025348	0.024796	0.024256
22	0.021775	0.021278	0.020793	0.020319
23	0.018299	0.017862	0.017436	0.017021
24	0.015377	0.014994	0.014622	0.014259
25	0.012922	0.012587	0.012261	0.011944
26	0.010859	0.010566	0.010282	0.010006
27	0.009125	0.008870	0.008622	0.008382
28	0.007668	0.007446	0.007230	0.007021
29	0.006444	0.006251	0.006063	0.005882
30	0.005415	0.005247	0.005085	0.004927

Factor del Valor Presente Anual

Años	Tasa de Descuento			
	19.500%	**19.625%**	**19.750%**	**19.875%**
1	0.836820	0.835946	0.835073	0.834202
2	0.700268	0.698805	0.697347	0.695893
3	0.585998	0.584163	0.582336	0.580516
4	0.490375	0.488329	0.486293	0.484268
5	0.410356	0.408216	0.406090	0.403977
6	0.343394	0.341247	0.339115	0.336999
7	0.287359	0.285264	0.283186	0.281125
8	0.240468	0.238465	0.236481	0.234515
9	0.201228	0.199344	0.197479	0.195633
10	0.168392	0.166640	0.164909	0.163198
11	0.140914	0.139302	0.137711	0.136140
12	0.117919	0.116449	0.114999	0.113568
13	0.098677	0.097345	0.096032	0.094739
14	0.082575	0.081375	0.080194	0.079031
15	0.069101	0.068025	0.066968	0.065928
16	0.057825	0.056865	0.055923	0.054997
17	0.048389	0.047536	0.046700	0.045879
18	0.040493	0.039738	0.038998	0.038272
19	0.033885	0.033219	0.032566	0.031927
20	0.028356	0.027769	0.027195	0.026633
21	0.023729	0.023213	0.022710	0.022218
22	0.019857	0.019405	0.018964	0.018534
23	0.016616	0.016222	0.015837	0.015461
24	0.013905	0.013560	0.013225	0.012898
25	0.011636	0.011336	0.011044	0.010759
26	0.009737	0.009476	0.009222	0.008975
27	0.008148	0.007921	0.007701	0.007487
28	0.006819	0.006622	0.006431	0.006246
29	0.005706	0.005536	0.005370	0.005210
30	0.004775	0.004627	0.004485	0.004347

Factor del Valor Presente Anual

Años	Tasa de Descuento			
	20.000%	**20.125%**	**20.250%**	**20.375%**
1	0.833333	0.832466	0.831601	0.830737
2	0.694444	0.693000	0.691560	0.690124
3	0.578704	0.576899	0.575102	0.573312
4	0.482253	0.480249	0.478255	0.476272
5	0.401878	0.399791	0.397717	0.395657
6	0.334898	0.332812	0.330742	0.328687
7	0.279082	0.277055	0.275045	0.273052
8	0.232568	0.230639	0.228728	0.226835
9	0.193807	0.191999	0.190210	0.188440
10	0.161506	0.159833	0.158179	0.156544
11	0.134588	0.133055	0.131542	0.130047
12	0.112157	0.110764	0.109390	0.108035
13	0.093464	0.092207	0.090969	0.089749
14	0.077887	0.076760	0.075650	0.074558
15	0.064905	0.063900	0.062911	0.061938
16	0.054088	0.053194	0.052316	0.051454
17	0.045073	0.044283	0.043506	0.042745
18	0.037561	0.036864	0.036180	0.035510
19	0.031301	0.030688	0.030087	0.029499
20	0.026084	0.025547	0.025021	0.024506
21	0.021737	0.021267	0.020807	0.020358
22	0.018114	0.017704	0.017303	0.016912
23	0.015095	0.014738	0.014389	0.014050
24	0.012579	0.012269	0.011966	0.011672
25	0.010483	0.010213	0.009951	0.009696
26	0.008735	0.008502	0.008275	0.008055
27	0.007280	0.007078	0.006882	0.006691
28	0.006066	0.005892	0.005723	0.005559
29	0.005055	0.004905	0.004759	0.004618
30	0.004213	0.004083	0.003958	0.003836

Factor del Valor Presente Anual

	Tasa de Descuento			
Años	**20.500%**	**20.625%**	**20.750%**	**20.875%**
1	0.829876	0.829016	0.828157	0.827301
2	0.688693	0.687267	0.685845	0.684427
3	0.571530	0.569755	0.567987	0.566227
4	0.474299	0.472336	0.470383	0.468440
5	0.393609	0.391574	0.389551	0.387541
6	0.326646	0.324621	0.322610	0.320613
7	0.271076	0.269116	0.267171	0.265243
8	0.224959	0.223101	0.221260	0.219436
9	0.186688	0.184954	0.183238	0.181540
10	0.154928	0.153330	0.151750	0.150188
11	0.128571	0.127113	0.125673	0.124251
12	0.106698	0.105379	0.104077	0.102793
13	0.088546	0.087360	0.086192	0.085040
14	0.073482	0.072423	0.071381	0.070354
15	0.060981	0.060040	0.059114	0.058204
16	0.050607	0.049774	0.048956	0.048152
17	0.041997	0.041263	0.040543	0.039836
18	0.034852	0.034208	0.033576	0.032957
19	0.028923	0.028359	0.027806	0.027265
20	0.024003	0.023510	0.023028	0.022556
21	0.019919	0.019490	0.019071	0.018661
22	0.016530	0.016158	0.015794	0.015438
23	0.013718	0.013395	0.013080	0.012772
24	0.011384	0.011105	0.010832	0.010566
25	0.009448	0.009206	0.008971	0.008742
26	0.007840	0.007632	0.007429	0.007232
27	0.006507	0.006327	0.006152	0.005983
28	0.005400	0.005245	0.005095	0.004950
29	0.004481	0.004348	0.004220	0.004095
30	0.003719	0.003605	0.003495	0.003388

Factor del Valor Presente Anual

	Tasa de Descuento			
Años	**21.000%**	**21.125%**	**21.250%**	**21.375%**
1	0.826446	0.825593	0.824742	0.823893
2	0.683013	0.681604	0.680200	0.678800
3	0.564474	0.562728	0.560990	0.559258
4	0.466507	0.464585	0.462672	0.460769
5	0.385543	0.383558	0.381585	0.379624
6	0.318631	0.316663	0.314709	0.312770
7	0.263331	0.261435	0.259554	0.257689
8	0.217629	0.215839	0.214065	0.212308
9	0.179859	0.178195	0.176549	0.174919
10	0.148644	0.147117	0.145607	0.144114
11	0.122846	0.121459	0.120088	0.118735
12	0.101526	0.100275	0.099042	0.097825
13	0.083905	0.082787	0.081684	0.080597
14	0.069343	0.068348	0.067368	0.066403
15	0.057309	0.056428	0.055561	0.054709
16	0.047362	0.046586	0.045824	0.045075
17	0.039143	0.038461	0.037793	0.037137
18	0.032349	0.031754	0.031169	0.030597
19	0.026735	0.026215	0.025707	0.025208
20	0.022095	0.021643	0.021201	0.020769
21	0.018260	0.017869	0.017486	0.017111
22	0.015091	0.014752	0.014421	0.014098
23	0.012472	0.012179	0.011894	0.011615
24	0.010307	0.010055	0.009809	0.009570
25	0.008519	0.008301	0.008090	0.007884
26	0.007040	0.006854	0.006672	0.006496
27	0.005818	0.005658	0.005503	0.005352
28	0.004809	0.004671	0.004538	0.004409
29	0.003974	0.003857	0.003743	0.003633
30	0.003284	0.003184	0.003087	0.002993

Factor del Valor Presente Anual

Años	Tasa de Descuento			
	21.500%	**21.625%**	**21.750%**	**21.875%**
1	0.823045	0.822199	0.821355	0.820513
2	0.677404	0.676012	0.674624	0.673241
3	0.557534	0.555817	0.554106	0.552403
4	0.458876	0.456992	0.455118	0.453254
5	0.377675	0.375739	0.373814	0.371901
6	0.310844	0.308932	0.307034	0.305149
7	0.255839	0.254004	0.252184	0.250379
8	0.210567	0.208842	0.207132	0.205439
9	0.173306	0.171709	0.170129	0.168565
10	0.142639	0.141179	0.139737	0.138310
11	0.117398	0.116078	0.114773	0.113485
12	0.096624	0.095439	0.094270	0.093116
13	0.079526	0.078470	0.077429	0.076403
14	0.065453	0.064518	0.063597	0.062690
15	0.053871	0.053047	0.052235	0.051438
16	0.044338	0.043615	0.042904	0.042205
17	0.036492	0.035860	0.035239	0.034630
18	0.030035	0.029484	0.028944	0.028414
19	0.024720	0.024242	0.023773	0.023314
20	0.020346	0.019932	0.019526	0.019130
21	0.016746	0.016388	0.016038	0.015696
22	0.013782	0.013474	0.013173	0.012879
23	0.011343	0.011078	0.010820	0.010567
24	0.009336	0.009109	0.008887	0.008671
25	0.007684	0.007489	0.007299	0.007114
26	0.006324	0.006158	0.005995	0.005837
27	0.005205	0.005063	0.004924	0.004790
28	0.004284	0.004163	0.004045	0.003930
29	0.003526	0.003422	0.003322	0.003225
30	0.002902	0.002814	0.002729	0.002646

Factor del Valor Presente Anual

Años	Tasa de Descuento			
	22.000%	22.125%	22.250%	22.375%
1	0.819672	0.818833	0.817996	0.817160
2	0.671862	0.670488	0.669117	0.667751
3	0.550707	0.549018	0.547335	0.545660
4	0.451399	0.449554	0.447718	0.445891
5	0.369999	0.368110	0.366231	0.364365
6	0.303278	0.301420	0.299576	0.297745
7	0.248589	0.246813	0.245052	0.243305
8	0.203761	0.202099	0.200451	0.198819
9	0.167017	0.165485	0.163968	0.162467
10	0.136899	0.135505	0.134125	0.132762
11	0.112213	0.110956	0.109714	0.108488
12	0.091978	0.090854	0.089746	0.088652
13	0.075391	0.074394	0.073412	0.072443
14	0.061796	0.060917	0.060050	0.059197
15	0.050653	0.049881	0.049121	0.048374
16	0.041519	0.040844	0.040181	0.039529
17	0.034032	0.033444	0.032868	0.032302
18	0.027895	0.027385	0.026886	0.026396
19	0.022865	0.022424	0.021992	0.021569
20	0.018741	0.018362	0.017990	0.017626
21	0.015362	0.015035	0.014715	0.014403
22	0.012592	0.012311	0.012037	0.011770
23	0.010321	0.010081	0.009846	0.009618
24	0.008460	0.008254	0.008054	0.007859
25	0.006934	0.006759	0.006588	0.006422
26	0.005684	0.005535	0.005389	0.005248
27	0.004659	0.004532	0.004408	0.004288
28	0.003819	0.003711	0.003606	0.003504
29	0.003130	0.003039	0.002950	0.002864
30	0.002566	0.002488	0.002413	0.002340

Factor del Valor Presente Anual

	Tasa de Descuento			
Años	**22.500%**	**22.625%**	**22.750%**	**22.875%**
1	0.816327	0.815494	0.814664	0.813835
2	0.666389	0.665031	0.663677	0.662328
3	0.543991	0.542329	0.540674	0.539026
4	0.444074	0.442266	0.440468	0.438678
5	0.362510	0.360666	0.358833	0.357012
6	0.295926	0.294121	0.292328	0.290549
7	0.241572	0.239854	0.238149	0.236459
8	0.197202	0.195600	0.194012	0.192438
9	0.160981	0.159510	0.158054	0.156613
10	0.131413	0.130080	0.128761	0.127457
11	0.107276	0.106079	0.104897	0.103729
12	0.087572	0.086507	0.085456	0.084418
13	0.071488	0.070546	0.069618	0.068703
14	0.058357	0.057530	0.056715	0.055913
15	0.047639	0.046915	0.046204	0.045504
16	0.038889	0.038259	0.037641	0.037033
17	0.031746	0.031200	0.030664	0.030138
18	0.025915	0.025444	0.024981	0.024528
19	0.021155	0.020749	0.020351	0.019961
20	0.017269	0.016921	0.016579	0.016245
21	0.014098	0.013799	0.013507	0.013221
22	0.011508	0.011253	0.011003	0.010760
23	0.009394	0.009177	0.008964	0.008757
24	0.007669	0.007483	0.007303	0.007126
25	0.006260	0.006103	0.005949	0.005800
26	0.005110	0.004977	0.004847	0.004720
27	0.004172	0.004059	0.003948	0.003841
28	0.003406	0.003310	0.003217	0.003126
29	0.002780	0.002699	0.002620	0.002544
30	0.002269	0.002201	0.002135	0.002071

Factor del Valor Presente Anual

Años	Tasa de Descuento			
	23.000%	**23.125%**	**23.250%**	**23.375%**
1	0.813008	0.812183	0.811359	0.810537
2	0.660982	0.659641	0.658303	0.656970
3	0.537384	0.535749	0.534120	0.532499
4	0.436897	0.435126	0.433363	0.431610
5	0.355201	0.353402	0.351613	0.349836
6	0.288781	0.287027	0.285285	0.283555
7	0.234782	0.233118	0.231468	0.229832
8	0.190879	0.189335	0.187804	0.186287
9	0.155187	0.153774	0.152376	0.150993
10	0.126168	0.124893	0.123632	0.122385
11	0.102576	0.101436	0.100310	0.099198
12	0.083395	0.082384	0.081387	0.080403
13	0.067801	0.066911	0.066034	0.065170
14	0.055122	0.054344	0.053578	0.052823
15	0.044815	0.044137	0.043471	0.042815
16	0.036435	0.035848	0.035270	0.034703
17	0.029622	0.029115	0.028617	0.028128
18	0.024083	0.023647	0.023219	0.022799
19	0.019580	0.019205	0.018839	0.018479
20	0.015918	0.015598	0.015285	0.014978
21	0.012942	0.012669	0.012402	0.012140
22	0.010522	0.010289	0.010062	0.009840
23	0.008554	0.008357	0.008164	0.007976
24	0.006955	0.006787	0.006624	0.006465
25	0.005654	0.005512	0.005374	0.005240
26	0.004597	0.004477	0.004361	0.004247
27	0.003737	0.003636	0.003538	0.003442
28	0.003038	0.002953	0.002871	0.002790
29	0.002470	0.002399	0.002329	0.002262
30	0.002008	0.001948	0.001890	0.001833

Factor del Valor Presente Anual

Años	Tasa de Descuento			
	23.500%	**23.625%**	**23.750%**	**23.875%**
1	0.809717	0.808898	0.808081	0.807265
2	0.655641	0.654316	0.652995	0.651677
3	0.530883	0.529275	0.527672	0.526077
4	0.429865	0.428129	0.426402	0.424683
5	0.348069	0.346313	0.344567	0.342832
6	0.281837	0.280132	0.278438	0.276757
7	0.228208	0.226598	0.225001	0.223416
8	0.184784	0.183295	0.181819	0.180356
9	0.149623	0.148267	0.146924	0.145595
10	0.121152	0.119933	0.118727	0.117534
11	0.098099	0.097013	0.095941	0.094881
12	0.079432	0.078474	0.077528	0.076594
13	0.064318	0.063477	0.062649	0.061832
14	0.052079	0.051347	0.050625	0.049915
15	0.042169	0.041534	0.040909	0.040294
16	0.034145	0.033597	0.033058	0.032528
17	0.027648	0.027176	0.026714	0.026259
18	0.022387	0.021983	0.021587	0.021198
19	0.018127	0.017782	0.017444	0.017112
20	0.014678	0.014384	0.014096	0.013814
21	0.011885	0.011635	0.011391	0.011152
22	0.009623	0.009412	0.009205	0.009002
23	0.007792	0.007613	0.007438	0.007267
24	0.006309	0.006158	0.006011	0.005867
25	0.005109	0.004981	0.004857	0.004736
26	0.004137	0.004029	0.003925	0.003823
27	0.003350	0.003259	0.003172	0.003086
28	0.002712	0.002636	0.002563	0.002491
29	0.002196	0.002133	0.002071	0.002011
30	0.001778	0.001725	0.001674	0.001624

Factor del Valor Presente Anual

	Tasa de Descuento			
Años	**24.000%**	**24.125%**	**24.250%**	**24.375%**
1	0.806452	0.805639	0.804829	0.804020
2	0.650364	0.649055	0.647750	0.646448
3	0.524487	0.522904	0.521328	0.519757
4	0.422974	0.421272	0.419580	0.417895
5	0.341108	0.339394	0.337690	0.335996
6	0.275087	0.273429	0.271783	0.270148
7	0.221844	0.220285	0.218738	0.217204
8	0.178907	0.177470	0.176047	0.174637
9	0.144280	0.142977	0.141688	0.140411
10	0.116354	0.115188	0.114034	0.112894
11	0.093834	0.092800	0.091778	0.090769
12	0.075673	0.074763	0.073866	0.072980
13	0.061026	0.060232	0.059449	0.058677
14	0.049215	0.048526	0.047847	0.047178
15	0.039689	0.039094	0.038508	0.037932
16	0.032008	0.031496	0.030993	0.030498
17	0.025813	0.025374	0.024944	0.024521
18	0.020817	0.020442	0.020075	0.019715
19	0.016788	0.016469	0.016157	0.015852
20	0.013538	0.013268	0.013004	0.012745
21	0.010918	0.010689	0.010466	0.010247
22	0.008805	0.008612	0.008423	0.008239
23	0.007101	0.006938	0.006779	0.006624
24	0.005726	0.005590	0.005456	0.005326
25	0.004618	0.004503	0.004391	0.004282
26	0.003724	0.003628	0.003534	0.003443
27	0.003003	0.002923	0.002844	0.002768
28	0.002422	0.002355	0.002289	0.002226
29	0.001953	0.001897	0.001842	0.001790
30	0.001575	0.001528	0.001483	0.001439

Factor del Valor Presente Anual

	Tasa de Descuento			
Años	**24.500%**	**24.625%**	**24.750%**	**24.875%**
1	0.803213	0.802407	0.801603	0.800801
2	0.645151	0.643857	0.642568	0.641282
3	0.518193	0.516636	0.515084	0.513539
4	0.416220	0.414552	0.412893	0.411243
5	0.334313	0.332640	0.330977	0.329323
6	0.268524	0.266913	0.265312	0.263722
7	0.215682	0.214173	0.212675	0.211189
8	0.173239	0.171854	0.170481	0.169120
9	0.139148	0.137897	0.136658	0.135432
10	0.111765	0.110649	0.109545	0.108454
11	0.089771	0.088786	0.087812	0.086850
12	0.072105	0.071242	0.070390	0.069549
13	0.057916	0.057165	0.056425	0.055695
14	0.046519	0.045870	0.045231	0.044601
15	0.037365	0.036806	0.036257	0.035716
16	0.030012	0.029534	0.029064	0.028602
17	0.024106	0.023698	0.023298	0.022904
18	0.019362	0.019015	0.018675	0.018342
19	0.015552	0.015258	0.014970	0.014688
20	0.012491	0.012243	0.012000	0.011762
21	0.010033	0.009824	0.009619	0.009419
22	0.008059	0.007883	0.007711	0.007543
23	0.006473	0.006325	0.006181	0.006040
24	0.005199	0.005075	0.004955	0.004837
25	0.004176	0.004073	0.003972	0.003874
26	0.003354	0.003268	0.003184	0.003102
27	0.002694	0.002622	0.002552	0.002484
28	0.002164	0.002104	0.002046	0.001989
29	0.001738	0.001688	0.001640	0.001593
30	0.001396	0.001355	0.001315	0.001276

Factor del Valor Presente Anual

Años	Tasa de Descuento			
	25.000%	**25.125%**	**25.250%**	**25.375%**
1	0.800000	0.799201	0.798403	0.797607
2	0.640000	0.638722	0.637448	0.636177
3	0.512000	0.510467	0.508940	0.507420
4	0.409600	0.407966	0.406340	0.404721
5	0.327680	0.326047	0.324423	0.322809
6	0.262144	0.260577	0.259020	0.257475
7	0.209715	0.208253	0.206803	0.205364
8	0.167772	0.166436	0.165112	0.163799
9	0.134218	0.133016	0.131826	0.130648
10	0.107374	0.106306	0.105250	0.104205
11	0.085899	0.084960	0.084032	0.083115
12	0.068719	0.067900	0.067091	0.066293
13	0.054976	0.054266	0.053566	0.052876
14	0.043980	0.043369	0.042767	0.042174
15	0.035184	0.034661	0.034146	0.033638
16	0.028147	0.027701	0.027262	0.026830
17	0.022518	0.022139	0.021766	0.021400
18	0.018014	0.017693	0.017378	0.017069
19	0.014412	0.014140	0.013875	0.013614
20	0.011529	0.011301	0.011078	0.010859
21	0.009223	0.009032	0.008844	0.008661
22	0.007379	0.007218	0.007061	0.006908
23	0.005903	0.005769	0.005638	0.005510
24	0.004722	0.004610	0.004501	0.004395
25	0.003778	0.003685	0.003594	0.003505
26	0.003022	0.002945	0.002869	0.002796
27	0.002418	0.002353	0.002291	0.002230
28	0.001934	0.001881	0.001829	0.001779
29	0.001547	0.001503	0.001460	0.001419
30	0.001238	0.001201	0.001166	0.001132

Factor del Valor Presente Anual

	Tasa de Descuento			
Años	**25.500%**	**25.625%**	**25.750%**	**25.875%**
1	0.796813	0.796020	0.795229	0.794439
2	0.634911	0.633648	0.632389	0.631133
3	0.505905	0.504396	0.502893	0.501397
4	0.403111	0.401509	0.399915	0.398329
5	0.321204	0.319609	0.318024	0.316448
6	0.255940	0.254415	0.252902	0.251399
7	0.203936	0.202520	0.201115	0.199721
8	0.162499	0.161210	0.159932	0.158666
9	0.129481	0.128326	0.127183	0.126051
10	0.103172	0.102150	0.101139	0.100139
11	0.082209	0.081314	0.080429	0.079555
12	0.065505	0.064727	0.063959	0.063201
13	0.052195	0.051524	0.050862	0.050210
14	0.041590	0.041014	0.040447	0.039888
15	0.033139	0.032648	0.032165	0.031689
16	0.026406	0.025989	0.025578	0.025175
17	0.021041	0.020687	0.020341	0.020000
18	0.016765	0.016468	0.016175	0.015889
19	0.013359	0.013109	0.012863	0.012623
20	0.010645	0.010435	0.010229	0.010028
21	0.008482	0.008306	0.008135	0.007967
22	0.006758	0.006612	0.006469	0.006329
23	0.005385	0.005263	0.005144	0.005028
24	0.004291	0.004190	0.004091	0.003994
25	0.003419	0.003335	0.003253	0.003173
26	0.002724	0.002655	0.002587	0.002521
27	0.002171	0.002113	0.002057	0.002003
28	0.001730	0.001682	0.001636	0.001591
29	0.001378	0.001339	0.001301	0.001264
30	0.001098	0.001066	0.001035	0.001004

Tablas de Capitalización

Las siguientes tablas ilustran el valor de las propiedades basado en su ingreso neto operacional (NOI) y la tasa de capitalización prevaleciente. Utilice las mismas para identificar rápidamente el valor aproximado de cualquier propiedad y determinar si es prudente continuar considerando la inversión.

Las tablas aquí presentadas representan porcentajes completos. Se ofrecen para que el inversionista tenga una guía de referencia la cual pueda acceder de forma rápida y eficiente. Sin embargo, las tasas de capitalización no siempre son porcentajes completos.

En ocasiones son algún punto entre dos porcentajes diferentes. Se recomienda que el inversionista utilice un programa de computadora para efectuar el cálculo final o una calculadora financiera.

VALOR APROXIMADO DE LA PROPIEDAD

	TASA DE CAPITALIZACIÓN		
NOI	**4%**	**5%**	**6%**
$1,000	$25,000	$20,000	$16,667
$2,000	$50,000	$40,000	$33,333
$3,000	$75,000	$60,000	$50,000
$4,000	$100,000	$80,000	$66,667
$5,000	$125,000	$100,000	$83,333
$10,000	$250,000	$200,000	$166,667
$15,000	$375,000	$300,000	$250,000
$20,000	$500,000	$400,000	$333,333
$25,000	$625,000	$500,000	$416,667
$30,000	$750,000	$600,000	$500,000
$35,000	$875,000	$700,000	$583,333
$40,000	$1,000,000	$800,000	$666,667
$45,000	$1,125,000	$900,000	$750,000
$50,000	$1,250,000	$1,000,000	$833,333
$55,000	$1,375,000	$1,100,000	$916,667
$60,000	$1,500,000	$1,200,000	$1,000,000
$65,000	$1,625,000	$1,300,000	$1,083,333
$70,000	$1,750,000	$1,400,000	$1,166,667
$75,000	$1,875,000	$1,500,000	$1,250,000
$80,000	$2,000,000	$1,600,000	$1,333,333
$85,000	$2,125,000	$1,700,000	$1,416,667
$90,000	$2,250,000	$1,800,000	$1,500,000
$95,000	$2,375,000	$1,900,000	$1,583,333
$100,000	$2,500,000	$2,000,000	$1,666,667
$200,000	$5,000,000	$4,000,000	$3,333,333
$300,000	$7,500,000	$6,000,000	$5,000,000
$400,000	$10,000,000	$8,000,000	$6,666,667
$500,000	$12,500,000	$10,000,000	$8,333,333
$1,000,000	$25,000,000	$20,000,000	$16,666,667

Valor Aproximado de la Propiedad

	Tasa de Capitalización		
NOI	**7%**	**8%**	**9%**
$1,000	$14,286	$12,500	$11,111
$2,000	$28,571	$25,000	$22,222
$3,000	$42,857	$37,500	$33,333
$4,000	$57,143	$50,000	$44,444
$5,000	$71,429	$62,500	$55,556
$10,000	$142,857	$125,000	$111,111
$15,000	$214,286	$187,500	$166,667
$20,000	$285,714	$250,000	$222,222
$25,000	$357,143	$312,500	$277,778
$30,000	$428,571	$375,000	$333,333
$35,000	$500,000	$437,500	$388,889
$40,000	$571,429	$500,000	$444,444
$45,000	$642,857	$562,500	$500,000
$50,000	$714,286	$625,000	$555,556
$55,000	$785,714	$687,500	$611,111
$60,000	$857,143	$750,000	$666,667
$65,000	$928,571	$812,500	$722,222
$70,000	$1,000,000	$875,000	$777,778
$75,000	$1,071,429	$937,500	$833,333
$80,000	$1,142,857	$1,000,000	$888,889
$85,000	$1,214,286	$1,062,500	$944,444
$90,000	$1,285,714	$1,125,000	$1,000,000
$95,000	$1,357,143	$1,187,500	$1,055,556
$100,000	$1,428,571	$1,250,000	$1,111,111
$200,000	$2,857,143	$2,500,000	$2,222,222
$300,000	$4,285,714	$3,750,000	$3,333,333
$400,000	$5,714,286	$5,000,000	$4,444,444
$500,000	$7,142,857	$6,250,000	$5,555,556
$1,000,000	$14,285,714	$12,500,000	$11,111,111

VALOR APROXIMADO DE LA PROPIEDAD

	TASA DE CAPITALIZACIÓN		
NOI	**10%**	**11%**	**12%**
$1,000	$10,000	$9,091	$8,333
$2,000	$20,000	$18,182	$16,667
$3,000	$30,000	$27,273	$25,000
$4,000	$40,000	$36,364	$33,333
$5,000	$50,000	$45,455	$41,667
$10,000	$100,000	$90,909	$83,333
$15,000	$150,000	$136,364	$125,000
$20,000	$200,000	$181,818	$166,667
$25,000	$250,000	$227,273	$208,333
$30,000	$300,000	$272,727	$250,000
$35,000	$350,000	$318,182	$291,667
$40,000	$400,000	$363,636	$333,333
$45,000	$450,000	$409,091	$375,000
$50,000	$500,000	$454,545	$416,667
$55,000	$550,000	$500,000	$458,333
$60,000	$600,000	$545,455	$500,000
$65,000	$650,000	$590,909	$541,667
$70,000	$700,000	$636,364	$583,333
$75,000	$750,000	$681,818	$625,000
$80,000	$800,000	$727,273	$666,667
$85,000	$850,000	$772,727	$708,333
$90,000	$900,000	$818,182	$750,000
$95,000	$950,000	$863,636	$791,667
$100,000	$1,000,000	$909,091	$833,333
$200,000	$2,000,000	$1,818,182	$1,666,667
$300,000	$3,000,000	$2,727,273	$2,500,000
$400,000	$4,000,000	$3,636,364	$3,333,333
$500,000	$5,000,000	$4,545,455	$4,166,667
$1,000,000	$10,000,000	$9,090,909	$8,333,333

Valor Aproximado de la Propiedad

NOI	Tasa de Capitalización 13%	14%	15%
$1,000	$7,692	$7,143	$6,667
$2,000	$15,385	$14,286	$13,333
$3,000	$23,077	$21,429	$20,000
$4,000	$30,769	$28,571	$26,667
$5,000	$38,462	$35,714	$33,333
$10,000	$76,923	$71,429	$66,667
$15,000	$115,385	$107,143	$100,000
$20,000	$153,846	$142,857	$133,333
$25,000	$192,308	$178,571	$166,667
$30,000	$230,769	$214,286	$200,000
$35,000	$269,231	$250,000	$233,333
$40,000	$307,692	$285,714	$266,667
$45,000	$346,154	$321,429	$300,000
$50,000	$384,615	$357,143	$333,333
$55,000	$423,077	$392,857	$366,667
$60,000	$461,538	$428,571	$400,000
$65,000	$500,000	$464,286	$433,333
$70,000	$538,462	$500,000	$466,667
$75,000	$576,923	$535,714	$500,000
$80,000	$615,385	$571,429	$533,333
$85,000	$653,846	$607,143	$566,667
$90,000	$692,308	$642,857	$600,000
$95,000	$730,769	$678,571	$633,333
$100,000	$769,231	$714,286	$666,667
$200,000	$1,538,462	$1,428,571	$1,333,333
$300,000	$2,307,692	$2,142,857	$2,000,000
$400,000	$3,076,923	$2,857,143	$2,666,667
$500,000	$3,846,154	$3,571,429	$3,333,333
$1,000,000	$7,692,308	$7,142,857	$6,666,667

Valor Aproximado de la Propiedad

	Tasa de Capitalización		
NOI	**16%**	**17%**	**18%**
$1,000	$6,250	$5,882	$5,556
$2,000	$12,500	$11,765	$11,111
$3,000	$18,750	$17,647	$16,667
$4,000	$25,000	$23,529	$22,222
$5,000	$31,250	$29,412	$27,778
$10,000	$62,500	$58,824	$55,556
$15,000	$93,750	$88,235	$83,333
$20,000	$125,000	$117,647	$111,111
$25,000	$156,250	$147,059	$138,889
$30,000	$187,500	$176,471	$166,667
$35,000	$218,750	$205,882	$194,444
$40,000	$250,000	$235,294	$222,222
$45,000	$281,250	$264,706	$250,000
$50,000	$312,500	$294,118	$277,778
$55,000	$343,750	$323,529	$305,556
$60,000	$375,000	$352,941	$333,333
$65,000	$406,250	$382,353	$361,111
$70,000	$437,500	$411,765	$388,889
$75,000	$468,750	$441,176	$416,667
$80,000	$500,000	$470,588	$444,444
$85,000	$531,250	$500,000	$472,222
$90,000	$562,500	$529,412	$500,000
$95,000	$593,750	$558,824	$527,778
$100,000	$625,000	$588,235	$555,556
$200,000	$1,250,000	$1,176,471	$1,111,111
$300,000	$1,875,000	$1,764,706	$1,666,667
$400,000	$2,500,000	$2,352,941	$2,222,222
$500,000	$3,125,000	$2,941,176	$2,777,778
$1,000,000	$6,250,000	$5,882,353	$5,555,556

Tablas de Rentas

Incluimos varias tablas de rentas para su referencia. Utilice las mismas como guía al momento de calcular el costo mensual o anual de la renta a pagar en alquileres de locales comerciales.

Estas tablas cubren desde 1,000 hasta 100,000 pies cuadrados. Combine las cifras de varias tablas para determinar el costo de renta de espacios con diferentes medidas.

Utilice una calculadora para cálculos exactos basados en el espacio específico que esté considerando. Estas tablas, además, le ayudarán a identificar rápidamente una aproximación de pago.

1,000 Pies Cuadrados

Dólares por Pie²	Renta Anual	Renta Mensual
$10	$10,000	$833
$11	$11,000	$917
$12	$12,000	$1,000
$13	$13,000	$1,083
$14	$14,000	$1,167
$15	$15,000	$1,250
$16	$16,000	$1,333
$17	$17,000	$1,417
$18	$18,000	$1,500
$19	$19,000	$1,583
$20	$20,000	$1,667
$21	$21,000	$1,750
$22	$22,000	$1,833
$23	$23,000	$1,917
$24	$24,000	$2,000
$25	$25,000	$2,083
$26	$26,000	$2,167
$27	$27,000	$2,250
$28	$28,000	$2,333
$29	$29,000	$2,417
$30	$30,000	$2,500
$31	$31,000	$2,583
$32	$32,000	$2,667
$33	$33,000	$2,750
$34	$34,000	$2,833
$35	$35,000	$2,917
$40	$40,000	$3,333
$45	$45,000	$3,750
$50	$50,000	$4,167
$55	$55,000	$4,583
$60	$60,000	$5,000

5,000 Pies Cuadrados

Dólares por Pie²	Renta Anual	Renta Mensual
$10	$50,000	$4,167
$11	$55,000	$4,583
$12	$60,000	$5,000
$13	$65,000	$5,417
$14	$70,000	$5,833
$15	$75,000	$6,250
$16	$80,000	$6,667
$17	$85,000	$7,083
$18	$90,000	$7,500
$19	$95,000	$7,917
$20	$100,000	$8,333
$21	$105,000	$8,750
$22	$110,000	$9,167
$23	$115,000	$9,583
$24	$120,000	$10,000
$25	$125,000	$10,417
$26	$130,000	$10,833
$27	$135,000	$11,250
$28	$140,000	$11,667
$29	$145,000	$12,083
$30	$150,000	$12,500
$31	$155,000	$12,917
$32	$160,000	$13,333
$33	$165,000	$13,750
$34	$170,000	$14,167
$35	$175,000	$14,583
$40	$200,000	$16,667
$45	$225,000	$18,750
$50	$250,000	$20,833
$55	$275,000	$22,917
$60	$300,000	$25,000

10,000 Pies Cuadrados

Dólares por Pie^2	Renta Anual	Renta Mensual
$10	$100,000	$8,333
$11	$110,000	$9,167
$12	$120,000	$10,000
$13	$130,000	$10,833
$14	$140,000	$11,667
$15	$150,000	$12,500
$16	$160,000	$13,333
$17	$170,000	$14,167
$18	$180,000	$15,000
$19	$190,000	$15,833
$20	$200,000	$16,667
$21	$210,000	$17,500
$22	$220,000	$18,333
$23	$230,000	$19,167
$24	$240,000	$20,000
$25	$250,000	$20,833
$26	$260,000	$21,667
$27	$270,000	$22,500
$28	$280,000	$23,333
$29	$290,000	$24,167
$30	$300,000	$25,000
$31	$310,000	$25,833
$32	$320,000	$26,667
$33	$330,000	$27,500
$34	$340,000	$28,333
$35	$350,000	$29,167
$40	$400,000	$33,333
$45	$450,000	$37,500
$50	$500,000	$41,667
$55	$550,000	$45,833
$60	$600,000	$50,000

15,000 Pies Cuadrados

Dólares por Pie²	Renta Anual	Renta Mensual
$10	$150,000	$12,500
$11	$165,000	$13,750
$12	$180,000	$15,000
$13	$195,000	$16,250
$14	$210,000	$17,500
$15	$225,000	$18,750
$16	$240,000	$20,000
$17	$255,000	$21,250
$18	$270,000	$22,500
$19	$285,000	$23,750
$20	$300,000	$25,000
$21	$315,000	$26,250
$22	$330,000	$27,500
$23	$345,000	$28,750
$24	$360,000	$30,000
$25	$375,000	$31,250
$26	$390,000	$32,500
$27	$405,000	$33,750
$28	$420,000	$35,000
$29	$435,000	$36,250
$30	$450,000	$37,500
$31	$465,000	$38,750
$32	$480,000	$40,000
$33	$495,000	$41,250
$34	$510,000	$42,500
$35	$525,000	$43,750
$40	$600,000	$50,000
$45	$675,000	$56,250
$50	$750,000	$62,500
$55	$825,000	$68,750
$60	$900,000	$75,000

20,000 Pies Cuadrados

Dólares por Pie²	Renta Anual	Renta Mensual
$10	$200,000	$16,667
$11	$220,000	$18,333
$12	$240,000	$20,000
$13	$260,000	$21,667
$14	$280,000	$23,333
$15	$300,000	$25,000
$16	$320,000	$26,667
$17	$340,000	$28,333
$18	$360,000	$30,000
$19	$380,000	$31,667
$20	$400,000	$33,333
$21	$420,000	$35,000
$22	$440,000	$36,667
$23	$460,000	$38,333
$24	$480,000	$40,000
$25	$500,000	$41,667
$26	$520,000	$43,333
$27	$540,000	$45,000
$28	$560,000	$46,667
$29	$580,000	$48,333
$30	$600,000	$50,000
$31	$620,000	$51,667
$32	$640,000	$53,333
$33	$660,000	$55,000
$34	$680,000	$56,667
$35	$700,000	$58,333
$40	$800,000	$66,667
$45	$900,000	$75,000
$50	$1,000,000	$83,333
$55	$1,100,000	$91,667
$60	$1,200,000	$100,000

30,000 Pies Cuadrados

Dólares por Pie²	Renta Anual	Renta Mensual
$10	$300,000	$25,000
$11	$330,000	$27,500
$12	$360,000	$30,000
$13	$390,000	$32,500
$14	$420,000	$35,000
$15	$450,000	$37,500
$16	$480,000	$40,000
$17	$510,000	$42,500
$18	$540,000	$45,000
$19	$570,000	$47,500
$20	$600,000	$50,000
$21	$630,000	$52,500
$22	$660,000	$55,000
$23	$690,000	$57,500
$24	$720,000	$60,000
$25	$750,000	$62,500
$26	$780,000	$65,000
$27	$810,000	$67,500
$28	$840,000	$70,000
$29	$870,000	$72,500
$30	$900,000	$75,000
$31	$930,000	$77,500
$32	$960,000	$80,000
$33	$990,000	$82,500
$34	$1,020,000	$85,000
$35	$1,050,000	$87,500
$40	$1,200,000	$100,000
$45	$1,350,000	$112,500
$50	$1,500,000	$125,000
$55	$1,650,000	$137,500
$60	$1,800,000	$150,000

40,000 Pies Cuadrados

Dólares por Pie²	Renta Anual	Renta Mensual
$10	$400,000	$33,333
$11	$440,000	$36,667
$12	$480,000	$40,000
$13	$520,000	$43,333
$14	$560,000	$46,667
$15	$600,000	$50,000
$16	$640,000	$53,333
$17	$680,000	$56,667
$18	$720,000	$60,000
$19	$760,000	$63,333
$20	$800,000	$66,667
$21	$840,000	$70,000
$22	$880,000	$73,333
$23	$920,000	$76,667
$24	$960,000	$80,000
$25	$1,000,000	$83,333
$26	$1,040,000	$86,667
$27	$1,080,000	$90,000
$28	$1,120,000	$93,333
$29	$1,160,000	$96,667
$30	$1,200,000	$100,000
$31	$1,240,000	$103,333
$32	$1,280,000	$106,667
$33	$1,320,000	$110,000
$34	$1,360,000	$113,333
$35	$1,400,000	$116,667
$40	$1,600,000	$133,333
$45	$1,800,000	$150,000
$50	$2,000,000	$166,667
$55	$2,200,000	$183,333
$60	$2,400,000	$200,000

50,000 Pies Cuadrados

Dólares por Pie²	Renta Anual	Renta Mensual
$10	$500,000	$41,667
$11	$550,000	$45,833
$12	$600,000	$50,000
$13	$650,000	$54,167
$14	$700,000	$58,333
$15	$750,000	$62,500
$16	$800,000	$66,667
$17	$850,000	$70,833
$18	$900,000	$75,000
$19	$950,000	$79,167
$20	$1,000,000	$83,333
$21	$1,050,000	$87,500
$22	$1,100,000	$91,667
$23	$1,150,000	$95,833
$24	$1,200,000	$100,000
$25	$1,250,000	$104,167
$26	$1,300,000	$108,333
$27	$1,350,000	$112,500
$28	$1,400,000	$116,667
$29	$1,450,000	$120,833
$30	$1,500,000	$125,000
$31	$1,550,000	$129,167
$32	$1,600,000	$133,333
$33	$1,650,000	$137,500
$34	$1,700,000	$141,667
$35	$1,750,000	$145,833
$40	$2,000,000	$166,667
$45	$2,250,000	$187,500
$50	$2,500,000	$208,333
$55	$2,750,000	$229,167
$60	$3,000,000	$250,000

100,000 Pies Cuadrados

Dólares por Pie^2	Renta Anual	Renta Mensual
$10	$1,000,000	$83,333
$11	$1,100,000	$91,667
$12	$1,200,000	$100,000
$13	$1,300,000	$108,333
$14	$1,400,000	$116,667
$15	$1,500,000	$125,000
$16	$1,600,000	$133,333
$17	$1,700,000	$141,667
$18	$1,800,000	$150,000
$19	$1,900,000	$158,333
$20	$2,000,000	$166,667
$21	$2,100,000	$175,000
$22	$2,200,000	$183,333
$23	$2,300,000	$191,667
$24	$2,400,000	$200,000
$25	$2,500,000	$208,333
$26	$2,600,000	$216,667
$27	$2,700,000	$225,000
$28	$2,800,000	$233,333
$29	$2,900,000	$241,667
$30	$3,000,000	$250,000
$31	$3,100,000	$258,333
$32	$3,200,000	$266,667
$33	$3,300,000	$275,000
$34	$3,400,000	$283,333
$35	$3,500,000	$291,667
$40	$4,000,000	$333,333
$45	$4,500,000	$375,000
$50	$5,000,000	$416,667
$55	$5,500,000	$458,333
$60	$6,000,000	$500,000

Conversión de Medidas

Equivalencias de Medidas de Superficie

1 Acre

43,560 Pies Cuadrados
4,840 Yardas Cuadradas
4,046.5642 Metros Cuadrados
1.0296 Cuerdas

1 Área

1,076.391 Pies Cuadrados
119.599 Yardas Cuadradas
100 Metros Cuadrados
.02544 Cuerdas
.02471105 Acre

1 Cuerda

42,306.79 Pies Cuadrados
4,700.7543 Yardas Cuadradas
3,930.3966 Metros Cuadrados
.9712 Acre

1 Hectárea

15,500,031 Pulgadas Cuadradas
107,600 Pies Cuadrados
11,959.9 Yardas Cuadradas
10,000 Metros Cuadrados
2.5446 Cuerdas
2.471054 Acres

1 Kilómetro Cuadrado

254.42 Cuerdas

247.1054 Acres

1 Metro Cuadrado

1,550.003 Pulgadas Cuadradas

10.76391 Pies Cuadrados

1.195990 Yardas Cuadradas

.000254 Cuerda

.000247105 Acre

1 Milla Cuadrada

658.944 Cuerdas Cuadradas

640 Acres

1 Pie Cuadrado

144 Pulgadas Cuadradas

.1111 Yardas Cuadradas

.09290304 Metros Cuadrados

1 "Township"

93,240 Metros Cuadrados

36 Millas Cuadradas

1 Yarda

1,296 Pulgadas Cuadradas

9 Pies Cuadrados

.83612736 Metros Cuadrados

Equivalencias de Medidas Lineales

1 Cable
- 8,640 Pulgadas
- 720 Pies

1 Hectómetro
- 328.083 Pies
- 109.36 Yardas
- 100 Metros
- .06250 Millas

1 Kilómetro
- 3,280.840 Pies
- 1,093.613 Yardas
- 1,000 Metros
- .62137119 Millas

1 Legua
- 3 Millas

1 Mano
- 4 Pulgadas

1 Metro
- 39.37008 Pulgadas
- 3.280840 Pies
- 1.093613 Yardas
- 100 Centímetros

1 Milla

5,280 Pies

1,760 Yardas

1,609.344 Metros

1 Pie

12 Pulgadas

.3333 Yardas

30.48 Centímetros

.3048 Metros

1 Vara Castellana

32.32 Pulgadas

2.69333 Pies

.89778 Yardas

82.09280 Centímetros

.82093 Metros

1 Vara Conuquera

98.75 Pulgadas

8.23 Pies

2.74333 Yardas

250.85040 Centímetros

2.50850 Metros

1 Yarda

36 Pulgadas

3 Pies

91.44 Centímetros

.91440 Metros

Medidas de Terreno

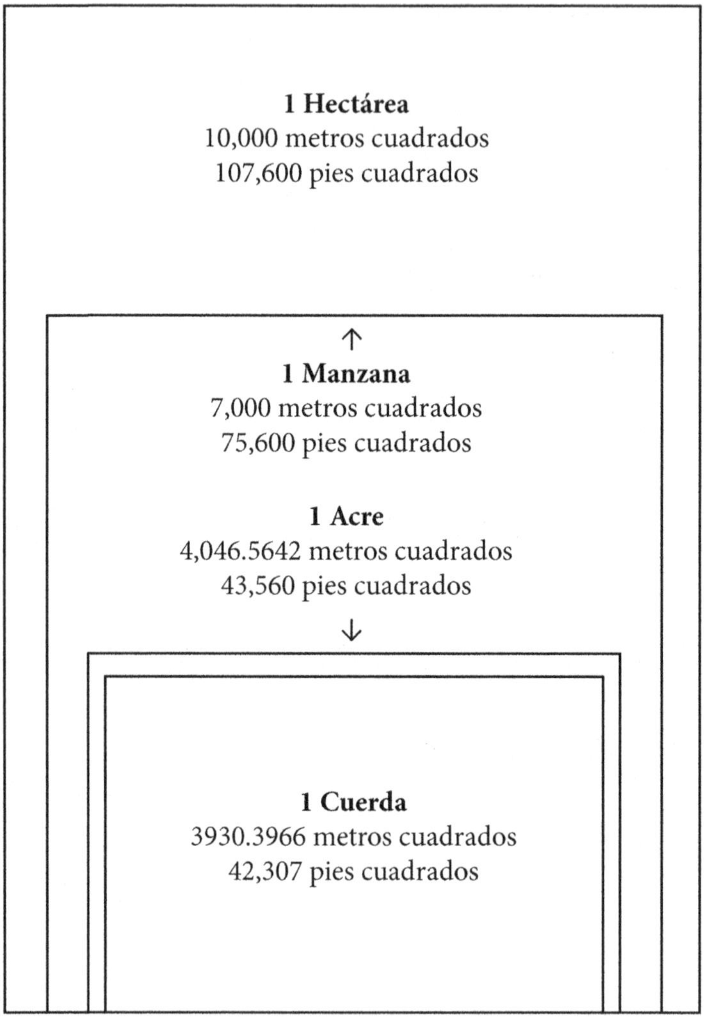

Perfil de la Propiedad

Relevancia de un "Perfil de la Propiedad"

Todo inversionista de bienes raíces comerciales debe adoptar como sistema la creación de un "Perfil de la Propiedad". Esto es simplemente una hoja informativa la cual debe contener toda la información que usted pueda recopilar sobre la propiedad.

Como mínimo, este "Perfil de la Propiedad" debe incluir la siguiente información:

Dirección

Número de catastro

Zonificación

Código de inundación según los mapas de FEMA

Cabida del solar (en metros cuadrados)

Tamaño del edificio o edificios (en pies cuadrados)

Tasación contributiva del solar

Tasación contributiva de las mejoras

Número de estacionamientos

"Ratio" de estacionamientos (por cada 1,000 P^2)

Capacidad de la subestación en KVA (si aplica)

Cantidad de contadores de agua y de electricidad

La existencia de algún tipo de servidumbre

Número de unidades

Número de pisos

Topografía de la superficie

Inventario de Propiedades Comerciales

Foto de la Propiedad

Nombre de la Propiedad ____________________

Dirección de la Propiedad ____________________

____

Tipo de Propiedad ____________________

Número Catastral ____________________

No. de Pisos ____________________

No. de Edificios ____________________

Altura de los Techos ____________________

Pies Cuadrados (edificio) ____________________

Metros Cuadrados (solar) ____________________

Precio de Venta por Pie ^{2} ____________________

Precio de Venta por Metro ^{2} ____________________

Renta por Pie ^{2} ____________________

Contribuciones ____________________

CAM (gastos comunes) ____________________

No. de Estacionamientos ____________________

"Ratio" de Estacionamientos ____________________

Zonificación ____________________

Código FEMA ____________________

Inventario de Propiedades Comerciales

Foto de la Propiedad

Nombre de la Propiedad ____________________

Dirección de la Propiedad ____________________

____

Tipo de Propiedad ____________________

Número Catastral ____________________

No. de Pisos ____________________

No. de Edificios ____________________

Altura de los Techos ____________________

Pies Cuadrados (edificio) ____________________

Metros Cuadrados (solar) ____________________

Precio de Venta por Pie ^{2} ____________________

Precio de Venta por Metro ^{2} ____________________

Renta por Pie ^{2} ____________________

Contribuciones ____________________

CAM (gastos comunes) ____________________

No. de Estacionamientos ____________________

"Ratio" de Estacionamientos ____________________

Zonificación ____________________

Código FEMA ____________________

Inventario de Propiedades Comerciales

Foto de la Propiedad

Nombre de la Propiedad

Dirección de la Propiedad

Tipo de Propiedad

Número Catastral

No. de Pisos

No. de Edificios

Altura de los Techos

Pies Cuadrados (edificio)

Metros Cuadrados (solar)

Precio de Venta por Pie ^{2}

Precio de Venta por Metro ^{2}

Renta por Pie ^{2}

Contribuciones

CAM (gastos comunes)

No. de Estacionamientos

"Ratio" de Estacionamientos

Zonificación

Código FEMA

Inventario de Propiedades Comerciales

Foto de la Propiedad

Nombre de la Propiedad	____________________
Dirección de la Propiedad	____________________
	____________________
Tipo de Propiedad	____________________
Número Catastral	____________________
No. de Pisos	____________________
No. de Edificios	____________________
Altura de los Techos	____________________
Pies Cuadrados (edificio)	____________________
Metros Cuadrados (solar)	____________________
Precio de Venta por Pie ^{2}	____________________
Precio de Venta por Metro ^{2}	____________________
Renta por Pie ^{2}	____________________
Contribuciones	____________________
CAM (gastos comunes)	____________________
No. de Estacionamientos	____________________
"Ratio" de Estacionamientos	____________________
Zonificación	____________________
Código FEMA	____________________

Inventario de Propiedades Comerciales

Foto de la Propiedad

Nombre de la Propiedad ____________________

Dirección de la Propiedad ____________________

____

Tipo de Propiedad ____________________

Número Catastral ____________________

No. de Pisos ____________________

No. de Edificios ____________________

Altura de los Techos ____________________

Pies Cuadrados (edificio) ____________________

Metros Cuadrados (solar) ____________________

Precio de Venta por Pie ^{2} ____________________

Precio de Venta por Metro ^{2} ____________________

Renta por Pie ^{2} ____________________

Contribuciones ____________________

CAM (gastos comunes) ____________________

No. de Estacionamientos ____________________

"Ratio" de Estacionamientos ____________________

Zonificación ____________________

Código FEMA ____________________

Tablas de Crecimiento en Equidad

Estas tablas reflejan el aumento en valor de las propiedades como resultado de su crecimiento en equidad. Excluyen el crecimiento de equidad como resultado de reducción en el principal de la hipoteca. Presentamos tasas de crecimiento de entre 5% y 10%.

Identifique el precio de adquisición de la propiedad a su izquierda y luego determine el período por el cual desea conocer su crecimiento en equidad. Redondee a la cifra más cercana si el precio exacto de compra no se encuentra en la lista.

Crecimiento en Equidad

Estas tablas reflejan el aumento en valor de las propiedades como resultado de su crecimiento en equidad. Excluyen el crecimiento de equidad como resultado de reducción en el principal de la hipoteca.

Se asume una tasa de crecimiento de:

5%

Crecimiento en Equidad

Precio de Adquisición	Año 1	Año 2	Año 3
$100,000	$105,000	$110,250	$115,763
$150,000	$157,500	$165,375	$173,644
$200,000	$210,000	$220,500	$231,525
$250,000	$262,500	$275,625	$289,406
$300,000	$315,000	$330,750	$347,288
$350,000	$367,500	$385,875	$405,169
$400,000	$420,000	$441,000	$463,050
$450,000	$472,500	$496,125	$520,931
$500,000	$525,000	$551,250	$578,813
$550,000	$577,500	$606,375	$636,694
$600,000	$630,000	$661,500	$694,575
$650,000	$682,500	$716,625	$752,456
$700,000	$735,000	$771,750	$810,338
$750,000	$787,500	$826,875	$868,219
$800,000	$840,000	$882,000	$926,100
$850,000	$892,500	$937,125	$983,981
$900,000	$945,000	$992,250	$1,041,863
$950,000	$997,500	$1,047,375	$1,099,744
$1,000,000	$1,050,000	$1,102,500	$1,157,625
$1,500,000	$1,575,000	$1,653,750	$1,736,438
$2,000,000	$2,100,000	$2,205,000	$2,315,250
$2,500,000	$2,625,000	$2,756,250	$2,894,063
$3,000,000	$3,150,000	$3,307,500	$3,472,875
$3,500,000	$3,675,000	$3,858,750	$4,051,688
$4,000,000	$4,200,000	$4,410,000	$4,630,500
$4,500,000	$4,725,000	$4,961,250	$5,209,313
$5,000,000	$5,250,000	$5,512,500	$5,788,125
$10,000,000	$10,500,000	$11,025,000	$11,576,250

Precio de Adquisición	Año 4	Año 5	Año 6
$100,000	$121,551	$127,628	$134,010
$150,000	$182,326	$191,442	$201,014
$200,000	$243,101	$255,256	$268,019
$250,000	$303,877	$319,070	$335,024
$300,000	$364,652	$382,884	$402,029
$350,000	$425,427	$446,699	$469,033
$400,000	$486,203	$510,513	$536,038
$450,000	$546,978	$574,327	$603,043
$500,000	$607,753	$638,141	$670,048
$550,000	$668,528	$701,955	$737,053
$600,000	$729,304	$765,769	$804,057
$650,000	$790,079	$829,583	$871,062
$700,000	$850,854	$893,397	$938,067
$750,000	$911,630	$957,211	$1,005,072
$800,000	$972,405	$1,021,025	$1,072,077
$850,000	$1,033,180	$1,084,839	$1,139,081
$900,000	$1,093,956	$1,148,653	$1,206,086
$950,000	$1,154,731	$1,212,467	$1,273,091
$1,000,000	$1,215,506	$1,276,282	$1,340,096
$1,500,000	$1,823,259	$1,914,422	$2,010,143
$2,000,000	$2,431,013	$2,552,563	$2,680,191
$2,500,000	$3,038,766	$3,190,704	$3,350,239
$3,000,000	$3,646,519	$3,828,845	$4,020,287
$3,500,000	$4,254,272	$4,466,985	$4,690,335
$4,000,000	$4,862,025	$5,105,126	$5,360,383
$4,500,000	$5,469,778	$5,743,267	$6,030,430
$5,000,000	$6,077,531	$6,381,408	$6,700,478
$10,000,000	$12,155,063	$12,762,816	$13,400,956

Crecimiento en Equidad

Precio de Adquisición	Año 7	Año 8	Año 9
$100,000	$140,710	$147,746	$155,133
$150,000	$211,065	$221,618	$232,699
$200,000	$281,420	$295,491	$310,266
$250,000	$351,775	$369,364	$387,832
$300,000	$422,130	$443,237	$465,398
$350,000	$492,485	$517,109	$542,965
$400,000	$562,840	$590,982	$620,531
$450,000	$633,195	$664,855	$698,098
$500,000	$703,550	$738,728	$775,664
$550,000	$773,905	$812,600	$853,231
$600,000	$844,260	$886,473	$930,797
$650,000	$914,615	$960,346	$1,008,363
$700,000	$984,970	$1,034,219	$1,085,930
$750,000	$1,055,325	$1,108,092	$1,163,496
$800,000	$1,125,680	$1,181,964	$1,241,063
$850,000	$1,196,035	$1,255,837	$1,318,629
$900,000	$1,266,390	$1,329,710	$1,396,195
$950,000	$1,336,745	$1,403,583	$1,473,762
$1,000,000	$1,407,100	$1,477,455	$1,551,328
$1,500,000	$2,110,651	$2,216,183	$2,326,992
$2,000,000	$2,814,201	$2,954,911	$3,102,656
$2,500,000	$3,517,751	$3,693,639	$3,878,321
$3,000,000	$4,221,301	$4,432,366	$4,653,985
$3,500,000	$4,924,851	$5,171,094	$5,429,649
$4,000,000	$5,628,402	$5,909,822	$6,205,313
$4,500,000	$6,331,952	$6,648,549	$6,980,977
$5,000,000	$7,035,502	$7,387,277	$7,756,641
$10,000,000	$14,071,004	$14,774,554	$15,513,282

Precio de Adquisición	Año 10	Año 11	Año 12
$100,000	$162,889	$171,034	$179,586
$150,000	$244,334	$256,551	$269,378
$200,000	$325,779	$342,068	$359,171
$250,000	$407,224	$427,585	$448,964
$300,000	$488,668	$513,102	$538,757
$350,000	$570,113	$598,619	$628,550
$400,000	$651,558	$684,136	$718,343
$450,000	$733,003	$769,653	$808,135
$500,000	$814,447	$855,170	$897,928
$550,000	$895,892	$940,687	$987,721
$600,000	$977,337	$1,026,204	$1,077,514
$650,000	$1,058,782	$1,111,721	$1,167,307
$700,000	$1,140,226	$1,197,238	$1,257,099
$750,000	$1,221,671	$1,282,755	$1,346,892
$800,000	$1,303,116	$1,368,271	$1,436,685
$850,000	$1,384,560	$1,453,788	$1,526,478
$900,000	$1,466,005	$1,539,305	$1,616,271
$950,000	$1,547,450	$1,624,822	$1,706,064
$1,000,000	$1,628,895	$1,710,339	$1,795,856
$1,500,000	$2,443,342	$2,565,509	$2,693,784
$2,000,000	$3,257,789	$3,420,679	$3,591,713
$2,500,000	$4,072,237	$4,275,848	$4,489,641
$3,000,000	$4,886,684	$5,131,018	$5,387,569
$3,500,000	$5,701,131	$5,986,188	$6,285,497
$4,000,000	$6,515,579	$6,841,357	$7,183,425
$4,500,000	$7,330,026	$7,696,527	$8,081,353
$5,000,000	$8,144,473	$8,551,697	$8,979,282
$10,000,000	$16,288,946	$17,103,394	$17,958,563

Crecimiento en Equidad

Precio de Adquisición	Año 13	Año 14	Año 15
$100,000	$188,565	$197,993	$207,893
$150,000	$282,847	$296,990	$311,839
$200,000	$377,130	$395,986	$415,786
$250,000	$471,412	$494,983	$519,732
$300,000	$565,695	$593,979	$623,678
$350,000	$659,977	$692,976	$727,625
$400,000	$754,260	$791,973	$831,571
$450,000	$848,542	$890,969	$935,518
$500,000	$942,825	$989,966	$1,039,464
$550,000	$1,037,107	$1,088,962	$1,143,410
$600,000	$1,131,389	$1,187,959	$1,247,357
$650,000	$1,225,672	$1,286,956	$1,351,303
$700,000	$1,319,954	$1,385,952	$1,455,250
$750,000	$1,414,237	$1,484,949	$1,559,196
$800,000	$1,508,519	$1,583,945	$1,663,143
$850,000	$1,602,802	$1,682,942	$1,767,089
$900,000	$1,697,084	$1,781,938	$1,871,035
$950,000	$1,791,367	$1,880,935	$1,974,982
$1,000,000	$1,885,649	$1,979,932	$2,078,928
$1,500,000	$2,828,474	$2,969,897	$3,118,392
$2,000,000	$3,771,298	$3,959,863	$4,157,856
$2,500,000	$4,714,123	$4,949,829	$5,197,320
$3,000,000	$5,656,947	$5,939,795	$6,236,785
$3,500,000	$6,599,772	$6,929,761	$7,276,249
$4,000,000	$7,542,597	$7,919,726	$8,315,713
$4,500,000	$8,485,421	$8,909,692	$9,355,177
$5,000,000	$9,428,246	$9,899,658	$10,394,641
$10,000,000	$18,856,491	$19,799,316	$20,789,282

Crecimiento en Equidad

Estas tablas reflejan el aumento en valor de las propiedades como resultado de su crecimiento en equidad. Excluyen el crecimiento de equidad como resultado de reducción en el principal de la hipoteca.

Se asume una tasa de crecimiento de:

6%

Crecimiento en Equidad

Precio de Adquisición	Año 1	Año 2	Año 3
$100,000	$106,000	$112,360	$119,102
$150,000	$159,000	$168,540	$178,652
$200,000	$212,000	$224,720	$238,203
$250,000	$265,000	$280,900	$297,754
$300,000	$318,000	$337,080	$357,305
$350,000	$371,000	$393,260	$416,856
$400,000	$424,000	$449,440	$476,406
$450,000	$477,000	$505,620	$535,957
$500,000	$530,000	$561,800	$595,508
$550,000	$583,000	$617,980	$655,059
$600,000	$636,000	$674,160	$714,610
$650,000	$689,000	$730,340	$774,160
$700,000	$742,000	$786,520	$833,711
$750,000	$795,000	$842,700	$893,262
$800,000	$848,000	$898,880	$952,813
$850,000	$901,000	$955,060	$1,012,364
$900,000	$954,000	$1,011,240	$1,071,914
$950,000	$1,007,000	$1,067,420	$1,131,465
$1,000,000	$1,060,000	$1,123,600	$1,191,016
$1,500,000	$1,590,000	$1,685,400	$1,786,524
$2,000,000	$2,120,000	$2,247,200	$2,382,032
$2,500,000	$2,650,000	$2,809,000	$2,977,540
$3,000,000	$3,180,000	$3,370,800	$3,573,048
$3,500,000	$3,710,000	$3,932,600	$4,168,556
$4,000,000	$4,240,000	$4,494,400	$4,764,064
$4,500,000	$4,770,000	$5,056,200	$5,359,572
$5,000,000	$5,300,000	$5,618,000	$5,955,080
$10,000,000	$10,600,000	$11,236,000	$11,910,160

Precio de Adquisición	Año 4	Año 5	Año 6
$100,000	$126,248	$133,823	$141,852
$150,000	$189,372	$200,734	$212,778
$200,000	$252,495	$267,645	$283,704
$250,000	$315,619	$334,556	$354,630
$300,000	$378,743	$401,468	$425,556
$350,000	$441,867	$468,379	$496,482
$400,000	$504,991	$535,290	$567,408
$450,000	$568,115	$602,202	$638,334
$500,000	$631,238	$669,113	$709,260
$550,000	$694,362	$736,024	$780,186
$600,000	$757,486	$802,935	$851,111
$650,000	$820,610	$869,847	$922,037
$700,000	$883,734	$936,758	$992,963
$750,000	$946,858	$1,003,669	$1,063,889
$800,000	$1,009,982	$1,070,580	$1,134,815
$850,000	$1,073,105	$1,137,492	$1,205,741
$900,000	$1,136,229	$1,204,403	$1,276,667
$950,000	$1,199,353	$1,271,314	$1,347,593
$1,000,000	$1,262,477	$1,338,226	$1,418,519
$1,500,000	$1,893,715	$2,007,338	$2,127,779
$2,000,000	$2,524,954	$2,676,451	$2,837,038
$2,500,000	$3,156,192	$3,345,564	$3,546,298
$3,000,000	$3,787,431	$4,014,677	$4,255,557
$3,500,000	$4,418,669	$4,683,790	$4,964,817
$4,000,000	$5,049,908	$5,352,902	$5,674,076
$4,500,000	$5,681,146	$6,022,015	$6,383,336
$5,000,000	$6,312,385	$6,691,128	$7,092,596
$10,000,000	$12,624,770	$13,382,256	$14,185,191

Crecimiento en Equidad

Precio de Adquisición	Año 7	Año 8	Año 9
$100,000	$150,363	$159,385	$168,948
$150,000	$225,545	$239,077	$253,422
$200,000	$300,726	$318,770	$337,896
$250,000	$375,908	$398,462	$422,370
$300,000	$451,089	$478,154	$506,844
$350,000	$526,271	$557,847	$591,318
$400,000	$601,452	$637,539	$675,792
$450,000	$676,634	$717,232	$760,266
$500,000	$751,815	$796,924	$844,739
$550,000	$826,997	$876,616	$929,213
$600,000	$902,178	$956,309	$1,013,687
$650,000	$977,360	$1,036,001	$1,098,161
$700,000	$1,052,541	$1,115,694	$1,182,635
$750,000	$1,127,723	$1,195,386	$1,267,109
$800,000	$1,202,904	$1,275,078	$1,351,583
$850,000	$1,278,086	$1,354,771	$1,436,057
$900,000	$1,353,267	$1,434,463	$1,520,531
$950,000	$1,428,449	$1,514,156	$1,605,005
$1,000,000	$1,503,630	$1,593,848	$1,689,479
$1,500,000	$2,255,445	$2,390,772	$2,534,218
$2,000,000	$3,007,261	$3,187,696	$3,378,958
$2,500,000	$3,759,076	$3,984,620	$4,223,697
$3,000,000	$4,510,891	$4,781,544	$5,068,437
$3,500,000	$5,262,706	$5,578,468	$5,913,176
$4,000,000	$6,014,521	$6,375,392	$6,757,916
$4,500,000	$6,766,336	$7,172,316	$7,602,655
$5,000,000	$7,518,151	$7,969,240	$8,447,395
$10,000,000	$15,036,303	$15,938,481	$16,894,790

Precio de Adquisición	Año 10	Año 11	Año 12
$100,000	$179,085	$189,830	$201,220
$150,000	$268,627	$284,745	$301,829
$200,000	$358,170	$379,660	$402,439
$250,000	$447,712	$474,575	$503,049
$300,000	$537,254	$569,490	$603,659
$350,000	$626,797	$664,404	$704,269
$400,000	$716,339	$759,319	$804,879
$450,000	$805,881	$854,234	$905,488
$500,000	$895,424	$949,149	$1,006,098
$550,000	$984,966	$1,044,064	$1,106,708
$600,000	$1,074,509	$1,138,979	$1,207,318
$650,000	$1,164,051	$1,233,894	$1,307,928
$700,000	$1,253,593	$1,328,809	$1,408,538
$750,000	$1,343,136	$1,423,724	$1,509,147
$800,000	$1,432,678	$1,518,639	$1,609,757
$850,000	$1,522,221	$1,613,554	$1,710,367
$900,000	$1,611,763	$1,708,469	$1,810,977
$950,000	$1,701,305	$1,803,384	$1,911,587
$1,000,000	$1,790,848	$1,898,299	$2,012,196
$1,500,000	$2,686,272	$2,847,448	$3,018,295
$2,000,000	$3,581,695	$3,796,597	$4,024,393
$2,500,000	$4,477,119	$4,745,746	$5,030,491
$3,000,000	$5,372,543	$5,694,896	$6,036,589
$3,500,000	$6,267,967	$6,644,045	$7,042,688
$4,000,000	$7,163,391	$7,593,194	$8,048,786
$4,500,000	$8,058,815	$8,542,344	$9,054,884
$5,000,000	$8,954,238	$9,491,493	$10,060,982
$10,000,000	$17,908,477	$18,982,986	$20,121,965

Crecimiento en Equidad

Precio de Adquisición	Año 13	Año 14	Año 15
$100,000	$213,293	$226,090	$239,656
$150,000	$319,939	$339,136	$359,484
$200,000	$426,586	$452,181	$479,312
$250,000	$533,232	$565,226	$599,140
$300,000	$639,878	$678,271	$718,967
$350,000	$746,525	$791,316	$838,795
$400,000	$853,171	$904,362	$958,623
$450,000	$959,818	$1,017,407	$1,078,451
$500,000	$1,066,464	$1,130,452	$1,198,279
$550,000	$1,173,111	$1,243,497	$1,318,107
$600,000	$1,279,757	$1,356,542	$1,437,935
$650,000	$1,386,403	$1,469,588	$1,557,763
$700,000	$1,493,050	$1,582,633	$1,677,591
$750,000	$1,599,696	$1,695,678	$1,797,419
$800,000	$1,706,343	$1,808,723	$1,917,247
$850,000	$1,812,989	$1,921,768	$2,037,074
$900,000	$1,919,635	$2,034,814	$2,156,902
$950,000	$2,026,282	$2,147,859	$2,276,730
$1,000,000	$2,132,928	$2,260,904	$2,396,558
$1,500,000	$3,199,392	$3,391,356	$3,594,837
$2,000,000	$4,265,857	$4,521,808	$4,793,116
$2,500,000	$5,332,321	$5,652,260	$5,991,395
$3,000,000	$6,398,785	$6,782,712	$7,189,675
$3,500,000	$7,465,249	$7,913,164	$8,387,954
$4,000,000	$8,531,713	$9,043,616	$9,586,233
$4,500,000	$9,598,177	$10,174,068	$10,784,512
$5,000,000	$10,664,641	$11,304,520	$11,982,791
$10,000,000	$21,329,283	$22,609,040	$23,965,582

Crecimiento en Equidad

Estas tablas reflejan el aumento en valor de las propiedades como resultado de su crecimiento en equidad. Excluyen el crecimiento de equidad como resultado de reducción en el principal de la hipoteca.

Se asume una tasa de crecimiento de:

7%

Crecimiento en Equidad

Precio de Adquisición	Año 1	Año 2	Año 3
$100,000	$107,000	$114,490	$122,504
$150,000	$160,500	$171,735	$183,756
$200,000	$214,000	$228,980	$245,009
$250,000	$267,500	$286,225	$306,261
$300,000	$321,000	$343,470	$367,513
$350,000	$374,500	$400,715	$428,765
$400,000	$428,000	$457,960	$490,017
$450,000	$481,500	$515,205	$551,269
$500,000	$535,000	$572,450	$612,522
$550,000	$588,500	$629,695	$673,774
$600,000	$642,000	$686,940	$735,026
$650,000	$695,500	$744,185	$796,278
$700,000	$749,000	$801,430	$857,530
$750,000	$802,500	$858,675	$918,782
$800,000	$856,000	$915,920	$980,034
$850,000	$909,500	$973,165	$1,041,287
$900,000	$963,000	$1,030,410	$1,102,539
$950,000	$1,016,500	$1,087,655	$1,163,791
$1,000,000	$1,070,000	$1,144,900	$1,225,043
$1,500,000	$1,605,000	$1,717,350	$1,837,565
$2,000,000	$2,140,000	$2,289,800	$2,450,086
$2,500,000	$2,675,000	$2,862,250	$3,062,608
$3,000,000	$3,210,000	$3,434,700	$3,675,129
$3,500,000	$3,745,000	$4,007,150	$4,287,651
$4,000,000	$4,280,000	$4,579,600	$4,900,172
$4,500,000	$4,815,000	$5,152,050	$5,512,694
$5,000,000	$5,350,000	$5,724,500	$6,125,215
$10,000,000	$10,700,000	$11,449,000	$12,250,430

Precio de Adquisición	Año 4	Año 5	Año 6
$100,000	$131,080	$140,255	$150,073
$150,000	$196,619	$210,383	$225,110
$200,000	$262,159	$280,510	$300,146
$250,000	$327,699	$350,638	$375,183
$300,000	$393,239	$420,766	$450,219
$350,000	$458,779	$490,893	$525,256
$400,000	$524,318	$561,021	$600,292
$450,000	$589,858	$631,148	$675,329
$500,000	$655,398	$701,276	$750,365
$550,000	$720,938	$771,403	$825,402
$600,000	$786,478	$841,531	$900,438
$650,000	$852,017	$911,659	$975,475
$700,000	$917,557	$981,786	$1,050,511
$750,000	$983,097	$1,051,914	$1,125,548
$800,000	$1,048,637	$1,122,041	$1,200,584
$850,000	$1,114,177	$1,192,169	$1,275,621
$900,000	$1,179,716	$1,262,297	$1,350,657
$950,000	$1,245,256	$1,332,424	$1,425,694
$1,000,000	$1,310,796	$1,402,552	$1,500,730
$1,500,000	$1,966,194	$2,103,828	$2,251,096
$2,000,000	$2,621,592	$2,805,103	$3,001,461
$2,500,000	$3,276,990	$3,506,379	$3,751,826
$3,000,000	$3,932,388	$4,207,655	$4,502,191
$3,500,000	$4,587,786	$4,908,931	$5,252,556
$4,000,000	$5,243,184	$5,610,207	$6,002,921
$4,500,000	$5,898,582	$6,311,483	$6,753,287
$5,000,000	$6,553,980	$7,012,759	$7,503,652
$10,000,000	$13,107,960	$14,025,517	$15,007,304

Crecimiento en Equidad

Precio de Adquisición	Año 7	Año 8	Año 9
$100,000	$160,578	$171,819	$183,846
$150,000	$240,867	$257,728	$275,769
$200,000	$321,156	$343,637	$367,692
$250,000	$401,445	$429,547	$459,615
$300,000	$481,734	$515,456	$551,538
$350,000	$562,024	$601,365	$643,461
$400,000	$642,313	$687,274	$735,384
$450,000	$722,602	$773,184	$827,307
$500,000	$802,891	$859,093	$919,230
$550,000	$883,180	$945,002	$1,011,153
$600,000	$963,469	$1,030,912	$1,103,076
$650,000	$1,043,758	$1,116,821	$1,194,998
$700,000	$1,124,047	$1,202,730	$1,286,921
$750,000	$1,204,336	$1,288,640	$1,378,844
$800,000	$1,284,625	$1,374,549	$1,470,767
$850,000	$1,364,914	$1,460,458	$1,562,690
$900,000	$1,445,203	$1,546,368	$1,654,613
$950,000	$1,525,492	$1,632,277	$1,746,536
$1,000,000	$1,605,781	$1,718,186	$1,838,459
$1,500,000	$2,408,672	$2,577,279	$2,757,689
$2,000,000	$3,211,563	$3,436,372	$3,676,918
$2,500,000	$4,014,454	$4,295,465	$4,596,148
$3,000,000	$4,817,344	$5,154,559	$5,515,378
$3,500,000	$5,620,235	$6,013,652	$6,434,607
$4,000,000	$6,423,126	$6,872,745	$7,353,837
$4,500,000	$7,226,017	$7,731,838	$8,273,066
$5,000,000	$8,028,907	$8,590,931	$9,192,296
$10,000,000	$16,057,815	$17,181,862	$18,384,592

Precio de Adquisición	Año 10	Año 11	Año 12
$100,000	$196,715	$210,485	$225,219
$150,000	$295,073	$315,728	$337,829
$200,000	$393,430	$420,970	$450,438
$250,000	$491,788	$526,213	$563,048
$300,000	$590,145	$631,456	$675,657
$350,000	$688,503	$736,698	$788,267
$400,000	$786,861	$841,941	$900,877
$450,000	$885,218	$947,183	$1,013,486
$500,000	$983,576	$1,052,426	$1,126,096
$550,000	$1,081,933	$1,157,669	$1,238,705
$600,000	$1,180,291	$1,262,911	$1,351,315
$650,000	$1,278,648	$1,368,154	$1,463,925
$700,000	$1,377,006	$1,473,396	$1,576,534
$750,000	$1,475,364	$1,578,639	$1,689,144
$800,000	$1,573,721	$1,683,882	$1,801,753
$850,000	$1,672,079	$1,789,124	$1,914,363
$900,000	$1,770,436	$1,894,367	$2,026,972
$950,000	$1,868,794	$1,999,609	$2,139,582
$1,000,000	$1,967,151	$2,104,852	$2,252,192
$1,500,000	$2,950,727	$3,157,278	$3,378,287
$2,000,000	$3,934,303	$4,209,704	$4,504,383
$2,500,000	$4,917,878	$5,262,130	$5,630,479
$3,000,000	$5,901,454	$6,314,556	$6,756,575
$3,500,000	$6,885,030	$7,366,982	$7,882,671
$4,000,000	$7,868,605	$8,419,408	$9,008,766
$4,500,000	$8,852,181	$9,471,834	$10,134,862
$5,000,000	$9,835,757	$10,524,260	$11,260,958
$10,000,000	$19,671,514	$21,048,520	$22,521,916

Crecimiento en Equidad

Precio de Adquisición	Año 13	Año 14	Año 15
$100,000	$240,985	$257,853	$275,903
$150,000	$361,477	$386,780	$413,855
$200,000	$481,969	$515,707	$551,806
$250,000	$602,461	$644,634	$689,758
$300,000	$722,954	$773,560	$827,709
$350,000	$843,446	$902,487	$965,661
$400,000	$963,938	$1,031,414	$1,103,613
$450,000	$1,084,430	$1,160,340	$1,241,564
$500,000	$1,204,923	$1,289,267	$1,379,516
$550,000	$1,325,415	$1,418,194	$1,517,467
$600,000	$1,445,907	$1,547,120	$1,655,419
$650,000	$1,566,399	$1,676,047	$1,793,371
$700,000	$1,686,892	$1,804,974	$1,931,322
$750,000	$1,807,384	$1,933,901	$2,069,274
$800,000	$1,927,876	$2,062,827	$2,207,225
$850,000	$2,048,368	$2,191,754	$2,345,177
$900,000	$2,168,861	$2,320,681	$2,483,128
$950,000	$2,289,353	$2,449,607	$2,621,080
$1,000,000	$2,409,845	$2,578,534	$2,759,032
$1,500,000	$3,614,768	$3,867,801	$4,138,547
$2,000,000	$4,819,690	$5,157,068	$5,518,063
$2,500,000	$6,024,613	$6,446,335	$6,897,579
$3,000,000	$7,229,535	$7,735,602	$8,277,095
$3,500,000	$8,434,458	$9,024,870	$9,656,610
$4,000,000	$9,639,380	$10,314,137	$11,036,126
$4,500,000	$10,844,303	$11,603,404	$12,415,642
$5,000,000	$12,049,225	$12,892,671	$13,795,158
$10,000,000	$24,098,450	$25,785,342	$27,590,315

Crecimiento en Equidad

Estas tablas reflejan el aumento en valor de las propiedades como resultado de su crecimiento en equidad. Excluyen el crecimiento de equidad como resultado de reducción en el principal de la hipoteca.

Se asume una tasa de crecimiento de:

8%

Crecimiento en Equidad

Precio de Adquisición	Año 1	Año 2	Año 3
$100,000	$108,000	$116,640	$125,971
$150,000	$162,000	$174,960	$188,957
$200,000	$216,000	$233,280	$251,942
$250,000	$270,000	$291,600	$314,928
$300,000	$324,000	$349,920	$377,914
$350,000	$378,000	$408,240	$440,899
$400,000	$432,000	$466,560	$503,885
$450,000	$486,000	$524,880	$566,870
$500,000	$540,000	$583,200	$629,856
$550,000	$594,000	$641,520	$692,842
$600,000	$648,000	$699,840	$755,827
$650,000	$702,000	$758,160	$818,813
$700,000	$756,000	$816,480	$881,798
$750,000	$810,000	$874,800	$944,784
$800,000	$864,000	$933,120	$1,007,770
$850,000	$918,000	$991,440	$1,070,755
$900,000	$972,000	$1,049,760	$1,133,741
$950,000	$1,026,000	$1,108,080	$1,196,726
$1,000,000	$1,080,000	$1,166,400	$1,259,712
$1,500,000	$1,620,000	$1,749,600	$1,889,568
$2,000,000	$2,160,000	$2,332,800	$2,519,424
$2,500,000	$2,700,000	$2,916,000	$3,149,280
$3,000,000	$3,240,000	$3,499,200	$3,779,136
$3,500,000	$3,780,000	$4,082,400	$4,408,992
$4,000,000	$4,320,000	$4,665,600	$5,038,848
$4,500,000	$4,860,000	$5,248,800	$5,668,704
$5,000,000	$5,400,000	$5,832,000	$6,298,560
$10,000,000	$10,800,000	$11,664,000	$12,597,120

Precio de Adquisición	Año 4	Año 5	Año 6
$100,000	$136,049	$146,933	$158,687
$150,000	$204,073	$220,399	$238,031
$200,000	$272,098	$293,866	$317,375
$250,000	$340,122	$367,332	$396,719
$300,000	$408,147	$440,798	$476,062
$350,000	$476,171	$514,265	$555,406
$400,000	$544,196	$587,731	$634,750
$450,000	$612,220	$661,198	$714,093
$500,000	$680,244	$734,664	$793,437
$550,000	$748,269	$808,130	$872,781
$600,000	$816,293	$881,597	$952,125
$650,000	$884,318	$955,063	$1,031,468
$700,000	$952,342	$1,028,530	$1,110,812
$750,000	$1,020,367	$1,101,996	$1,190,156
$800,000	$1,088,391	$1,175,462	$1,269,499
$850,000	$1,156,416	$1,248,929	$1,348,843
$900,000	$1,224,440	$1,322,395	$1,428,187
$950,000	$1,292,465	$1,395,862	$1,507,531
$1,000,000	$1,360,489	$1,469,328	$1,586,874
$1,500,000	$2,040,733	$2,203,992	$2,380,311
$2,000,000	$2,720,978	$2,938,656	$3,173,749
$2,500,000	$3,401,222	$3,673,320	$3,967,186
$3,000,000	$4,081,467	$4,407,984	$4,760,623
$3,500,000	$4,761,711	$5,142,648	$5,554,060
$4,000,000	$5,441,956	$5,877,312	$6,347,497
$4,500,000	$6,122,200	$6,611,976	$7,140,934
$5,000,000	$6,802,445	$7,346,640	$7,934,372
$10,000,000	$13,604,890	$14,693,281	$15,868,743

Crecimiento en Equidad

Precio de Adquisición	Año 7	Año 8	Año 9
$100,000	$171,382	$185,093	$199,900
$150,000	$257,074	$277,640	$299,851
$200,000	$342,765	$370,186	$399,801
$250,000	$428,456	$462,733	$499,751
$300,000	$514,147	$555,279	$599,701
$350,000	$599,838	$647,826	$699,652
$400,000	$685,530	$740,372	$799,602
$450,000	$771,221	$832,919	$899,552
$500,000	$856,912	$925,465	$999,502
$550,000	$942,603	$1,018,012	$1,099,453
$600,000	$1,028,295	$1,110,558	$1,199,403
$650,000	$1,113,986	$1,203,105	$1,299,353
$700,000	$1,199,677	$1,295,651	$1,399,303
$750,000	$1,285,368	$1,388,198	$1,499,253
$800,000	$1,371,059	$1,480,744	$1,599,204
$850,000	$1,456,751	$1,573,291	$1,699,154
$900,000	$1,542,442	$1,665,837	$1,799,104
$950,000	$1,628,133	$1,758,384	$1,899,054
$1,000,000	$1,713,824	$1,850,930	$1,999,005
$1,500,000	$2,570,736	$2,776,395	$2,998,507
$2,000,000	$3,427,649	$3,701,860	$3,998,009
$2,500,000	$4,284,561	$4,627,326	$4,997,512
$3,000,000	$5,141,473	$5,552,791	$5,997,014
$3,500,000	$5,998,385	$6,478,256	$6,996,516
$4,000,000	$6,855,297	$7,403,721	$7,996,019
$4,500,000	$7,712,209	$8,329,186	$8,995,521
$5,000,000	$8,569,121	$9,254,651	$9,995,023
$10,000,000	$17,138,243	$18,509,302	$19,990,046

Precio de Adquisición	Año 10	Año 11	Año 12
$100,000	$215,892	$233,164	$251,817
$150,000	$323,839	$349,746	$377,726
$200,000	$431,785	$466,328	$503,634
$250,000	$539,731	$582,910	$629,543
$300,000	$647,677	$699,492	$755,451
$350,000	$755,624	$816,074	$881,360
$400,000	$863,570	$932,656	$1,007,268
$450,000	$971,516	$1,049,238	$1,133,177
$500,000	$1,079,462	$1,165,819	$1,259,085
$550,000	$1,187,409	$1,282,401	$1,384,994
$600,000	$1,295,355	$1,398,983	$1,510,902
$650,000	$1,403,301	$1,515,565	$1,636,811
$700,000	$1,511,247	$1,632,147	$1,762,719
$750,000	$1,619,194	$1,748,729	$1,888,628
$800,000	$1,727,140	$1,865,311	$2,014,536
$850,000	$1,835,086	$1,981,893	$2,140,445
$900,000	$1,943,032	$2,098,475	$2,266,353
$950,000	$2,050,979	$2,215,057	$2,392,262
$1,000,000	$2,158,925	$2,331,639	$2,518,170
$1,500,000	$3,238,387	$3,497,458	$3,777,255
$2,000,000	$4,317,850	$4,663,278	$5,036,340
$2,500,000	$5,397,312	$5,829,097	$6,295,425
$3,000,000	$6,476,775	$6,994,917	$7,554,510
$3,500,000	$7,556,237	$8,160,736	$8,813,595
$4,000,000	$8,635,700	$9,326,556	$10,072,680
$4,500,000	$9,715,162	$10,492,375	$11,331,766
$5,000,000	$10,794,625	$11,658,195	$12,590,851
$10,000,000	$21,589,250	$23,316,390	$25,181,701

Crecimiento en Equidad

Precio de Adquisición	Año 13	Año 14	Año 15
$100,000	$271,962	$293,719	$317,217
$150,000	$407,944	$440,579	$475,825
$200,000	$543,925	$587,439	$634,434
$250,000	$679,906	$734,298	$793,042
$300,000	$815,887	$881,158	$951,651
$350,000	$951,868	$1,028,018	$1,110,259
$400,000	$1,087,849	$1,174,877	$1,268,868
$450,000	$1,223,831	$1,321,737	$1,427,476
$500,000	$1,359,812	$1,468,597	$1,586,085
$550,000	$1,495,793	$1,615,456	$1,744,693
$600,000	$1,631,774	$1,762,316	$1,903,301
$650,000	$1,767,755	$1,909,176	$2,061,910
$700,000	$1,903,737	$2,056,036	$2,220,518
$750,000	$2,039,718	$2,202,895	$2,379,127
$800,000	$2,175,699	$2,349,755	$2,537,735
$850,000	$2,311,680	$2,496,615	$2,696,344
$900,000	$2,447,661	$2,643,474	$2,854,952
$950,000	$2,583,643	$2,790,334	$3,013,561
$1,000,000	$2,719,624	$2,937,194	$3,172,169
$1,500,000	$4,079,436	$4,405,790	$4,758,254
$2,000,000	$5,439,247	$5,874,387	$6,344,338
$2,500,000	$6,799,059	$7,342,984	$7,930,423
$3,000,000	$8,158,871	$8,811,581	$9,516,507
$3,500,000	$9,518,683	$10,280,178	$11,102,592
$4,000,000	$10,878,495	$11,748,774	$12,688,676
$4,500,000	$12,238,307	$13,217,371	$14,274,761
$5,000,000	$13,598,119	$14,685,968	$15,860,846
$10,000,000	$27,196,237	$29,371,936	$31,721,691

Crecimiento en Equidad

Estas tablas reflejan el aumento en valor de las propiedades como resultado de su crecimiento en equidad. Excluyen el crecimiento de equidad como resultado de reducción en el principal de la hipoteca.

Se asume una tasa de crecimiento de:

9%

Crecimiento en Equidad

Precio de Adquisición	Año 1	Año 2	Año 3
$100,000	$109,000	$118,810	$129,503
$150,000	$163,500	$178,215	$194,254
$200,000	$218,000	$237,620	$259,006
$250,000	$272,500	$297,025	$323,757
$300,000	$327,000	$356,430	$388,509
$350,000	$381,500	$415,835	$453,260
$400,000	$436,000	$475,240	$518,012
$450,000	$490,500	$534,645	$582,763
$500,000	$545,000	$594,050	$647,515
$550,000	$599,500	$653,455	$712,266
$600,000	$654,000	$712,860	$777,017
$650,000	$708,500	$772,265	$841,769
$700,000	$763,000	$831,670	$906,520
$750,000	$817,500	$891,075	$971,272
$800,000	$872,000	$950,480	$1,036,023
$850,000	$926,500	$1,009,885	$1,100,775
$900,000	$981,000	$1,069,290	$1,165,526
$950,000	$1,035,500	$1,128,695	$1,230,278
$1,000,000	$1,090,000	$1,188,100	$1,295,029
$1,500,000	$1,635,000	$1,782,150	$1,942,544
$2,000,000	$2,180,000	$2,376,200	$2,590,058
$2,500,000	$2,725,000	$2,970,250	$3,237,573
$3,000,000	$3,270,000	$3,564,300	$3,885,087
$3,500,000	$3,815,000	$4,158,350	$4,532,602
$4,000,000	$4,360,000	$4,752,400	$5,180,116
$4,500,000	$4,905,000	$5,346,450	$5,827,631
$5,000,000	$5,450,000	$5,940,500	$6,475,145
$10,000,000	$10,900,000	$11,881,000	$12,950,290

Precio de Adquisición	Año 4	Año 5	Año 6
$100,000	$141,158	$153,862	$167,710
$150,000	$211,737	$230,794	$251,565
$200,000	$282,316	$307,725	$335,420
$250,000	$352,895	$384,656	$419,275
$300,000	$423,474	$461,587	$503,130
$350,000	$494,054	$538,518	$586,985
$400,000	$564,633	$615,450	$670,840
$450,000	$635,212	$692,381	$754,695
$500,000	$705,791	$769,312	$838,550
$550,000	$776,370	$846,243	$922,405
$600,000	$846,949	$923,174	$1,006,260
$650,000	$917,528	$1,000,106	$1,090,115
$700,000	$988,107	$1,077,037	$1,173,970
$750,000	$1,058,686	$1,153,968	$1,257,825
$800,000	$1,129,265	$1,230,899	$1,341,680
$850,000	$1,199,844	$1,307,830	$1,425,535
$900,000	$1,270,423	$1,384,762	$1,509,390
$950,000	$1,341,003	$1,461,693	$1,593,245
$1,000,000	$1,411,582	$1,538,624	$1,677,100
$1,500,000	$2,117,372	$2,307,936	$2,515,650
$2,000,000	$2,823,163	$3,077,248	$3,354,200
$2,500,000	$3,528,954	$3,846,560	$4,192,750
$3,000,000	$4,234,745	$4,615,872	$5,031,300
$3,500,000	$4,940,536	$5,385,184	$5,869,850
$4,000,000	$5,646,326	$6,154,496	$6,708,400
$4,500,000	$6,352,117	$6,923,808	$7,546,950
$5,000,000	$7,057,908	$7,693,120	$8,385,501
$10,000,000	$14,115,816	$15,386,240	$16,771,001

Crecimiento en Equidad

Precio de Adquisición	Año 7	Año 8	Año 9
$100,000	$182,804	$199,256	$217,189
$150,000	$274,206	$298,884	$325,784
$200,000	$365,608	$398,513	$434,379
$250,000	$457,010	$498,141	$542,973
$300,000	$548,412	$597,769	$651,568
$350,000	$639,814	$697,397	$760,163
$400,000	$731,216	$797,025	$868,757
$450,000	$822,618	$896,653	$977,352
$500,000	$914,020	$996,281	$1,085,947
$550,000	$1,005,422	$1,095,909	$1,194,541
$600,000	$1,096,823	$1,195,538	$1,303,136
$650,000	$1,188,225	$1,295,166	$1,411,731
$700,000	$1,279,627	$1,394,794	$1,520,325
$750,000	$1,371,029	$1,494,422	$1,628,920
$800,000	$1,462,431	$1,594,050	$1,737,515
$850,000	$1,553,833	$1,693,678	$1,846,109
$900,000	$1,645,235	$1,793,306	$1,954,704
$950,000	$1,736,637	$1,892,935	$2,063,299
$1,000,000	$1,828,039	$1,992,563	$2,171,893
$1,500,000	$2,742,059	$2,988,844	$3,257,840
$2,000,000	$3,656,078	$3,985,125	$4,343,787
$2,500,000	$4,570,098	$4,981,407	$5,429,733
$3,000,000	$5,484,117	$5,977,688	$6,515,680
$3,500,000	$6,398,137	$6,973,969	$7,601,626
$4,000,000	$7,312,156	$7,970,251	$8,687,573
$4,500,000	$8,226,176	$8,966,532	$9,773,520
$5,000,000	$9,140,196	$9,962,813	$10,859,466
$10,000,000	$18,280,391	$19,925,626	$21,718,933

Precio de Adquisición	Año 10	Año 11	Año 12
$100,000	$236,736	$258,043	$281,266
$150,000	$355,105	$387,064	$421,900
$200,000	$473,473	$516,085	$562,533
$250,000	$591,841	$645,107	$703,166
$300,000	$710,209	$774,128	$843,799
$350,000	$828,577	$903,149	$984,433
$400,000	$946,945	$1,032,171	$1,125,066
$450,000	$1,065,314	$1,161,192	$1,265,699
$500,000	$1,183,682	$1,290,213	$1,406,332
$550,000	$1,302,050	$1,419,235	$1,546,966
$600,000	$1,420,418	$1,548,256	$1,687,599
$650,000	$1,538,786	$1,677,277	$1,828,232
$700,000	$1,657,155	$1,806,298	$1,968,865
$750,000	$1,775,523	$1,935,320	$2,109,499
$800,000	$1,893,891	$2,064,341	$2,250,132
$850,000	$2,012,259	$2,193,362	$2,390,765
$900,000	$2,130,627	$2,322,384	$2,531,398
$950,000	$2,248,995	$2,451,405	$2,672,032
$1,000,000	$2,367,364	$2,580,426	$2,812,665
$1,500,000	$3,551,046	$3,870,640	$4,218,997
$2,000,000	$4,734,727	$5,160,853	$5,625,330
$2,500,000	$5,918,409	$6,451,066	$7,031,662
$3,000,000	$7,102,091	$7,741,279	$8,437,994
$3,500,000	$8,285,773	$9,031,492	$9,844,327
$4,000,000	$9,469,455	$10,321,706	$11,250,659
$4,500,000	$10,653,137	$11,611,919	$12,656,992
$5,000,000	$11,836,818	$12,902,132	$14,063,324
$10,000,000	$23,673,637	$25,804,264	$28,126,648

Crecimiento en Equidad

Precio de Adquisición	Año 13	Año 14	Año 15
$100,000	$306,580	$334,173	$364,248
$150,000	$459,871	$501,259	$546,372
$200,000	$613,161	$668,345	$728,496
$250,000	$766,451	$835,432	$910,621
$300,000	$919,741	$1,002,518	$1,092,745
$350,000	$1,073,032	$1,169,604	$1,274,869
$400,000	$1,226,322	$1,336,691	$1,456,993
$450,000	$1,379,612	$1,503,777	$1,639,117
$500,000	$1,532,902	$1,670,864	$1,821,241
$550,000	$1,686,193	$1,837,950	$2,003,365
$600,000	$1,839,483	$2,005,036	$2,185,489
$650,000	$1,992,773	$2,172,123	$2,367,614
$700,000	$2,146,063	$2,339,209	$2,549,738
$750,000	$2,299,353	$2,506,295	$2,731,862
$800,000	$2,452,644	$2,673,382	$2,913,986
$850,000	$2,605,934	$2,840,468	$3,096,110
$900,000	$2,759,224	$3,007,554	$3,278,234
$950,000	$2,912,514	$3,174,641	$3,460,358
$1,000,000	$3,065,805	$3,341,727	$3,642,482
$1,500,000	$4,598,707	$5,012,591	$5,463,724
$2,000,000	$6,131,609	$6,683,454	$7,284,965
$2,500,000	$7,664,512	$8,354,318	$9,106,206
$3,000,000	$9,197,414	$10,025,181	$10,927,447
$3,500,000	$10,730,316	$11,696,045	$12,748,689
$4,000,000	$12,263,218	$13,366,908	$14,569,930
$4,500,000	$13,796,121	$15,037,772	$16,391,171
$5,000,000	$15,329,023	$16,708,635	$18,212,412
$10,000,000	$30,658,046	$33,417,270	$36,424,825

Crecimiento en Equidad

Estas tablas reflejan el aumento en valor de las propiedades como resultado de su crecimiento en equidad. Excluyen el crecimiento de equidad como resultado de reducción en el principal de la hipoteca.

Se asume una tasa de crecimiento de:

10%

Crecimiento en Equidad

Precio de Adquisición	Año 1	Año 2	Año 3
$100,000	$110,000	$121,000	$133,100
$150,000	$165,000	$181,500	$199,650
$200,000	$220,000	$242,000	$266,200
$250,000	$275,000	$302,500	$332,750
$300,000	$330,000	$363,000	$399,300
$350,000	$385,000	$423,500	$465,850
$400,000	$440,000	$484,000	$532,400
$450,000	$495,000	$544,500	$598,950
$500,000	$550,000	$605,000	$665,500
$550,000	$605,000	$665,500	$732,050
$600,000	$660,000	$726,000	$798,600
$650,000	$715,000	$786,500	$865,150
$700,000	$770,000	$847,000	$931,700
$750,000	$825,000	$907,500	$998,250
$800,000	$880,000	$968,000	$1,064,800
$850,000	$935,000	$1,028,500	$1,131,350
$900,000	$990,000	$1,089,000	$1,197,900
$950,000	$1,045,000	$1,149,500	$1,264,450
$1,000,000	$1,100,000	$1,210,000	$1,331,000
$1,500,000	$1,650,000	$1,815,000	$1,996,500
$2,000,000	$2,200,000	$2,420,000	$2,662,000
$2,500,000	$2,750,000	$3,025,000	$3,327,500
$3,000,000	$3,300,000	$3,630,000	$3,993,000
$3,500,000	$3,850,000	$4,235,000	$4,658,500
$4,000,000	$4,400,000	$4,840,000	$5,324,000
$4,500,000	$4,950,000	$5,445,000	$5,989,500
$5,000,000	$5,500,000	$6,050,000	$6,655,000
$10,000,000	$11,000,000	$12,100,000	$13,310,000

Precio de Adquisición	Año 4	Año 5	Año 6
$100,000	$146,410	$161,051	$177,156
$150,000	$219,615	$241,577	$265,734
$200,000	$292,820	$322,102	$354,312
$250,000	$366,025	$402,628	$442,890
$300,000	$439,230	$483,153	$531,468
$350,000	$512,435	$563,679	$620,046
$400,000	$585,640	$644,204	$708,624
$450,000	$658,845	$724,730	$797,202
$500,000	$732,050	$805,255	$885,781
$550,000	$805,255	$885,781	$974,359
$600,000	$878,460	$966,306	$1,062,937
$650,000	$951,665	$1,046,832	$1,151,515
$700,000	$1,024,870	$1,127,357	$1,240,093
$750,000	$1,098,075	$1,207,883	$1,328,671
$800,000	$1,171,280	$1,288,408	$1,417,249
$850,000	$1,244,485	$1,368,934	$1,505,827
$900,000	$1,317,690	$1,449,459	$1,594,405
$950,000	$1,390,895	$1,529,985	$1,682,983
$1,000,000	$1,464,100	$1,610,510	$1,771,561
$1,500,000	$2,196,150	$2,415,765	$2,657,342
$2,000,000	$2,928,200	$3,221,020	$3,543,122
$2,500,000	$3,660,250	$4,026,275	$4,428,903
$3,000,000	$4,392,300	$4,831,530	$5,314,683
$3,500,000	$5,124,350	$5,636,785	$6,200,464
$4,000,000	$5,856,400	$6,442,040	$7,086,244
$4,500,000	$6,588,450	$7,247,295	$7,972,025
$5,000,000	$7,320,500	$8,052,550	$8,857,805
$10,000,000	$14,641,000	$16,105,100	$17,715,610

Crecimiento en Equidad

Precio de Adquisición	Año 7	Año 8	Año 9
$100,000	$194,872	$214,359	$235,795
$150,000	$292,308	$321,538	$353,692
$200,000	$389,743	$428,718	$471,590
$250,000	$487,179	$535,897	$589,487
$300,000	$584,615	$643,077	$707,384
$350,000	$682,051	$750,256	$825,282
$400,000	$779,487	$857,436	$943,179
$450,000	$876,923	$964,615	$1,061,076
$500,000	$974,359	$1,071,794	$1,178,974
$550,000	$1,071,794	$1,178,974	$1,296,871
$600,000	$1,169,230	$1,286,153	$1,414,769
$650,000	$1,266,666	$1,393,333	$1,532,666
$700,000	$1,364,102	$1,500,512	$1,650,563
$750,000	$1,461,538	$1,607,692	$1,768,461
$800,000	$1,558,974	$1,714,871	$1,886,358
$850,000	$1,656,410	$1,822,050	$2,004,256
$900,000	$1,753,845	$1,929,230	$2,122,153
$950,000	$1,851,281	$2,036,409	$2,240,050
$1,000,000	$1,948,717	$2,143,589	$2,357,948
$1,500,000	$2,923,076	$3,215,383	$3,536,922
$2,000,000	$3,897,434	$4,287,178	$4,715,895
$2,500,000	$4,871,793	$5,358,972	$5,894,869
$3,000,000	$5,846,151	$6,430,766	$7,073,843
$3,500,000	$6,820,510	$7,502,561	$8,252,817
$4,000,000	$7,794,868	$8,574,355	$9,431,791
$4,500,000	$8,769,227	$9,646,150	$10,610,765
$5,000,000	$9,743,586	$10,717,944	$11,789,738
$10,000,000	$19,487,171	$21,435,888	$23,579,477

Precio de Adquisición	Año 10	Año 11	Año 12
$100,000	$259,374	$285,312	$313,843
$150,000	$389,061	$427,968	$470,764
$200,000	$518,748	$570,623	$627,686
$250,000	$648,436	$713,279	$784,607
$300,000	$778,123	$855,935	$941,529
$350,000	$907,810	$998,591	$1,098,450
$400,000	$1,037,497	$1,141,247	$1,255,371
$450,000	$1,167,184	$1,283,903	$1,412,293
$500,000	$1,296,871	$1,426,558	$1,569,214
$550,000	$1,426,558	$1,569,214	$1,726,136
$600,000	$1,556,245	$1,711,870	$1,883,057
$650,000	$1,685,933	$1,854,526	$2,039,978
$700,000	$1,815,620	$1,997,182	$2,196,900
$750,000	$1,945,307	$2,139,838	$2,353,821
$800,000	$2,074,994	$2,282,493	$2,510,743
$850,000	$2,204,681	$2,425,149	$2,667,664
$900,000	$2,334,368	$2,567,805	$2,824,586
$950,000	$2,464,055	$2,710,461	$2,981,507
$1,000,000	$2,593,742	$2,853,117	$3,138,428
$1,500,000	$3,890,614	$4,279,675	$4,707,643
$2,000,000	$5,187,485	$5,706,233	$6,276,857
$2,500,000	$6,484,356	$7,132,792	$7,846,071
$3,000,000	$7,781,227	$8,559,350	$9,415,285
$3,500,000	$9,078,099	$9,985,908	$10,984,499
$4,000,000	$10,374,970	$11,412,467	$12,553,714
$4,500,000	$11,671,841	$12,839,025	$14,122,928
$5,000,000	$12,968,712	$14,265,584	$15,692,142
$10,000,000	$25,937,425	$28,531,167	$31,384,284

Crecimiento en Equidad

Precio de Adquisición	Año 13	Año 14	Año 15
$100,000	$345,227	$379,750	$417,725
$150,000	$517,841	$569,625	$626,587
$200,000	$690,454	$759,500	$835,450
$250,000	$863,068	$949,375	$1,044,312
$300,000	$1,035,681	$1,139,250	$1,253,174
$350,000	$1,208,295	$1,329,124	$1,462,037
$400,000	$1,380,908	$1,518,999	$1,670,899
$450,000	$1,553,522	$1,708,874	$1,879,762
$500,000	$1,726,136	$1,898,749	$2,088,624
$550,000	$1,898,749	$2,088,624	$2,297,486
$600,000	$2,071,363	$2,278,499	$2,506,349
$650,000	$2,243,976	$2,468,374	$2,715,211
$700,000	$2,416,590	$2,658,249	$2,924,074
$750,000	$2,589,203	$2,848,124	$3,132,936
$800,000	$2,761,817	$3,037,999	$3,341,799
$850,000	$2,934,431	$3,227,874	$3,550,661
$900,000	$3,107,044	$3,417,749	$3,759,523
$950,000	$3,279,658	$3,607,623	$3,968,386
$1,000,000	$3,452,271	$3,797,498	$4,177,248
$1,500,000	$5,178,407	$5,696,248	$6,265,872
$2,000,000	$6,904,542	$7,594,997	$8,354,496
$2,500,000	$8,630,678	$9,493,746	$10,443,120
$3,000,000	$10,356,814	$11,392,495	$12,531,745
$3,500,000	$12,082,949	$13,291,244	$14,620,369
$4,000,000	$13,809,085	$15,189,993	$16,708,993
$4,500,000	$15,535,220	$17,088,743	$18,797,617
$5,000,000	$17,261,356	$18,987,492	$20,886,241
$10,000,000	$34,522,712	$37,974,983	$41,772,482

Páginas Web de Referencia

www.realtor.org
Página web de la Asociación Nacional de REALTORS®. Contiene información sobre corretaje y otras áreas relacionadas a la industria de los bienes raíces.

www.census.gov
Contiene vasta información sobre estadísticas de construcción y datos demográficos.

www.uli.org
Contiene información sobre desarrollos y uso de terrenos.

www.marshallswift.com
Empresa privada que monitorea costos de construción. Excelente fuente de información para obtener estimados de construcción y establecer valor.

www.loopnet.com
Página web que ofrece una amplia variedad y cantidad de propiedades comerciales para la venta y alquiler.

www.realestatejournal.com
La versión electrónica del periódico Wall Street Journal con información sobre la industria de los bienes raíces.

www.appraisalinstitute.org
Organización profesional de valuadores. Ofrece un excelente programa educativo.

www.rentlaw.com
Información sobre leyes de arrendamiento de los diferentes estados de los Estados Unidos.

www.quickfacts.census.gov/qfd
Información resumida de la data del censo nacional.

http://earth.google.com
Sistema que provee fotos aéreas de la mayor parte de los Estados Unidos. Excelente herramienta para obtener imágenes aéreas de propiedades.

www.powerholdingspr.com
Página web de Power Holdings Realty Group. Provee información sobre listados de propiedades comerciales.

www.powerpublishingpr.com
Página web de Power Publishing Learning Systems. Provee información sobre seminarios, talleres y material educativo sobre bienes raíces.

www.blacksguide.com
Excelente fuente de información sobre el mercado de los bienes raíces comerciales.

www.sior.com
Página web de una de las principales y más respetadas organizaciones de corretaje comercial.

www.namb.org
Página web de la Asociación Nacional de Corredores de Hipotecas.

www.looplender.com
Afiliados a LoopNet, esta página web ofrece información sobre tasas de interés en diferentes instituciones prestatarias.

www.rcanalytics.com
Provee reportes mensuales sobre la actividad de propiedades comerciales; precios, compradores, vendedores, número de ventas, etc.

www.reits.com
Provee información necesaria para evaluar las inversiones en fideicomisos de bienes raíces.

www.boma.org
Página web de la organización nacional de dueños y administradores de edificios.

www.icsc.org
Página web del concilio internacional de centros comerciales. Provee información sobre gastos e ingresos de distintos centros comerciales.

www.cmalert.com
Página web que ofrece noticias, análisis y estadísticas con respecto a todos los ámbitos de financiamiento del negocio de bienes raíces comerciales.

www.property.com
Ofrece noticias e información sobre el mercado de hipotecas comerciales

www.realwebfunds.com
Página web que ofrece listas de cotejo con relación a la documentación necesaria para obtener financiamiento basado en el tipo de propiedad en el cual se está considerando invertir.

www.crewnetwork.org
Página web de la Asociación de Mujeres en el campo de los bienes raíces comerciales.

www.nationalreia.com
Página web de la Asociación de Inversionistas en Bienes Raíces de los Estados Unidos. Provee data e información para todo tipo de inversionista en bienes raíces.

www.ccim.com
Página web de la organización de corredores comerciales especializados en inversiones. Provee un excelente programa educativo. Esta organización desarrolla el grado más alto de competencia, peritaje y profesionalismo en el corretaje comercial.

Glosario

Glosario

Abandono. El acto de renunciar a la posesión de una propiedad sin ceder la propiedad a otra persona.

Absorción. Cantidad de unidades o espacio que se vende o alquila en un período determinado de tiempo. La fórmula es "unidades disponibles al final del período menos unidades disponibles al principio del período". El período más común utilizado es un año.

Accesión. Adición a la tierra de forma natural o a través de la mano del hombre.

Aceleración. Estipulación en un préstamo que otorga el derecho a demandar pago de saldo completo.

Acervo. La totalidad de bienes comunes o indivisos.

Acuerdo de voluntades. Se dice de cuando todas las partes llegan a un acuerdo.

Acre. Unidad de medida para terrenos, utilizada mayormente en los Estados Unidos. Equivale a 4,046.85 metros cuadrados o 4,840 yardas cuadradas o 43,560 pies cuadrados.

Acreedor. Aquel a quien se le debe dinero.

Acreedor hipotecario. El prestamista que recibe el pago de hipoteca. El prestatario. El banco.

Activo. Recurso que se controla como resultado de eventos anteriores y de los cuales se espera obtener beneficios económicos en el futuro. Incluye bienes muebles, inmuebles y otro tipo de propiedad y derechos tangibles o intangibles.

Ad Corpus. Se dice de la venta de un bien inmueble que puede hacerse sin indicación de su localización y por un precio determinado.

Ad Valorem. Se dice de algo que está basado en valor; un ejemplo son los impuestos sobre la propiedad.

Administrador de bienes raíces. Designación profesional para administradores de propiedades.

Adyacente. Propiedad que colinda; tocar.

Agente. Representante autorizado del dueño o principal; corredor; vendedor.

Agregación. Vea agrupación.

Agrimensura. Sistema de medir los terrenos y sus colindancias.

Agrupación. El acto de combinar dos o más terrenos.

Airea. Instituto Americano de Valuadores de Bienes Raíces.

Albacea testamentario. Persona nombrada para satisfacer la disposición original del caudal del difunto según documentado en el testamento.

Alquiler del terreno. Renta pagada por la ocupación de un terreno con o sin mejoras.

Aluvión. El aumento del tamaño de un solar por concepto del depósito gradual de tierras transportadas por agua.

Amenidades. Algo extra. En la administración de bienes raíces incluye facilidades y beneficios que normalmente no están incluidos en la renta, pero que ofrecen valor añadido al arrendatario. En la venta de bienes raíces puede ser cualquier cosa que haga de la venta una más atractiva tal como una piscina, un baño de sauna, un gazebo, entre otros.

Amortización. La liquidación de una deuda en pagos iguales.

Amortización negativa. Ocurre cuando el pago de un préstamo no cubre la cantidad que se debe y la acumulación de intereses aumenta el balance adeudado.

Amortizar. Pagos periódicos que liquidan la deuda en un término de tiempo determinado.

Análisis. El proceso de recopilar información para llegar a conclusiones y poder efectuar recomendaciones.

Anexo. Un documento añadido a otro y hecho parte del mismo. Se convierte en parte del documento original.

Año fiscal. Concepto de contabilidad el cual establece el año operativo de un negocio.

Anualidad. Pagos periódicos recibidos, por lo general de cantidades iguales.

Anulable. Contrato con defectos ocultos o latentes, aunque parezca válido y ejecutable.

Anulación. La cancelación de un préstamo hipotecario al refinanciar una unidad principal de vivienda.

Apalancamiento. Hacer más con menos. Esta es la función de los préstamos hipotecarios. Usted aporta una pequeña cantidad de dinero y el banco aporta una cantidad mucho mayor. Sin embargo, usted es dueño del 100% de la propiedad. El apalancamiento aumenta el rendimiento en la inversión.

Apeo y Deslinde. El derecho de un propietario a medir, delimitar y cercar su propiedad.

APR. (Siglas en inglés) Tasa de porcentaje anual. El costo total anual expresado como porcentaje.

Apreciación. El aumento en valor de una propiedad.

ARM. Administrador residente acreditado (IREM); tasa de interés ajustable.

ARM. Hipoteca con tasa de interés ajustable.

ARM Convertible. ARM con la opción de conversión a préstamo con tasa de interés fija.

Arras. Un depósito de buena fe de parte del posible comprador para con el dueño/vendedor.

Arrendador. El dueño de una propiedad rentada; alquilador.

Arrendamiento. Concesión de una propiedad bajo contrato de renta por un término determinado.

Arrendamiento a largo plazo. Contrato de un año o más.

Arrendamiento bruto. El inquilino paga solamente una renta fija determinada y el arrendador paga todos los gastos operacionales y de mantenimiento.

Arrendamiento con opción a compra. Ofrece al inquilino la oportunidad de adquirir la propiedad en un período de tiempo establecido por ambas partes.

Arrendamiento graduado. Provee para el aumento paulatino del canon de arrendamiento a ciertos intervalos.

Arrendamiento neto (N). El inquilino paga la renta base y las utilidades. El arrendador paga el mantenimiento, los impuestos y el seguro. La interpretación de este arreglo puede variar dependiendo el mercado.

Arrendamiento doble neto (NN). El inquilino paga la renta base, los impuestos y el seguro. El arrendador paga el mantenimiento. La interpretación de este arreglo puede variar dependiendo el mercado.

Arrendamiento triple neto (NNN). El inquilino paga la renta base, las utilidades, los impuestos, el seguro y el mantenimiento. A veces no paga por la seguridad de la propiedad. La interpretación de este arreglo puede variar dependiendo el mercado.

Arrendamiento absolutamente neto. El inquilino paga la renta base y todos los gastos. El arrendador no paga gasto alguno.

Arrendamiento neto de tierra. El inquilino construye las mejoras, paga por el mantenimiento, seguros e impuestos.

Arrendamiento por porcentaje de negocio. La renta se basa sobre las ventas del negocio del inquilino; usualmente provee una renta mínima. La interpretación de este arreglo puede variar dependiendo el mercado.

Arrendamiento sujeto a un indicador. Atado a un indicador económico tal como inflación.

Arrendatario. Inquilino.

Asentamiento. Condición de hundimiento de un suelo. Por lo general es causado por compactación inadecuada o licuefacción del terreno.

Asociación Nacional de Corredores (NAR). Principal asociación de la industria de bienes raíces en los Estados Unidos y a nivel internacional.

Asociación Nacional Hipotecaria Federal (Fannie Mae). Agencia de mercado secundario hipotecario para inmobiliarios.

Asunción. La transferencia de las obligaciones del préstamo de una persona a otra. Tiene que ser permitido por el documento original y aprobado por el prestamista.

AU. Sistema automático de verificación de solicitud de préstamos. Este es realizado desde la oficina del prestatario a través de un sistema de computadora. El programa de computadora utiliza como criterios de cualificación requisitos del mercado secundario. No existe ningún tipo de influencia humana en la decisión final. El programa de computadora aprueba o no aprueba. Este tipo de sistema es comúnmente utilizado en el mercado "subprime".

Aval. Garantía total o parcial de pago prestada por un tercero, que se obliga con el deudor en caso de que este no lo realice.

Avalista. Persona que otorga el aval. El que determina el valor de una propiedad para fines del sistema tributario.

Avalúo. Estimado de valor.

Avulsión. Pérdida de tierras por la acción del agua; erosión.

Baldío. Se dice de terrenos que no son objeto de cultivo.

Bancarrota. Persona, empresa o corporación liberada del pago de sus deudas tras ceder los activos a un síndico nombrado por la corte.

Banco. Prestamistas hipotecarios.

Base. Precio pagado por una propiedad. Se utiliza para calcular los impuestos.

Base ajustada. Es equivalente a la base original más el costo de mejoras capitales menos la depreciación acumulada.

Bien ilíquido. Un bien que es difícil de vender a corto plazo. Los bienes inmuebles son ilíquidos.

Bien real. Bienes raíces.

Bienes. Propiedad que tiene valor.

Bienes gananciales. Los bienes acumulados entre esposo y esposa durante su matrimonio.

Bienes mostrencos. Se dice de los bienes muebles abandonados y perdidos cuyo propietario se desconoce.

Bienes muebles. Artículos de propiedad personal cuya vida útil es de más de un año y son susceptibles de ser trasladados que se altere ni su forma ni su esencia. Ejemplos lo son: mobiliario, maquinarias, automóviles, equipos de oficina, etc.

Bienes raíces. Terrenos, mejoras físicas y derecho de pertenencia o de utilización.

Bienes vacantes. Se dice de los bienes inmuebles cuyo propietario se desconoce.

Bloqueo de la Tasa de Interés. El bloqueo de la tasa de interés para garantizar un porcentaje específico. Se otorga por un tiempo determinado.

BOMA. Por sus siglas en inglés. Asociación de Dueños y Administradores de Edificios.

Bonafide. Actuar de buena fe.

"Canvassing". Técnica de agentes de bienes raíces de visitar un vecindario puerta por puerta para ofrecer sus servicios y obtener futuros clientes.

Capitalizar. Convertir activos en valor actual.

Carta lapidaria. Documento que indica el "status" contributivo de una propiedad. Su valor, exoneración y deuda si alguna.

Catastro. Censo estadístico de fincas rústica y urbanas.

Caveat emptor. A riesgo del comprador. El comprador compra bajo su propio riesgo.

Ceder. Traspasar derechos a otra persona o entidad.

Censo. Lista bajo la cual se clasifican cosas.

Certificado de notario. Declaración jurada por un individuo que confirma la veracidad de un documento el cual fue firmado por él.

Certificado de saldo. Documento que verifica la responsabilidad de un prestatario o arrendatario.

Certificado de título. Verifica la pertenencia de una propiedad.

Cesionario. El que compra una propiedad.

Cesionista. El que vende una propiedad.

Cierre. Una reunión para finalizar una transacción de bienes raíces. Se firman todos los documentos y se pagan los gastos relacionados con la transacción.

Cláusula de contingencia. Expresa condiciones para la culminación de un contrato.

Cláusula de opción. Confiere el derecho a comprar o arrendar una propiedad en tiempo futuro a un precio determinado.

CLHMS. (Siglas en inglés). Certificación de Especialista en Mercadeo de Residencias de Lujo.

CLO. Creación de Préstamos por Computadora. Una red autorizada por HUD (Housing and Urban Development)para iniciar solicitudes de préstamos hipotecarios por computadora de las propias oficinas del agente.

Código de Ética. Una regulación por escrito de las conductas a ser adoptadas por miembros de la NAR.

COFI. Índice de costo de los fondos comúnmente utilizado en los préstamos con tasa de interés ajustable.

Colateral. Bienes utilizados por un individuo para garantizar el pago de una deuda.

Colindancia. Adyacente; tocar; límites de una propiedad.

Comisión. Cantidad de dinero cobrada por el corredor de bienes raíces como tarifa por sus servicios. Usualmente expresada en forma porcentual.

Comodato. Contrato por el cual uno de los contratantes se obliga a conceder gratuitamente el uso de una cosa no consumible y el otro se obliga a restituirla individualmente. En los bienes raíces, se considera comodante al que otorga el préstamo y comodatario al que lo recibe. Al ocurrir un intercambio de dinero se convierte el contrato en compraventa o arrendamiento.

Como está (as is). Se dice de una propiedad que se vende con las condiciones existentes ya sean estas visibles o no visibles; sin garantía ninguna.

Comparables. Propiedades semejantes a la sujeta que se han vendido recientemente.

Compraventa Ad Corpus. Compraventa que se hace de la totalidad de la cosa y con precio determinado, sin consideración alguna por sus partes ni sus medidas.

Compraventa Ad Mesuram. Compraventa que se efectúa fijando un precio por unidad o medida.

Condenación. La toma legal por parte del gobierno de una propiedad bajo el derecho eminente.

Condominio. Una forma de posesión de propiedad inmueble donde el titular comparte responsabilidades con otros titulares.

Consideración. Algo de valor que se ofrece para persuadir a otra persona a entrar en un contrato.

Contingencia. Cláusula que establece las condiciones que deben cumplirse para validar un contrato.

Contra Oferta. La respuesta a otra oferta ya hecha. Por lo general estipula condiciones de precio y términos.

Contrato. Documento legal; debe cumplir o no con algo específico. Obliga a una o varias de las partes.

Contrato abierto de listado. Contrato que no le concede al corredor o vendedor un derecho exclusivo de venta.

Contrato exclusivo de listado. Contrato que le concede al corredor o vendedor el derecho exclusive de venta.

Contrato neto de listado. Contrato en el que la comisión es la diferencia entre el precio de venta y el precio mínimo determinado por el dueño de la propiedad.

Contrato semi-exclusivo de listado. Contrato en el que el dueño se reserva el derecho de vender la propiedad sin una obligación por su parte de pagar comisión al corredor o vendedor.

Control de renta. Restricciones impuestas por el gobierno sobre la cantidad de renta que el arrendador puede cobrar. Generalmente aplica a propiedades con subsidios o áreas específicas en zonas metropolitanas.

Contumacia. Incumplimiento de un deber que ha surgido bajo un contrato.

Convenio. Acuerdo que estipula hacer o no hacer algo. En bienes raíces se utilizan convenios en escrituras los cuales estipulan los usos permitidos y los prohibidos en una propiedad. También existen convenios entre las personas.

Corporación Federal Aseguradora de Depósitos. Agencia federal aseguradora de depósitos bancarios.

Corporación Federal de Préstamos Hipotecarios para Vivienda (Freddie Mac). Provee mercado secundario hipotecario para préstamos agrícolas.

Corredor de Bienes Raíces. Profesional que actúa como intermediario mediante pago entre las partes para efectuar una transacción inmobiliaria.

Corretaje. El acto por el cual vendedores y compradores entran en contacto para la realización de transacciones de ventas o arrendamiento a cambio de una comisión o tarifa.

CPI. Índice de precio al consumidor

CPM. Administrador de propiedad certificado

CMA. Análisis del Mercado Competitivo. Método de estimar el valor de una propiedad basado en precios de venta de otras propiedades, precios de listado de propiedades actuales y precios de listado de propiedades que no se vendieron.

Crédito sobre los impuestos de inversión. Crédito aplicable dólar por dólar contra impuestos sobre inversión.

CRS. Certificación de Especialista en Bienes Raíces Residenciales. Parte de las designaciones dentro de la NAR.

Cuenta en fideicomiso. Cuenta bancaria mantenida en una cuenta plica para manejar dinero cobrado por clientes.

"Cul de Sac". Calle sin salida. Generalmente es circular al final de la calle. Provee mayor privacidad.

Cuota de reinversión. Penalidad de prepago.

Cumplimiento. Documento que reconoce el saldo de una deuda. El mismo debe estar por escrito.

Dación en pago. Cuando el deudor entrega al acreedor algo diferente a lo pautado. Por ejemplo: entregar una propiedad al banco por no poder pagarla en vez de pagar el préstamo otorgado para adquirir la misma. La dación en pago resulta en el saldo de la deuda. La dación en pago tiene que ser aceptada por el acreedor para ser válida. Si este no la acepta, la deuda continúa.

Defecto de título. Discrepancia entre la situación actual y la documentación que aparece en el Registro de la Propiedad.

Densidad. Promedio de habitantes y viviendas en un área determinada. La zonificación determina la densidad.

Depreciación. Pérdida en valor; deterioración, desuso; deducción permitida por ley.

Derecho aéreo. El derecho a utilizar el espacio aéreo sobre la superficie de un terrero o edificio.

Derecho de paso. Vea servidumbre.

Derecho de supervivencia. Derecho del condueño de una propiedad sobre la otra mitad del otro condueño difunto.

Derechos de ribera. Los derechos de un propietario sobre la tierra próxima a cuerpos de agua. Los derechos incluyen el acceso y el uso del agua. No todos los países ofrecen estos derechos. A veces, estos pertenecen al gobierno.

Desahucio. El recobro legal de un arrendador de sus bienes inmuebles que estaban en posesión de otro. Desalojar al inquilino. Usualmente por incumplimiento de contrato.

Desalojar. Desahuciar. Quitar el local rentado al inquilino.

Desarrollador. Persona o empresa que por sus conocimientos, capacidad financiera y técnica, establece un equipo de trabajo para proyectos residenciales o comerciales que preveen una absorción por el mercado que les provee una tasa de rendimiento interno rentable.

Descendencia. Cuando el difunto no deja testamento, su caudal desciende a sus herederos.

Desocupación física. Espacio que está deshabitado en una propiedad. Se expresa de forma porcentual.

Desocupación económica. Cantidad de ingresos que deja de producir una propiedad debido a que sus rentas están por debajo del mercado. Una propiedad puede estar 100% ocupada y aun así tener una desocupación económica de 20%.

Desvalorización. Pérdida de valor con el paso del tiempo. Puede ser causado por uso descontinuado, desgaste, obsolescencia, cambio de costumbres, avances tecnológicos y desastres naturales.

Dictamen. Vea sentencia.

Discriminación. El acto de negarle un préstamo hipotecario o alquiler a un individuo debido a su edad, raza, color, religión, sexo, composición familiar, impedimento u origen nacional.

Divulgación. Afirmación de un hecho. Revelar algo que anteriormente era confidencial.

Desalojo. El acto de privar a una persona o entidad de utilizar un espacio previamente ocupado.

Descripción legal. Reconocida por la ley como la forma de localizar e identificar la propiedad.

Dominio absoluto de propiedad. Bienes que son poseídos por vida.

Dominio absoluto revocable. Posesión absoluta que puede ser revocable bajo ciertas condiciones.

Dominio eminente. Derecho del gobierno de apoderarse de propiedades personales privadas para uso público.

Dominio limitado a herederos. Herederos específicamente nombrados heredarán el caudal. Si el heredero no está disponible, el caudal se revierte al concedente o a sus herederos.

Dominio vitalicio. Derecho al título por la vida de la persona.

Donación. La transferencia gratuita de bienes de una persona a otra. Debe ser estipulado por escrito.

Donación onerosa. Cuando se le impone al donatario un gravamen sobre la donación recibida.

Donador. El que concede la propiedad; otorga el beneficio.

Donatario. El que adquiere la propiedad; recibe el beneficio.

Drenaje. Capacidad de la tierra de retirar agua de la superficie evitando inundaciones. Sistema superficial de desagüe.

ECOA. Vea Equal Credit Opportunity Act.

Efectivo sobre efectivo (Cash on Cash). El flujo de efectivo que produce una propiedad después de cubrir sus pagos de hipoteca dividido por la aportación inicial del comprador.

Egreso. Concerniente al derecho de otro a salir de una tierra pública o privada. Lo opuesto a "ingreso" (entrada).

Ejecución hipotecaria. El acto de tomar posesión de la propiedad hipotecada para satisfacer una deuda.

Ejido. Tierras entregadas por el gobierno a los agricultores para cultivarlas y mejorar su situación económica.

El tiempo es de esencia. Frase que significa que los límites establecidos en el contrato deben ser observados puntualmente.

Elementos comunes. Las partes de un condominio donde los propietarios tienen interés por igual.

Elementos comunes limitados. Las partes de un condominio donde los propietarios tienen uso limitado; por ejemplo, pasillos de un piso en particular, elevadores para ciertos niveles, áreas de estacionamiento.

Elevación. Con respecto a planos de propiedad, la vista que muestra la perpendicularidad vertical.

Emancipación. El acto de liberar legalmente a un hijo del control de los padres.

Embargado. La persona, personas o entidad legal que está sujeto a un gravamen.

Embargador. La persona o entidad legal que está en posesión del gravamen.

Embargo. El acto de arrestar o confiscar personas o propiedades bajo orden judicial.

Enajenación. Transmitir título. Venta.

Enajenación de título. Cambio de pertenencia.

Entrada a una propiedad. El derecho que posee una persona a entrar y salir a una propiedad a través de una servidumbre sin tener el derecho a estacionarse.

EPA. Agencia de Protección Ambiental

Equal Credit Opportunity Act. Ley federal estadounidense que prohíbe el negar crédito hipotecario debido a la raza, religión, sexo, estado civil, edad, incapacidad u origen nacional del individuo.

Equidad. Valor de mercado menos la deuda de una propiedad.

Erosión. Desgaste natural de la tierra; por agua, viento o alguna otra forma no creada por el hombre.

Escritura. Documento escrito que documenta, otorga y transfiere título de propiedad.

Escritura matriz. La escritura que describe todos los detalles y descripciones de la propiedad en condominios y desarrollos residenciales. De esta surgen todas las demás.

Exoneración contributiva. Ley que exime al propietario de cierta cantidad de impuestos sobre la propiedad basado en el valor tasado establecido por el estado.

Expropiación. Tomar posesión de propiedad privada para uso público.

Evaluación de solicitud de préstamo. El proceso de verificación y evaluación de un préstamo para su aprobación.

Examen de documentos. El proceso por el cual se examinan los documentos sometidos para la aprobación de un préstamo.

"Farming". El proceso de un agente de bienes raíces de desarrollar su negocio en un área específica.

FHA. Administración Federal de la Vivienda en los Estados Unidos y sus territorios. Provee seguros hipotecarios a instituciones prestatarias aprobadas.

Fianza. Garantía monetaria generalmente obtenida a través de una compañía de seguros con el propósito de cubrir daños y pérdidas por la parte en posesión de la fianza a otra persona.

Fideicomisario. Persona o institución legalmente responsable por la administración de un fideicomiso.

Fideicomiso (REIT). Método de reunir fondos de inversionistas para comprar muchas propiedades. Ofrece grandes beneficios con respecto a los impuestos a pagar.

Fideicomiso de Resolución Corporativa (RTC). Agencia federal con el fin de liquidar bancos e instituciones de ahorros y préstamos insolventes.

Fideicomitente. El que encomienda la administración de un fideicomiso a un tercero.

Fiduciario. El asignado a mantener responsabilidad y propiedad en fideicomiso por otro.

Financiamiento. La obtención de fondos para poder adquirir propiedades o negocios.

Financiamiento interino. Préstamo de construcción a corto plazo. Este es un préstamo temporero.

Financiamiento permanente. Una hipoteca.

Financiamiento por el propietario. Ofrecido por el dueño muchas veces para facilitar la venta. Generalmente se establece en segunda posición de importancia después del financiamiento principal por un banco comercial.

Financiamiento sin recurso. El prestatario no es personalmente responsable por pagar.

Flujo de efectivo (Cash Flow). Dinero sobrante después de efectuar los pagos de gastos operacionales y de hipoteca. Mide el porcentaje de rendimiento del inversionista.

Freddie Mac. Corporación Hipotecaria Federal de Préstamos Hipotecarios en los Estados Unidos y sus territorios. Controlada por el Departamento de Vivienda y Desarrollo Urbano de los Estados Unidos (HUD), esta agencia cuasi-gubernamental compra préstamos hipotecarios en el mercado secundario.

Ganancia capital. Utilidad sobre la venta de bienes que han aumentado en valor.

Garante. El que ofrece una promesa o garantía a favor de otro.

Garantía. La promesa hecha por una persona (el garante) para garantizar el pago de otra persona (el abonador) a un tercero (el obligado).

Garantía de tasa de interés. Es la promesa dada por el prestamista con respecto a la tasa de interés que el consumidor pagará en su préstamo. Esta se ofrece por lo general en la fecha de solicitud del préstamo y tiene una fecha límite cuando la misma expira. Los bancos la presentan como una forma de protección al prestatario; en realidad es una técnica de venta para acelerar el cierre y garantizar la obtención del préstamo de parte de la institución financiera. Existe también el hecho de que los intereses fluctúan y el banco tiene un control limitado de estos.

Gastos financieros. El costo total del crédito de un préstamo.

Gastos operativos. Gastos necesarios para la operación de una propiedad de manera que continúe produciendo ingresos.

GIM. Multiplicador de ingreso bruto.

Gravamen. Reclamo que una persona tiene sobre la propiedad de otra para asegurar el pago de una deuda u obligación.

Gravamen tributario. Reclamo contra una propiedad por concepto de deuda de impuestos.

GRI. Instituto de Corredores Graduados; designación de la NAR (National Association of REALTORS®).

GRM. Multiplicador de alquiler bruto.

Herederos. Aquellos que por ley pueden recibir el caudal del difunto cuando no existe testamento.

Hipoteca. Documento que asegura el pago de una deuda contra una propiedad.

Hipoteca amortizable en su mayor parte al vencimiento. Préstamo a corto plazo con pagos de préstamo a largo plazo. El mismo tiene un balance alto a la fecha de vencimiento. Se utiliza para lograr obtener una cantidad de pago razonable con la intención de saldarlo o refinanciarlo antes de su fecha de vencimiento. Muy común en el corretaje comercial.

Hipoteca asumible. Préstamo que puede ser traspasado a otra persona que no es el prestatario original, asumiendo así la responsabilidad por el mismo con el beneficio de no tener que pagar gastos de cierre y al mismo tiempo continuar con el balance y término de pago original.

Hipoteca bisemanal. Un plan de pagos donde el prestatario paga la mitad del pago mensual cada dos semanas.

Hipoteca colectiva. Un préstamo que está garantizado por más de una propiedad. Generalmente utilizado en sindicatos de bienes raíces.

Hipoteca convencional. Un préstamo el cual no está asegurado por FHA ni garantizado por la Administración de Veteranos. Ofrecido por la banca privada.

Hipoteca envolvente. Un préstamo donde se combinan dos o más tipos de hipotecas. Por lo general, es una combinación de una hipoteca existente con otra nueva. La tasa de interés será una especie de promedio entre estas dependiendo de las condiciones del mercado hipotecario.

Hipoteca secundaria. Una hipoteca subordinada a otra. Si una ejecución es inminente, la hipoteca principal se paga primero. (En una propiedad pueden existir muchas hipotecas, cada una subordinada a la anterior.)

Hipotecante. El que concede la propiedad; el prestatario.

Hipotecar. El acto de utilizar una propiedad como garantía de una deuda.

Homologación. La acción de poner en relación de igualdad y semejanza dos bienes. Se utiliza para realizar análisis de mercado y compararlos entre sí.

HUD. Departamento de Vivienda y Desarrollo Urbano de los Estados Unidos. Agencia de los Estados Unidos que supervisa y controla la renovación urbana y la vivienda pública.

HUD-1. Formulario exigido por el gobierno federal estadounidense en el que se detallan todos los gastos relacionados con una transacción residencial.

Impacto de dinero prestado. El efecto de los fondos prestados sobre el rendimiento en la inversión.

Impuestos. Convenio de pagar establecido por el gobierno.

Impuesto de transferencia. Impuesto que se paga al transferirse título de una persona a otra. Aplica solamente a algunas jurisdicciones.

Impuesto predial. Impuesto del gobierno sobre una propiedad basado en su valor de tasación.

Inalienabilidad. Describe aquello que no puede transmitirse a otro. Los bienes públicos del estado son inalienables.

Incautación. Apoderamiento de bienes por autoridades competentes para servir de garantía por obligaciones o para una finalidad de interés público.

Incumplimiento. Dejar de hacer algo o fallar en hacer algo en lo cual ya existía una obligación.

Índice de interés. Medida que ajusta las tasas de interés.

Índice de precio al consumidor. Mide el cambio en el costo de los productos y servicios en un período determinado.

Individuos acreditados. Personas con un patrimonio neto de más de un millón de dólares.

Inflación. El aumento en precios causado por la circulación excesiva de dinero por el gobierno.

Ingreso bruto. Recaudos totales antes de descontar los gastos operativos de una propiedad.

Ingreso bruto mensual. Ingreso total mensual antes de deducir los gastos. Se utiliza durante el proceso de originación para calcular la capacidad del prestatario para efectuar sus pagos.

Ingreso de operación. Vease flujo de efectivo.

Ingreso neto de operación (NOI). Ingreso bruto menos gastos operativos, desocupación y deudas por cobrar.

Ingreso pasivo. Ingreso devengado sobre dinero invertido por actividad administrada por otra persona o entidad.

Inmueble. Que no se puede mover; fijo.

Inquilino. El arrendatario. El que alquila de otro.

Insolvencia. Cuando una persona o institución es incapaz de pagar sus obligaciones financieras.

Instituto de Administración de Bienes Raíces (IREM). Organización que otorga designaciones en el campo de la administración de bienes raíces tales como: ARM, CPM y AMO. Este instituto es la autoridad en administración.

Interés. Compensación permitida por la ley por el uso de dinero. Se aplica a la cantidad principal prestada.

Interés compuesto. Interés pagado sobre principal y sobre el interés acumulado.

Interés prevaleciente. Tasa de interés actual.

Interés simple. Interés pagado en el balance adeudado. Mientras baja el balance también baja el interés.

Intrusión. Traspasar el terreno ajeno con un edificio u objeto.

Inversión. Mecanismo por el cual se obtiene ganancias. Se espera que una inversión produzca un flujo de dinero positivo e incremente en valor el capital a la misma vez que presta servicios.

Inversionista. Persona o entidad que provee dinero con la finalidad de obtener un rendimiento determinado en el mismo y aumentar su capital.

Inversionista activo. Participa activamente en la administración de la propiedad o propiedades.

Inversionista pasivo. No participa activamente en la administración de propiedades. Puede deducir sus pérdidas solo contra actividades pasivas, como por ejemplo ingresos por concepto de rentas recibidas.

Investigación de título. Determina titularidad a través de documentos públicos y registros.

Latifundio. Fincas rústicas o extensiones de propiedad rural que exceden los límites establecidos para la pequeña propiedad.

Legado. Propiedad recibida a través de testamento.

Legar. Transferir a través de testamento.

Legatario. La persona que recibe los bienes a través de testamento debidamente documentado.

Ley de Propiedad Horizontal. Permite y reconoce la creación de condominios.

Ley de Veracidad en Préstamos. Ley federal que requiere la divulgación de información con respecto a un posible préstamo hipotecario antes de que exista una obligación.

Ley Federal de Igualdad de Vivienda. Ley que prohíbe la discriminación en alquileres basada en raza, color, religión, sexo, incapacidad, estado familiar y origen nacional.

Ley Imparcial Reportadora de Crédito. Ley que otorga al individuo el derecho a conocer su archivo en las agencias de crédito y corregirlo si existen errores.

Ley sobre Estadounidenses Incapacitados (ADA). Ofrece a individuos incapacitados el derecho de acceso a facilidades públicas. Prohibe la discriminación de los mismos.

Licuefacción. El proceso de licuar un terreno por nivel freático alto.

Límite sobre tasa de interés. El mayor porcentaje de interés que se puede cargar sobre un préstamo ajustable.

Lindero. Línea divisoria de una propiedad.

Línea de crédito. Cantidad de dinero que otorga una institución financiera a un individuo o entidad. Por lo general los intereses se pagan de acuerdo a la cantidad utilizada.

Litispendencia. Documento en el registro de la propiedad que indica la presencia de un litigio que pudiera afectar el título de una propiedad.

Lote. Grupo de bienes que representan una sola transacción.

Lotificación. La división de un solar o parcela de terreno en dos o más partes para efectos de una transacción.

MAI. Designación que significa miembro del Instituto Americano de Valuadores de Bienes Raíces.

Mantenimiento. El proceso de conservar la propiedad.

Manzana. Terreno rodeado por calles en sus costados. Puede estar construido o sin construir.

Mapa catastral. Libro que documenta los números de parcela dentro de un distrito específico; indica la localización de los terrenos y sus colindancias.

Margen. La diferencia entre la tasa índice y la suma de los gastos de operaciones de un prestamista. De esta partida el prestamista obtiene su ganancia.

Mejoras. Alteraciones que generalmente aumentan el valor de la propiedad. Pueden efectuarse en solares o edificios.

Mejoras públicas. Alteraciones a la propiedad para el beneficio público.

Mercado. Área donde se efectúan transacciones de bienes raíces. Puede ser geográfica o por tipo de propiedad. Por ejemplo: un mercado puede ser la venta de islas a través de todo el mundo. También, un mercado puede ser los aeropuertos de todo el mundo. Por su puesto un mercado puede ser un pequeño pueblo. El término mercado en realidad define la especialización del individuo o entidad.

Mercado de compradores. Cuando existen más propiedades para la venta que compradores.

Mercado de vendedores. Cuando existen más compradores que propiedades para la venta.

Mercado hipotecario primario. Donde el individuo inicia el proceso de su préstamo.

Mercado hipotecario secundario. Donde inversionistas compran hipotecas basados en criterios ya establecidos.

Método comparativo de mercado. Método de avalúo donde el valor se establece basado en ventas recientes de propiedades similares. Se utiliza para homologar las propiedades.

Método de costo. Método de avalúo donde el valor se establece basado en los costos actuales de los materiales de construcción, la mano de obra y el valor del terreno.

Método de pie cuadrado. Determina valor basado en el costo de construcción por pie cuadrado.

Método de rendimiento de ingresos. Método de avalúo donde el valor se establece basado en los ingresos generados por una propiedad. Requiere el uso de la tasa de capitalización prevaleciente. Utilizado en propiedades de inversión.

Milla. 5,280 pies; 1,760 yardas o 1,609 metros.

Mínimo. La más baja tasa de interés a ser pagada en una hipoteca con tasa de interés ajustable.

Mitigación de Pérdidas. Un proceso por el cual el prestamista intenta evitar el embargo de una propiedad por falta de pago.

MLS. Servicio de Listado Múltiples. Sistema donde los agentes son informados de propiedades ofrecidas por otros agentes.

Modificación Hipotecaria. Una forma de mitigación de pérdidas donde el préstamo se extiende o se refinancia para poder reducir su pago mensual.

Mojón. Señal que establece y marca los límites de una propiedad y su extensión.

Mora. La condición de efectuar pagos de forma tardía.

Mueble comercial adherido. Propiedad mueble que temporeramente está adherida a un edificio o terreno para conducir negocios. Una vez terminado el contrato de arrendamiento, el arrendatario lo remueve sin hacer daño a la estructura; desmontable.

Multa por pago adelantado. Penalidad por saldar su préstamo antes de su vencimiento.

Multiplicador de alquiler bruto (GRM). Número que se multiplica por el alquiler bruto de una propiedad para determinar su valor aproximado.

Multiplicador de ingreso bruto (GIM). Número que se multiplica por el ingreso bruto de una propiedad para determinar su valor aproximado.

Multiplicador de ingreso neto. El múltiple de ingreso neto con respecto a los gastos operativos de la propiedad.

NAR. Asociación Nacional de Corredores

Neto disponible. Cantidad de dinero restante al finalizar el año después de haber pagado los gastos operativos y los gastos de hipoteca. El sobrante.

Nivelación. La distribución apropiada de la tierra para efectuar una construcción.

NOI. Ingreso neto de operación.

Notario público. Persona autorizada por el estado para administrar juramentos, certificar documentos por escrito, manejar testamentos, hacer deposiciones y protestar instrumentos según permitido por la ley.

Novación. El acto de sustituir un contrato nuevo por otro.

Nulo y sin valor. Se dice de algo que no es legalmente válido ni ejecutable. Por lo general, se dice de contratos.

Número de parcela de valuación. Sistema numérico para identificar terrenos para su valuación y recaudo de impuestos.

Obligado. Persona, personas o entidad responsable por una deuda u obligación.

Obligante. Persona, personas o entidad a quien se le debe una deuda u obligación.

Obsolescencia. Limitación de utilidad y pérdida de valor.

Obsolescencia curable. Aquella cuyo costo por corregirla es menor que el beneficio económico que recibe por la curación. Es una buena inversión curarla.

Obsolescencia económica. Pérdida de valor debido a causas externas de tipo económico.

Obsolescencia externa. Pérdida de valor debido a causas externas ajenas a la propiedad.

Obsolescencia funcional. Pérdida de valor debido a mejoras inadecuadas, demasiado adecuadas, o no actualizadas a las necesidades actuales.

Obsolescencia incurable. Aquella cuyo costo por corregirla es mayor que el beneficio económico que recibe el bien. No es una buena inversión corregirla.

Obsolescencia irremediable. Depreciación incurable.

Obsolescencia técnico funcional. Pérdida de valor, resultado de una nueva tecnología.

Oferta. Propuesta para realizar un contrato.

Oficial de custodia. Agente de cierre.

Oficina de Registro. Departamento del gobierno donde se efectúan los registros de la propiedad.

Ofrecedor. El que hace la oferta.

Ofrecido. El que recibe la oferta.

Oneroso. Contrato del cual se obtienen beneficios y gravámenes recíprocos.

Opción. Derecho a comprar o arrendar basado en términos definidos. Conlleva un término de tiempo determinado.

P&L. Estado de pérdidas y ganancias.

Pagaré. Promesa por escrito de pagar una deuda.

Pago Adelantado. El pago de un préstamo antes de la fecha de vencimiento. También se le llama prepago.

Pago de saldo mayor. El pago del balance mayor de un préstamo. Por lo general, un préstamo amortizado por un período mayor que el término del préstamo.

Pago inicial. La diferencia entre el precio de compra y la cantidad de préstamo otorgada.

Parcela. Terreno

Participación en la equidad. Situación donde el prestatario adquiere el derecho a una parte de la propiedad.

Patrimonio neto. El valor de todos los activos de la persona incluyendo dinero en efectivo y substrayendo sus obligaciones y responsabilidades financieras pendientes.

Penalidad de prepago. Dinero pagado al prestamista por el saldo prematuro de un préstamo. En algunos círculos se conoce como cuota de reinversión.

Percolación. La velocidad con la que el agua estancada penetra el suelo del terreno.

Pérdida pasiva. Pérdida de dinero sobre actividad pasiva.

Pérdidas de oportunidad. El valor percibido del rendimiento en inversiones no realizadas.

Período de gracia. Vease Período de indulgencia.

Período de indulgencia. El otorgamiento de tiempo adicional para pagar una deuda sin incurrir en delincuencia ni penalidades. Período de gracia.

Permiso de construcción. Autorización por las autoridades a construir o efectuar mejoras a una propiedad.

Permiso de uso. Autorización por las autoridades a utilizar una propiedad. Certificación de habitabilidad.

Permiso de uso condicional. Autorización por las autoridades a utilizar una propiedad para usos diferentes a la zonificación actual. Permite el uso sin cambiar la zonificación.

Permuta. El intercambio de una propiedad por otra.

Persona natural. Persona viva, no una corporación.

Pertenencia. Derecho legal de una persona a poseer algo.

Pertenencia concurrente. Que pertenece a dos o más personas.

Pignoración. La entrega de valores en prenda como garantía de deuda. El acto de empeñar algo.

PITI. Pago que incluye principal, interés, impuestos y seguro.

Plano. Dibujo que muestra la distribución del espacio de una estructura; dibujo que muestra la localización y la colindancia de una propiedad.

Plano de ubicación. Dibujo que muestra la localización exacta de un edificio y sus alrededores.

Pleno dominio. Dueño absoluto de una propiedad real.

Pleno dominio condicional. Requiere que algo ocurra para que se efectúe el traspaso de una propiedad y el cambio de titularidad se efectúe.

Plica (Escrow). El acuerdo de depositar dineros con una tercera parte (usualmente un banco comercial) hasta que se cumplan las condiciones establecidas para la finalización de una transacción. Cuenta de custodia.

Plusvalía. El aumento del valor de las cosas. En el mundo inmobiliario representa el aumento en valor cuando se realizan mejoras en los servicios de utilidades y acceso a la propiedad, tales como alumbrado público, carreteras, caminos y saneamiento ambiental entre otros.

PMI. Seguro privado de hipoteca

Poder. Autorización legal por escrito que permite a una persona actuar a nombre de otro. Puede ser para una transacción en particular o por tiempo ilimitado.

Porcentaje de deuda a ingreso. Mide el porcentaje de la deuda con relación a los ingresos.

Porcentaje de gastos de alojamiento. Mide el porcentaje de gastos con relación a los ingresos para determinar viabilidad de obtener un préstamo hipotecario.

Portador. El propietario legal de una propiedad.

Pozo séptico. Tanque subterráneo hacia donde una alcantarilla sanitaria drena.

Pre-aprobación. El compromiso del prestamista de otorgar un préstamo a un posible prestatario siempre y cuando el prestatario siga cumpliendo con los requisitos de cualificación.

Pre-cualificación. El proceso de determinar cuánto puede pagar un cliente potencial antes de comprometerse a una compra. Toma en consideración capacidad de pago y deudas.

Pre-pago. Pagar un préstamo antes de la fecha de vencimiento del mismo. Este pudiera estar sujeto a una penalidad.

Precio por unidad. Análisis que divide el precio de compra de una propiedad por el número de sus unidades.

Precio por metro cuadrado. Análisis que divide el precio de compra de una propiedad por el número de metros cuadrados.

Predio. Terreno o edificio, rústico o urbano.

Predio dominante. Predio a cuyo favor se encuentra constituida una servidumbre.

Predio rústico. El que se encuentra fuera de la población. Para uso campestre.

Predio sirviente. Terreno el cual posee una servidumbre a favor del predio dominante.

Predio urbano. El destinado para población de vivienda.

Prescripción adquisitiva. Adquisición de una propiedad a través de una posesión prolongada sin la autorización expresa del propietario.

Prestamista. El que ofrece el préstamo. Puede ser un banco, institución financiera y hasta una persona privada. Este es un inversionista y su rendimiento en la inversión lo determina la tasa de interés cobrado, los puntos cargados y cualquier otro tipo de cargos que se le imponga al prestatario.

Préstamo. Dinero por el cual el prestatario tiene que responder al prestamista basado en los términos estipulados.

Préstamo adquirido. La obligación de pagar un préstamo que existía previo a la venta. Se utiliza como herramienta de negociación para agilizar una venta y reducir los gastos de adquisición de un préstamo nuevo o mayor.

Préstamo amortizado. El repago de una obligación a través de pagos iguales que incluyen principal e interés por un término determinado.

Préstamo atrasado. Cuando la obligación de pago no se ha efectuado y su fecha límite ha vencido.

Préstamo conforme. Préstamo convencional que cumple con los requisitos establecidos por Fannie Mae y Freddie Mac.

Préstamo convencional. Préstamo que no está asegurado por FHA ni garantizado por VA.

Préstamo de cartera. Préstamo que no se vende al mercado secundario, permaneciendo así con la institución que lo otorgó inicialmente.

Préstamo de tasa fija. Préstamo donde la tasa de interés nunca cambia durante el término establecido.

Préstamo bisemanal. Préstamo que se paga cada dos semanas. Su efecto es uno de grandes ahorros para el prestatario.

Préstamo garantizado por el capital acumulado en la casa. Préstamo basado en la diferencia entre el valor del mercado actual y el balance de otros préstamos que el prestatario tenga en su propiedad. Préstamo basado en la equidad la propiedad.

Préstamo "grande" (*Jumbo Loan*). Tipo de préstamo donde la cantidad prestada es mayor que la suma calificable para su compra en el mercado secundario. Estos préstamos son excepciones y conllevan una tasa de interés mayor.

Préstamo incumplido. Préstamos donde el prestatario no ha cumplido con sus pagos.

Préstamo interino. Préstamo temporero que será reemplazado por un permanente. Generalmente se utiliza para proyectos de construcción.

Préstamo permanente. Préstamo que reemplaza el préstamo interino. El que obtiene el cliente del desarrollo.

Préstamo sin documentos. Tipo de préstamo donde no se requiere la documentación de ingresos, empleo ni activos. Otorgado únicamente a personas con un historial de crédito perfecto y basado en una puntuación establecida.

Préstamo sin relación. Tipo de préstamo donde no se requiere la documentación de ingresos. Sí se requiere la documentación de activos. Otorgado a personas con un historial de crédito perfecto. Muy común entre herederos de grandes fortunas.

Préstamo subordinado. Préstamo a personas de alto riesgo. Normalmente conllevan una tasa de interés mayor.

Prestatario. Persona a la cual se le ha otorgado dinero a través de un préstamo. El que toma dinero prestado. Por lo general, una institución bancaria.

Prima anticipada de seguro hipotecario. Pago al inicio de un préstamo otorgado por FHA para asegurar el mismo.

Prima de seguro. Cantidad de dinero pagada para cubrir la póliza de seguro.

Primera hipoteca. Préstamo hipotecario que tiene prioridad en el caso de un juicio hipotecario.

Primera fase de estudio ambiental. La investigación de documentos sobre posibles problemas ambientales en la propiedad. No se analiza el terreno, solo sus documentos.

Principal. Cantidad de dinero sobre la cual el interés cargado por el prestamista es pagado.

Principio de rendimiento en inversión. Cada dólar invertido debe proveer más de $1 dólar de rendimiento. Si una inversión produce menos de $1 por cada dólar invertido, debemos detener nuestra inversión.

Privilegio de prepago. El derecho a pagar parte o saldar un préstamo antes de su fecha de vencimiento sin penalidades.

Pro-forma. Estado financiero con proyecciones futuras de ingresos, gastos y ganancias.

Proceso de pasar beneficios. Traspasar beneficios a inversionistas o accionistas.

Propiedad. Derecho exclusivo a algo excluyendo a otros del mismo derecho.

Propiedad mancomunada. Propiedad donde ambos esposos tienen trato por igual, ambos siendo dueños por separado de la mitad de la propiedad.

Propiedad de inversión. Propiedad que genera ingresos.

Propiedad en pleno dominio. El dueño tiene título pleno de por vida con el poder de disponer de ella como desee y sin condiciones. Es el derecho más extenso que se puede tener sobre una propiedad.

Propiedad en reversión. Derecho del disfrute futuro de una propiedad actualmente en posesión de otro.

Propiedad igual. Se dice de propiedades que tienen igual uso y calidad. Se utilizan para comparar propiedades.

Propiedad inmueble. Terrenos, edificios y sus mejoras.

Propiedad personal. Derecho a cosas movibles no clasificadas como propiedad real.

Propiedad real. Terrenos y todo lo que esté permanentemente fijo a estos. Que no se puede mover.

Propiedad residencial. Propiedad de uso residencial.

Propiedad rural. Propiedad en el campo.

Propiedad sujeto. Propiedad que se evalúa.

Propiedad urbana. Propiedad en la ciudad.

Propiedad vitalicia. Derecho a una propiedad por la duración de la vida de la persona.

Propietario ausente. Arrendador que no vive ni ocupa ninguna porción de su propiedad.

Propietario registrado. Persona o entidad nombrada en el registro público de la propiedad.

Prorratear. Determina la participación en los gastos e ingresos de una propiedad basados en la fecha de la transacción.

Prospecto. Posible cliente comprador o vendedor (dueño) para una transacción de bienes raíces.

Protector de impuestos. Leyes que ahorran el pago de impuestos como resultado de una inversión.

Protocolo. Libro numerado donde se asientan con un folio consecutivo todas las escrituras.

Protocolizado. Documento aprobado y debidamente inscrito en los tribunales.

Provisión para vencimiento anticipado. Cláusula que le permite al prestamista cobrar el balance total de la deuda cuando desee.

Publicidad falsa. Engaños a través de los medios de comunicación; declaraciones falsas.

Puntaje FICO. Representa el nivel de riesgo crediticio de una persona. Utilizado para evaluar solicitudes de préstamos. El sistema fue concebido por Fair Isaac Corporation y es utilizado exclusivamente por Experian, una agencia de reportes de crédito. Sin embargo, su nombre se ha convertido en uso común para identificar el puntaje de otras agencias reportadoras de crédito. Las tres más grandes son: Equifax, TransUnion y Experian.

Puntos. Equivale a 1 por ciento de la cantidad a financiar pagadero al prestamista al momento del cierre hipotecario. Utilizado por los prestamistas para aumentar el rendimiento en su inversión al convertir el interés nominal en un interés efectivo más alto. El pago de puntos siempre beneficia al prestamista y aumenta el rendimiento en su inversión.

Puntos de descuento. Vease punto.

RAM. Hipoteca de anualidad inversa.

REALTOR. Nombre registrado utilizado para identificar a miembros de la NAR, una organización que cubre todas las ramas de la industria de los Bienes Raíces.

Reamortizar. Nombre dado al ajuste de un préstamo debido a un cambio en sus pagos, tasa de interés o cantidad total prestada. Calcula los nuevos términos de pago.

Rebaja de impuestos. Reducción de impuestos sobre la propiedad por parte del gobierno.

Recuperación. Se dice del derecho del titular a recuperar su propiedad del deudor en caso de bancarrota.

"Redlining". Práctica ilegal de rechazar el otorgamiento de hipotecas en ciertos vecindarios.

Refinanciar. El pago de una deuda con dinero de otro préstamo. Se utiliza mayormente para obtener mejores términos.

Registrar. El acto de inscribir una propiedad en el sistema de registro público a través de documentos legales debidamente firmados. Parte del proceso de compraventa.

Reglamento X. Ley sobre procedimientos y divulgación de costos del cierre en bienes raíces, creada para proteger al consumidor de prácticas ilícitas y tarifas onerosas.

Reglamento Z. Ley federal que requiere que las instituciones bancarias muestren a sus clientes por escrito el costo de obtener un préstamo hipotecario.

Relación combinada Préstamo - Valor. Mide el porcentaje del valor de todos los préstamos de una propiedad contra el valor de mercado de la misma. Por ejemplo, la suma del balance de una hipoteca más el balance de un préstamo de equidad entre el valor de la propiedad.

Relación de gastos operativos. Mide el porcentaje de los gastos operativos entre el ingreso bruto operacional.

Relación del préstamo al valor. Relación entre la cantidad de dinero prestada y el valor de la propiedad. Por lo general, el prestatario otorgará un préstamo utilizando la relación de menor valor entre el precio de venta y la tasación de la propiedad. Se expresa de forma porcentual.

Relación Deuda - Ingreso. Mide la relación de las deudas contra los ingresos. Se expresa de forma porcentual.

Relación Gasto de vivienda - Ingreso. Mide la relación de los gastos de vivienda entre el ingreso bruto mensual. Se expresa de forma porcentual.

Relación Préstamo - Valor. Mide el porcentaje de la cantidad prestada entre el valor de la propiedad.

Rendimiento (Yield). La medida en términos porcentuales del retorno del dinero invertido.

Rendimiento efectivo. La medida en términos porcentuales del retorno de la combinación del dinero invertido y el tiempo transcurrido desde el comienzo de la inversión.

Renta base. El mínimo de renta que se pagará bajo un contrato de arrendamiento.

Renta bruta proyectada. Estimado de lo que una propiedad 100% ocupada puede generar en rentas.

Renta económica. La renta que una propiedad puede generar basada en las condiciones actuales del mercado; renta de mercado.

Renuncia. Cesión voluntaria de un derecho o privilegio.

Reporte de impacto al medio ambiente (EIR). Reporte que indica el efecto que un proyecto pueda tener sobre cierta área.

Reporte uniforme de avalúo residencial (URAR). Reporte provisto por evaluadores profesionales para ofrecer una opinión de valor sobre una propiedad.

Requerimiento de retallo. Distancias establecidas por las autoridades con respecto a la posición del frente de los edificios dentro de la propiedad.

Rescisión. Anular un contrato. Cancelar.

Reserva Federal. Banco Central de los Estados Unidos. Esta es la principal agencia reguladora de la mayoría de los bancos comerciales.

Reservas. Parte de los pagos mensuales retenidos para cubrir los gastos de impuestos, seguro y otros que apliquen a ese tipo de préstamo en particular.

Reservas de reemplazo. Reservas establecidas para gastos de mejoras de capital.

RESPA. Ley sobre procedimientos del cierre de bienes raíces.

Restitución de la propiedad. En casos donde existía una deuda y la misma ya está salda, se efectúa una transferencia de la propiedad a su dueño.

Revelación. El acto de hacer saber algo; ofrecer conocimiento sobre una situación.

Reversión al estado. La reversión de una propiedad al estado por falta de herederos.

Riqueza. El número de días que se puede vivir sin tener que trabajar por dinero y aún mantener el mismo estilo de vida.

RTC. Fideicomiso de resolución corporativa.

S&L. Asociaciones Federales de Ahorros y Préstamos.

SAIF. Fondo Asegurador de Asociaciones de Ahorros.

Sección 203 (b) de la administración federal de vivienda. Sección que describe los requisitos aseguradores para préstamos FHA.

Segregación. División de un terreno en dos o más parcelas.

Seguro contra incendio. Cobertura requerida cuando se establece un préstamo hipotecario.

Seguro contra inundación. Cobertura requerida cuando se establece un préstamo hipotecario si la propiedad aparece bajo zona inundable en los mapas de la Agencia Federal de Administración de Emergencias (FEMA).

Seguro de título. Cobertura contra los posibles defectos del título de una propiedad. Requerido por los prestamistas como condición del préstamo hipotecario.

Seguro hipotecario. Cobertura contra la falta de pago por parte del prestatario. Requerido por el prestamista cuando la cantidad de aportación inicial no es considerada adecuada.

Sentencia. Dictamen; decisión legal; cuando se ordena el pago de una deuda.

Servicio de deuda. Cantidad de dinero necesaria para poder efectuar el pago de principal e interés de una hipoteca. Generalmente se expresa en su cantidad anual. En propiedades comerciales se utiliza para determinar la cualificación del individuo para el préstamo basado en el ingreso neto operativo generado por la propiedad y un múltiple determinado y establecido por el prestamista.

Servicio de préstamos. La administración de préstamos hipotecarios. Incluye el cobro de los pagos, el manejo de la cuenta, seguros, impuestos, ejecuciones y cualquier otra actividad relacionado con el mismo. Este servicio se lo ofrecen los bancos al mercado secundario de hipotecas.

Servidumbre. Derecho del que goza una persona de usar un terreno ajeno.

Servidumbre de paso. Derecho que permite a una persona pasar sobre terreno ajeno.

Servidumbre de servicios públicos. Derecho que poseen las compañías públicas a utilizar terreno ajeno para establecer sus servicios.

Servidumbre por necesidad. Se otorga por ley para acceder terreno que de otra manera estaría inaccesible.

Servidumbre por prescripción. Servidumbre que se establece para uso prolongado.

Sexmo. Unidad de medida de terrenos equivalente a seis millas cuadradas.

Sindicación. La agrupación de personas o negocios con el fin de unir su capital para inversiones.

Sindicato de bienes raíces. La agrupación de personas o negocios con el fin de unir su capital para inversiones en bienes raíces.

Sistema acelerado de recuperación de costo (ACRS). Método de depreciación rápida.

Sistema alodial. Sistema por el cual se les permite a las personas el poseer terrenos.

Sistema de la Reserva Federal ("the Fed"). Sistema federal estadounidense de banca cuya responsabilidad incluye la regulación del flujo del dinero.

Sistema de tiempo compartido. Ofrece tenencia compartida.

Sistema feudal. Donde todos los terrenos le pertenecen al rey.

Sistema métrico por hectáreas. Medida equivalente a 2.47 acres estadounidenses.

Sitio. Localización de una propiedad.

Sobre-mejoras. Mejoras realizadas a propiedades que no añaden valor a la misma.

Sociedad de responsabilidad limitada (LLP). Forma de pertenencia que limita la responsabilidad personal de los socios. Forma común de adquirir propiedades comerciales.

Solicitud. La declaración de la intención de obtener un préstamo. La misma incluye información personal y financiera sobre el individuo.

Solicitud de préstamo. Documentos exigido por los prestamistas que incluye información sobre el prestatario y sobre la propiedad sujeto de dicho préstamo.

Solvencia. Habilidad de una persona para obtener crédito y liquidar deudas.

Subarrendador. Persona o entidad que se convierte en arrendatario de otro arrendatario.

Subarrendar. El acto de transferir cierta parte de los derechos de arrendamiento.

Subarrendatario. El que subarrienda de otro que a su vez es un arrendatario y el cual posee el contrato original.

Subasta. El proceso de ventas a través de ofertas. Por lo general, se hace de forma pública. La propiedad se otorga al mayor postor siempre y cuando iguale o exceda cualquier reserva o valor mínimo establecido.

Sucesión intestada. La forma de administrar el caudal del difunto cuando no existe testamento.

Sumersión. Cuando el agua cubre terrenos previamente secos.

Sumidero. Abertura natural en la tierra, formada por actividad subterránea natural. La existencia de esta representa inestabilidad en los terrenos.

Tasa de capitalización. Porcentaje utilizado para determinar el valor de una propiedad basado en su ingreso neto operacional; el porcentaje lo determina el mercado.

Tasa de interés variable. Tasa de interés que cambia periódicamente basada en la tasa índice.

Tasa de porcentaje anual (APR). Medida uniforme del costo del crédito. Esta varía constantemente.

Tasa efectiva de interés. Rendimiento real de la inversión del prestamista. Generalmente es mayor que la tasa nominal de interés. No se refleja en los documentos del prestatario.

Tasa nominal de interés. Porcentaje que aparece escrito en los documentos de financiamiento.

Tasa federal de rebaja. Tasa federal reducida.

Tasa fija. Tasa de interés de un préstamo la cual no cambia durante el término del mismo.

Tasa índice. Tasa a la cual se ajustan las hipotecas que ofrecen un interés variable.

Tasa inicial. La tasa de interés cargada durante el primer intervalo de una hipoteca con tasa de interés ajustable.

Tasa milésima. Porcentaje de impuestos sobre la propiedad que se expresa por decimos de un centavo por cada dólar de valor tasado por el estado.

Tasa ofrecida por el Interbanco de Londres (LIBOR). Tasa de interés ofrecida por el mercado monetario internacional.

Tasa total. Factor utilizado para valorizar propiedades producientes de ingresos.

Tasación. Opinión de valor sobre una propiedad. La misma puede tomar en consideración ventas recientes, la condición de la propiedad, costo de construcción, ingresos e impactos del vecindario en su valor futuro.

Tasación de impuestos. Impuestos ejecutados sobre propiedad privada para pagar por mejoras públicas.

Tasador. Profesional evaluador de los bienes raíces que emite una opinión de valor sobre una propiedad.

Tasador contributivo. Oficial de gobierno debidamente cualificado que emite una opinión de valor sobre una propiedad para efectos contributivos.

Tasas de interés flotantes. Tasas de interés que cambian de acuerdo a las condiciones del mercado.

Tasa de interés más favorable. La tasa de interés más baja por el cual cualifican las personas o entidades con los mejores historiales de crédito. También se conoce como tasa preferencial.

Tenedor de opción. Persona o entidad que posee la opción.

Tenencia colectiva. Cuando muchas personas tienen derecho por igual de toda la propiedad. Generalmente a través de un fideicomiso. Utilizado especialmente para preservar comunidades y evitar que inversionistas se apoderen poco a poco de los terrenos y sus edificaciones. Ninguna persona tiene derecho a vender ni comprar, pero sí del uso de las propiedades.

Tenencia en común. Cuando una propiedad le pertenece a dos o más personas donde los sobrevivientes reciben por derecho, la participación de los otros fallecidos.

Término. Duración de tiempo según acordado en un contrato.

Término de amortización. Cantidad de tiempo por la cual se va a amortizar un préstamo. No necesariamente tiene que ser equivalente al término del préstamo. Sin embargo, tiene que ser igual o mayor que el mismo.

Terreno. Superficie de tierra que se extiende hasta el centro de la tierra y hasta el cielo.

Terreno vacante. Se dice de un terreno sin edificios, pero no necesariamente sin mejoras para utilidades.

Testado. Morir con un testamento ya establecido.

Testador. El que establece el testamento; el que concede los bienes de su caudal bajo testamento.

Testaferro. Se dice de aquel que efectúa compras por otra persona o entidad no identificadas con el propósito de mantener confidencialidad.

Testamento. Documento legal que establece la forma de disponer de los bienes del caudal del difunto.

Testamento hológrafo. Testamento escrito a puño y letra y firmado por el testador, pero sin ser atestiguado.

Testamento nuncupativo. Testamento oral declarado por el testador durante su última enfermedad con un número adecuado de testigos presentes.

Testamento oral. Testamento nuncupativo.

Título. Derecho a algo; pertenencia; dominio.

Título incontestable. Se dice de un título libre de vicios. Un título limpio y sin controversias ni disputas.

Tope vitalicio sobre la tasa de interés. Este es el interés más alto que se puede cobrar por una hipoteca con tasa de interés variable.

Tope sobre los pagos. Este es el límite más alto que puede aumentar el pago de una hipoteca de interés variable. Esto podría resultar en una amortización negativa si la tasa de interés aumenta demasiado.

Tope sobre la tasa de interés periódica. Este es el límite sobre la cantidad que puede cambiar la tasa de interés en cada período de ajuste.

Topografía. Se dice de los niveles de la tierra, sus relieves, forestación y localización de cuerpos de agua.

Transferible. El potencial que posee un bien de pasar de una persona a otra.

Transferir. El acto de pasar un bien de una persona a otra.

Traspasar. Vease transferir.

Tributación. Impuestos sobre la propiedad; constituye un gravamen sobre la misma.

Un cuarto de una sección. Unidad de medida de área equivalente a 160 acres o 647,496 metros cuadrados o 6,969,600 pies cuadrados.

Uso inconforme. Mejoras que no son consistentes con las reglas de uso de la propiedad.

Uso óptimo. La utilización de una propiedad para optimizar su valor en el mercado.

Usufructo. Derecho real por un período de tiempo determinado y condicionado a la devolución de la cosa.

Usura. Práctica ilegal de cobrar una tasa de interés mayor a la permitida por ley.

Usurpación. Mejoras construidas parcial o totalmente en propiedad de otro de forma ilegal. Ejemplos comunes son: verjas, paredes, jardines y aceras.

Utilidad. Se dice de la capacidad de un producto o servicio para satisfacer la demanda por el mismo.

VA. Administración de Veteranos Estadounidense.

Valor catastral. Establece la cantidad de valor en la cual se basarán los impuestos a pagar.

Valor de mercado. Precio el cual un comprador debidamente informado y actuando sin presiones, pagaría por una propiedad durante un período de tiempo razonable.

Valor de reemplazo. El costo actual para reemplazar una estructura de forma similar a la original.

Valor de seguro. El costo de reemplazar una propiedad afectada físicamente.

Valor del préstamo. Opinión de valor establecida sobre una propiedad para determinar la cantidad del préstamo.

Valor neto. El valor de los bienes de una persona o entidad menos sus deudas.

Valorización. Un incremento en valor.

Valuación de bienes raíces. Avalúo.

Valuador. Persona licenciada para evaluar valor de propiedades; pudiera también tener la educación para evaluar negocios. Tasador.

Valuar. Emitir una opinión de valor.

Variancia. Autorización otorgada a una persona o entidad para variar el uso establecido de una propiedad.

Varilla. Unidad de medida equivalente a 16.5 pies lineales.

Velocidad de absorción. Rapidez con la que la tierra absorbe el agua hasta el punto de saturación.

Vencimiento. La finalización de un préstamo. La fecha de su madurez. Cuando se salda un préstamo.

Venta con arriendo inverso. Se dice de cuando un propietario vende su propiedad a otro permaneciendo como arrendatario de este. Utilizado por comerciantes para recaudar fondos y utilizarlos para el crecimiento de su negocio principal.

Venta condicional. El potencial de una venta, pero condicionado a que otro evento ocurra primero. Por lo general, la venta de otra propiedad.

Ventas brutas. El total de las ventas.

Verificación de depósito. Documento firmado por el prestamista declarando el saldo de una cuenta.

Verificación de empleo. Documento firmado por el patrono declarando la posición y compensación del prestatario.

Viabilidad. La probabilidad de desarrollar un proyecto o realizar una inversión exitosamente.

Vicio de título. Gravamen o reclamación pendiente que pudiera afectar la titularidad de la propiedad.

Vida económica. La estimación de utilidad de una propiedad.

VIR. Tasa de interés variable.

Voluntad de Dios. Eventos inevitables causados por la naturaleza. No pueden ser controlados por el hombre.

VOM. Por sus siglas en inglés. Verificación de hipoteca cuando el prestamista es el dueño anterior de la propiedad y no una institución financiera.

Zapata. El cimiento o base que soporta la carga de una estructura. Está basada en la altura de la estructura.

Zona libre. Área definida considerada como si estuviera fuera del territorio del Servicio de Aduana de los Estados Unidos. Considera el almacenamiento y manufactura de mercancía extranjera y/o doméstica, como si la misma se estuviese efectuando fuera del territorio aduanero. Puede ser administrada por una entidad gubernamental o una entidad privada debidamente autorizada por la Junta de Zonas Libres.

Zonificación. Reglamentos del estado que controlan el uso de los terrenos de acuerdo al distrito en que se encuentran y su densidad poblacional.

Lea un extracto del libro

Desarrollo Personal

El Método más Efectivo para Alcanzar el Éxito

Por Rubén Huertas

Disponible a través de

Power Publishing Learning Systems

www.powerpublishingpr.com

Pídalo en su librería favorita

ISBN 978-0-9819090-0-4

Ramón, El Vendedor

Ramón es un vendedor que se ganó un viaje por haber sido seleccionado como uno de los 10 mejores en su empresa. Todos los premiados fueron invitados a disfrutar de una bella y exótica Isla del Caribe durante una semana. Los gastos vacacionales estaban cubiertos por esta grandiosa compañía.

Al llegar a la Isla todos se fijaron en la belleza de los jardines y en el impresionante azul cielo. No había nube alguna que opacara su esplendor. Asimismo, los jardines y áreas verdes eran muy amplios, brillantes y muy bien cuidados. La Isla era sencillamente un paraíso.

De igual manera, la recepción del hotel estaba decorada con abundantes flores frescas, brillantes y llamativas. Cada detalle era manejado con delicadeza. Era sin lugar a dudas una operación de primera clase. Desde los pulidos pisos en mármol hasta las delicadas molduras talladas en caoba, una verdadera obra de arte.

Se percibía, en cada detalle de las facilidades, el gran orgullo que sentían los dueños al igual que sus empleados. Recibieron, entonces, a Ramón y al resto de sus compañeros. Cada uno fue escoltado a su villa por un elegante y cortés empleado. Su uniforme, perfectamente planchado, mostraba un atractivo escudo dorado grabado en la parte izquierda de su chaqueta color azul marino. Además, presentaba el nombre y la insignia de este increíble hotel.

Una vez en su habitación, Ramón quedó muy impresionado con las amplias ventanas con vista al mar y el lavamanos en mármol con llaves en oro. El clima era perfecto y una suave y melodiosa música se escuchaba a través de unas bocinas que se fusionaban con el majestuoso diseño de su cuarto.

En ese momento intentó darle una propina al empleado que ya se retiraba; pero, este la rechazó amablemente. Le indicó que todas las propinas habían sido cubiertas por su empresa y que solo tenía que disfrutar y descansar. Este era su recompensa por ser uno de los vendedores más destacados de su trabajo.

Ramón estaba muy entusiasmado y procedió a prepararse para las actividades de esa noche. El grupo de vendedores tendría una cena formal y un orador muy conocido les deleitaría con una charla de motivación.

Tan pronto como terminó de prepararse, bajó las escaleras de su villa hasta llegar a un comedor privado, pensando en lo afortunado que era por haber tenido la oportunidad de participar de dicho viaje y visitar un lugar tan espectacular. Estaba ansioso por llamar a su esposa y contarle todo al respecto.

Durante la cena, todos los vendedores comentaban sobre cuán grandiosas eran sus villas. Especialmente estaban impresionados con la amplia piscina privada con vista al mar que cada uno tenía. Ramón tenía una villa espectacular, pero sin piscina. Así que comenzó a pensar que aunque había sobrepasado su cuota de ventas y calificado para el viaje, tal vez su producción no era tan buena como la de los otros vendedores quienes obviamente disfrutaban de mejores habitaciones.

Ramón nunca había visitado un lugar tan majestuoso, así que de todas maneras estaba muy contento de estar allí. Decidió escuchar a los demás y no comentar sobre su villa.

Al finalizar la cena, Ramón regresó a su villa y pasó casi toda la noche disfrutando de películas en la pantalla gigante que había en su cuarto. Disfrutó cada minuto de éstas como si fuera un niño.

La mañana siguiente, durante el desayuno, todos los demás vendedores comentaban cuán fantásticos fueron los conciertos en vivo que tuvieron en los balcones de sus villas privadas con vista al mar. Éstos aseguraban, de forma muy eufórica, que esa noche había sido una de las más memorables de sus vidas.

Cada uno de sus compañeros tuvo como artista invitado a su cantante o banda favorita. Esa noche hubo conciertos en vivo con "The Rolling Stones", "Madonna", "Juan Luis Guerra", "Julio Iglesias", "Maná", "El Gran Combo", entre otros.

Ahora sí que Ramón estaba seguro de que su producción no pudo haber sido tan buena como la de los demás vendedores. Definitivamente, disfrutó de sus películas en la pantalla gigante; pero, nada como lo que sus colegas habían tenido: conciertos en vivo con las mejores estrellas.

Así pasó toda la semana, cada día con un evento superior al anterior. Ramón se limitó a escuchar y no comentar sobre sus experiencias ya que todas fueron muy inferiores a las de los demás. Sin embargo, tenía que reconocer que éstas fueron superiores a todo lo que había vivido hasta ese momento.

El último día, Ramón se preparó para regresar a su casa y llamó al maletero para que llevara su equipaje a la limosina que los dejaría en el aeropuerto. En menos de dos minutos llegó a su cuarto. Este acomodó las maletas en el carro de rodaje y le preguntó a Ramón si tenía alguna otra maleta en la habitación principal.

¿Habitación principal? ¿A qué usted se refiere?, preguntó Ramón. El maletero, en ese instante, abrió las puertas dobles que continuaban hacia la habitación principal.

Para su sorpresa, Ramón había pasado toda la semana en el área de recepción de su villa sin percatarse de que detrás de esas puertas dobles estaba la habitación principal y las mayores atracciones de la villa.

Durante todo el tiempo había tenido acceso a una amplia piscina con vista al mar. Detrás de unas bellas puertas en cristal estaba el enorme balcón con su elegante escenario y copias del programa del concierto que Richard Clayderman, su artista favorito había ofrecido.

Ramón no podía creer que todo esto había ocurrido durante la semana y que él se lo había perdido. Estaba un poco desilusionado. Si hubiera sabido que tenía todo esto, su viaje hubiese sido mucho más enriquecedor.

Así sucede con nuestra vida, la que está llena de puertas y grandiosas oportunidades. Éstas esperan por nuestras manos para abrirlas y descubrirlas. Muchas veces no las vemos y nuestro caminar se torna pesado. Prestemos, también, atención a aquellas personas que están dispuestas a ayudarnos y nos abren su corazón. Evitemos, pues, que nuestras inseguridades y ansiedades nos confundan mientras intentamos trabajar por nuestras metas.

Ramón, el vendedor de esta historia, desconocía que esas puertas maravillosas existían; a pesar de tenerlas frente a sí mismo todo el tiempo. Discreto y conforme con lo recibido, no tuvo la valentía de descubrir lo que la vida le deparaba en ese momento. Probablemente pensó cuán avergonzado se hubiese sentido al preguntar qué había detrás. Ciego y con temor a parecer tonto, perdió grandes oportunidades.

La vida siempre nos dará aquello que nos merecemos, pero muchas veces tenemos que pedirlo. Sería una pena pasar por nuestras vidas ignorando lo obvio y sin percatarse de aquello que está a simple vista. Lo que sea que usted desee, búsquelo. La respuesta está dentro de usted, esperando que usted pregunte. Despierte y viva.

La vida siempre nos dará aquello que nos merecemos, pero muchas veces tenemos que pedirlo.

Conozca al autor

Conozca al autor

Rubén Huertas es Presidente y CEO de la compañía *Power Holdings Realty Group*, una firma de consultoría, inversiones y corretaje comercial. La misma ofrece como parte de sus servicios: asesoría, seminarios, y análisis financieros y de mercado.

En Puerto Rico, cursó estudios en la Universidad de Puerto Rico, Recinto de Cayey (CUC) y en la Universidad del Sagrado Corazón (USC). En Nueva York, cursó estudios en el Instituto de Tecnología de Rochester (RIT). En este último obtuvo su bachillerato en Artes y Ciencias.

Ha tenido carreras exitosas con compañías listadas en "Fortune 100" en varias posiciones ejecutivas incluyendo: ventas, mercadeo y gerencia. Su experiencia incluye las áreas de desarrollo y construcción, administración de edificios comerciales, centros comerciales, campos de golf, centros médicos, teatros y restaurantes y ventas al detal, administrando en esta industria cadenas nacionales.

Ha administrado sobre seis millones de pies cuadrados de bienes raíces comerciales en el noreste, sureste, centro y zona atlántica de los Estados Unidos incluyendo estados como: Nueva York, Illinois, Pennsylvania, Florida e Indiana.

En la industria de los REIT's (fideicomisos), Huertas ha administrado portfolios de bienes raíces con una valorización de mercado de medio billón de dólares para uno de los REIT's más grandes de los Estados Unidos. Huertas es un inversionista en bienes raíces y fue el fundador de *Sterling Communities*, una compañía dedicada a la adquisición de apartamentos para la renta (multi-housing) y la administración de propiedades comerciales y residenciales.

Como empresario, utiliza su experiencia en diversas ramas de los bienes raíces para realizar análisis financieros muy detallados y evaluar la viabilidad y posible rendimiento en inversión de propiedades comerciales. Se concentra en crear formas de aumentar consistentemente los ingresos netos de las propiedades para que estas incrementen en valor.

Fundó la compañía *Smart Mortgage Savings* en el estado de Nueva York, la cual se dedicaba a ofrecer el producto de aceleración de hipotecas (bi-weekly mortgages). Actualmente este producto es ofrecido a través de *Power Holdings Realty Group* como un servicio de cortesía a sus clientes.

Ha sido dueño, además, de la compañía de publicidad y mercadeo *Print Works Plus* donde fue reconocido como empresario por el periódico Democrat & Chronicle en Nueva York. *Print Works Plus* con oficinas centrales en Nueva York y sucursales en Michigan, Ohio, Indiana, Alabama y Mississippi, tenía como principales clientes a compañías en la industria automovilística tales como General Motors, Daimler-Chrysler, Ford, A/C Delco, Delphi, UAW y Valeo.

Fuera de la industria automovilística, algunos de sus clientes fueron: Home Properties, GMAC, Bausch & Lomb, Eastman Kodak, Paychex, American Postal Workers Union, Xerox, Unity Health System, Toastmasters International, Thompson Publishing, Harris Interactive, FLACNA, Citibank y ACC Telecom.

Por otra parte, como orador profesional perteneció a la organización internacional de oradores *Toastmasters* y obtuvo la más alta designación que esta organización otorga, Distinguished Toastmaster. Esta toma por lo general siete años en adquirirla; Rubén la logró conquistar en tan solo cinco años.

Con esta preparación logra fundar la compañía *The Huertas Leadership Group*, la cual ofrecía seminarios y charlas a corporaciones tanto públicas como privadas cubriendo los siguientes temas: ventas, mercadeo, gerencia, administración del tiempo, comunicación, liderazgo, inversiones en bienes raíces, oratoria, desarrollo personal, manejo de personalidades y etiqueta.

El autor está disponible para presentaciones, seminarios, talleres y consultoría tanto en inglés como en español. Para contrataciones pueden comunicarse con
Power Publishing Learning Systems
al 787.676.4444
o a través de correo electrónico a
info@powerpublishingpr.com

Índice

Índice

A

B

C

D

V

W

X

Z

Otros Libros del Autor

Más Educación

"Desarrollo Personal"

El Método más Efectivo para Alcanzar el Éxito

El desarrollo personal es la clave para todo crecimiento de negocio, industria o como individuos. Sin embargo, a veces solemos perder nuestro enfoque y no logramos alcanzar aquello que tanto anhelamos. Reconociendo que hoy día vivimos una vida muy atareada y que pocas veces tenemos el tiempo necesario para reflexionar, este libro nos ofrece las herramientas necesarias para enfocarnos hacia la consecución de nuestros deseos y objetivos.

Disponible a través de

Power Publishing Learning Systems

www.powerpublishingpr.com

Pídalo en su librería favorita

ISBN 978-0-9819090-0-4

Más Educación

"Tablas de Hipotecas"

Las tablas de hipotecas son una herramienta poderosa que los profesionales necesitan para generar negocios de forma más rápida y efectiva. Sus clientes quieren esta información inmediatamente. Mañana podrán cambiar de parecer.

Esta guía es indispensable para agentes de bienes raíces, tasadores, banqueros, contables, procesadores de préstamos, inversionistas, evaluadores, desarrolladores, economistas, administradores, agentes de seguro y otros. Produzca más transacciones y genere mayores ingresos. Utilice las técnicas de los profesionales altamente eficientes.

Disponible a través de

Power Publishing Learning Systems

www.powerpublishingpr.com

Pídalo en su librería favorita

ISBN 978-0-9819090-2-8

Made in the USA
Monee, IL
19 October 2026

66039206R00243